EN ESPAÑOL TAMBIÉN ★ ES ★ «marketing»
Consigue el sueño americano usando tu idioma.

EN
ESPAÑOL
TAMBIÉN
★ ES ★
«marketing»
Consigue el sueño
americano usando
tu idioma.

Liel Levy
Natalie Fragkouli

Letrame
Grupo Editorial

Primera edición: 2023

Diseño de edición: Letrame Editorial.
Maquetación: Juan Muñoz
Diseño de portada: Nanato Media y Gibran Ruiz
Supervisión de corrección: Ana Castañeda
Editor: Hugo Roca Joglar

ISBN: 979-8-218-18075-1

DEPÓSITO LEGAL: AL 2654-2022

IMPRESO EN ESPAÑA – UNIÓN EUROPEA

En honor a todos los que perdimos en el camino.

Prólogo

Antes de comenzar, me gustaría definir el término que se usa como pilar central a lo largo de esta obra: *marketing* digital.

El *marketing* digital, también llamado mercadeo en línea, es una variante o subdivisión del *marketing* tradicional que utiliza los nuevos medios y canales creados gracias al avance de la tecnología, como es el caso de Internet, el teléfono móvil y las redes sociales, para así crear experiencias únicas y propias en cada nuevo cliente o usuario.

Numerosas plataformas han evolucionado a lo largo de los años y han cambiado sus funciones, siendo ahora mucho más importantes y tenidas en cuenta a la hora de usarlas como plataformas de *marketing*. Y es aquí donde entra en escena este libro, *En español también es «marketing». Consigue el sueño americano usando tu idioma,* que nos ayudará a usar plataformas como Facebook, Google, o los anuncios por video, entre otras herramientas indispensables para negocios de proveedores de servicios que desee ser exitoso.

A lo largo de estas páginas, veremos, parte por parte, los pasos a seguir, empezando por identificar el público al que va dirigida esta obra, siendo principalmente el pueblo latino que reside en Estados Unidos, y viendo así cómo enfocar la estrategia de *marketing*, para luego poder establecerla como una base fija.

Como parte final de esta breve introducción antes de comenzar a leer la obra, nos podremos adentrar en las diferentes plataformas especializadas para hacer crecer un negocio a través del *marketing* digital, comparando los pros y contras, junto a las acciones que debemos realizar, siempre con la ayuda y experiencia de Liel y Natalie.

Francisco Fernández Salinas
Filólogo Hispánico e Inglés.

Introducción

Bienvenido a esta guía especializada que te permitirá generar nuevos clientes de manera constante a través del *marketing* digital, concretamente por medio del PPC (pago por clic): una poderosa estrategia de publicidad por internet que te enseñaremos a utilizar paso a paso para hacer crecer tu negocio.

¿Te suena bien?

¿Te suena demasiado bueno para ser verdad?

Lo entendemos perfectamente.

Lo último que necesitas es otra persona que se presuma «especialista» en asuntos de *marketing* digital. Y es que seguramente has escuchado a muchísimas agencias afirmar que si les compras sus conocimientos, tu negocio va a ganar mucho dinero.

Como sabemos todo esto, nos gustaría, antes de que leas la primera palabra de nuestra guía, hacerte sentir confianza hacia las dos personas que escribimos este libro. Nos interesa mucho que tengas la absoluta certeza de que somos especialistas altamente calificados en *marketing* digital.

Así que, antes que nada, «¡gracias!» por haber llegado a estas páginas.

Ahora, vamos a presentarnos.

Conoce a dos personas expertas en *marketing* digital

Hola, soy Natalie.

Y yo soy Liel.

A partir de ahora, vamos a escribir desde una primera persona, englobándonos a ambos —a Natalie y a Liel—, quienes conformamos una pareja que dirige su propia agencia de *marketing* digital ubicada en Austin, Texas.

Nuestra agencia se enfoca especialmente en asesorar negocios que buscan encontrar nuevos clientes pertenecientes al mercado latino de Estados Unidos.

¿Por qué escribimos este libro?

La respuesta es muy sencilla: lo que hacemos nos fascina.

Durante años, hemos difundido nuestros conocimientos especializados sobre el mundo del *marketing* digital a través de incontables métodos: blogs, *podcasts*, artículos, conferencias… Y tras más de una década haciendo esto, nos dimos cuenta de que nuestros conocimientos ofrecen a las personas dueñas de negocios una guía práctica, novedosa, eficaz y bien explicada sobre cómo conseguir generar nuevos clientes (especialmente provenientes del mercado latino) de manera sostenida.

Sin embargo, todos estos conocimientos estaban dispersos bajo distintos formatos y en diferentes plataformas. Por lo tanto, esa es la razón de este libro:

Concentrar en un mismo lugar más de una década de conocimientos especializados en *marketing* digital, de tal manera que una persona dueña de un negocio, como tú, pueda utilizar nuestro libro como referencia para que genere clientes de manera sostenida y alcance un enorme éxito.

¿Cuáles son nuestras credenciales para ser tu referencia en el *marketing* digital para tu negocio?

Seguramente te preguntes:

«Suena increíble todo lo que dicen, pero ¿por qué yo debería escucharles a ustedes?».

Tomando en cuenta la cantidad de gente que se autodenomina «experta» en *marketing* digital (especialmente por medio de PPC), es una pregunta comprensible.

Y la respuesta es contundente:

«Debes escucharnos porque en terrenos de *marketing* digital dirigido hacia las personas latinas de Estados Unidos nadie está más preparado que nosotros dos».

Nadie.

Nosotros dos emprendimos en nuestra agencia una transición increíblemente exitosa desde un enfoque de *marketing* tradicional hacia uno omnicanal (estrategia de *marketing* que utiliza distintos canales de comunicación dirigidos a un mismo fin: mejorar la experiencia de un usuario o cliente). Desde ese momento, hemos aprovechado el poder del *marketing* digital en todo su esplendor para dirigirnos hacia el mercado latino con un éxito que ninguna agencia ha sido capaz de lograr.

Nosotros dos somos los primeros profesionales en haber incursionado en el *marketing* digital especializado en las personas latinas de Estados Unidos. Claro, después de nosotros, muchas agencias lo han intentado, pero nosotros hemos sido los primeros.

Toda nuestra experiencia está a tu servicio en este libro. Y está explicada de tal manera que cubre cualquier necesidad que tengas: ya sea comenzar de cero una estrategia de *marketing* digital o simplemente añadir un nuevo segmento que potencialice los resultados de campañas que ya tienes en marcha.

Sea cual sea tu nivel de conocimiento en publicidad, este libro va a ayudarte.

En nuestra experiencia de más de una década, el panorama digital ha cambiado mucho. Por ejemplo, Facebook pasó de ser una modesta plataforma de *marketing* para negocios a ser una que ninguna empresa podría hoy ignorar. También Google ha modificado su algoritmo incontables veces y lo ha renovado por completo en más de una docena (también lo restauró e inventó distintas maneras para que los negocios utilicen sus herramientas para hacer publicidad).

Por su parte, los anuncios por video se han convertido en una herramienta obligatoria para cualquier negocio, tanto los que integran la lista de Fortune 500 como los locales. A pesar de todos estos cambios y distintos escenarios, nosotros dos continuamos construyendo un próspero crecimiento.

Esta capacidad de entender a profundidad cada aspecto del complejo mundo del *marketing* digital nos permite lograr el éxito de los negocios que se asocian con nosotros sin importar el contexto o la circunstancia.

Y la clave de nuestro éxito (y por lo tanto, el éxito de los negocios con los que nos asociamos) es que nos mantenemos informados sobre cómo cambia, crece y evoluciona el mercado de las personas latinas que viven en Estados Unidos. Nosotros sabemos perfectamente en qué tipo de estrategias, tanto digitales como tradicionales, debes invertir porque funcionan y te harán ganar dinero y las que debes evitar porque ya no funcionan y te harán perderlo.

Breve resumen sobre nuestra experiencia

Natalie tiene una maestría con especialización en Marketing y más de diez años de experiencia al servicio de los negocios que necesitan ayuda para realizar *marketing* dirigido hacia las personas latinas de Estados Unidos.

Liel creció observando (y eventualmente ayudando) a su tío a crear una de las agencias de publicidad dirigidas al mercado latino más grandes de Estados Unidos. Estuvo ahí, presenciando y asesorando cada paso del plan de *marketing*. A veces, esto requería repartir globos en fiestas donde había potenciales clientes.

Otras veces significaba encontrar nuevos mercados para difundir el negocio de su tío. Su intensa formación se forjó a través de la participación constante.

Natalie y Liel cofundaron Nanato Media para ayudar a que los negocios ejecuten campañas relevantes, especializadas y especialmente dirigidas hacia el mercado latino de Estados Unidos.

Cualquier negocio con el que nos hemos asociado podrá dar fe de que su asociación con Nanato Media ha derivado en un crecimiento constante.

Por qué el *marketing* digital de tus negocios significa tanto para nosotros

Ya te lo hemos dicho: el *marketing* digital nos apasiona; de hecho, nos obsesiona.

Y estamos seguros de que, si a ti también te apasiona tu negocio, vas a identificarte con lo que sentimos hacia nuestra profesión.

Seguramente te estarás preguntando:

«¿Por qué Nanato Media tiene un compromiso tan específico, como lo es dirigir las herramientas de *marketing* hacia un objetivo tan preciso (generar nuevos clientes provenientes del mercadeo latino)?»

La respuesta, otra vez, es sencilla: «Por nuestra cultura».

Somos una familia latina que vive en Estados Unidos. Y, como tal, entendemos la falta de inclusión hacia las comunidades latinas e hispanoparlantes que existe en el *marketing* que se hace en el país.

Las grandes marcas tienen los recursos para crear dentro de su organización un segmento dedicado en exclusiva a realizar *marketing* multicultural. Pero este no es el caso de la mayoría de los negocios, cuyos presupuestos para publicidad suelen estar limitados.

De este escenario se desprenden dos problemas.

1. A muchas personas latinas que viven en Estados Unidos les cuesta acceder a servicios que necesitan a veces con urgencia (desde plomería hasta instalación de paneles solares).

2. Muchos negocios no entienden la importancia de dirigir sus esfuerzos de *marketing* para atraer al mercado latino (y cuando lo entienden, no saben cómo atraerlo).

El objetivo de este libro es resolver ambos problemas.

Al mismo tiempo, también podemos evitar un tercer problema:

Cuando un negocio decide que no necesita ayuda de expertos en publicidad y se cree capaz de ejecutar sus propios anuncios hacia el mercado latino. Los negocios que cometen este error pierden mucho dinero, en el mejor de los casos. En el peor de los casos, ejecutan *marketing* mal hecho que no solo les hace perder dinero, sino que también les genera publicidad negativa, de tal manera que en vez de generar nuevos clientes, sucede que comienzan a perder a los clientes que ya tenían.

Cómo aprendimos todo este contenido especializado que estamos a punto de compartirte

Ahora que conoces nuestra experiencia, credenciales y visión dentro del mundo de *marketing*, responderemos a la pregunta que más te interesa:

«¿Por qué debo escuchar a Nanato Media?».

Nuestra experiencia de más de una década haciendo *marketing* digital exitoso nos ha convertido en la agencia referente cuando se trata de hacer publicidad para las personas latinas que viven en Estados Unidos. Nuestro éxito incluye, por ejemplo, haber construido desde cero una agencia asociada a Google Premier y trabajar de la mano con las oficinas centrales de Google México (fuimos seleccionados para ayudarles con pruebas betas y otros ensayos orientados específicamente al mercado latino de Estados Unidos). También hemos participado en conferencias como Google Marketing Live (reunión que solo convoca a los principales expertos en Google Ads) y con frecuencia impartimos en Google Austin el taller sobre publicidad digital «Grow with Google» (específicamente diseñado para asesorar a los pequeños negocios locales dirigidos por personas latinas a conseguir nuevos clientes de manera consistente por medio de anuncios en Google).

Nuestras experiencias trabajando con Google nos ha permitido mantenernos por arriba de nuestros competidores y siempre a la vanguardia.

Entre otras cosas, trabajar con Google nos aportó perspectivas que aún nos mantienen a la cabeza de los competidores y en la primera línea de las innovaciones del *marketing* digital.

Pero nuestra experiencia no es algo que esté terminado. En Nanato Media, todo el tiempo aprendemos, experimentamos y desarrollamos nuevas maneras de ayudar a que los negocios con los que nos asociamos alcancen éxitos impresionantes.

«¿Qué ocurre si no deseo enfocarme únicamente en el *marketing* para clientes latinos?»

Una vez dicho esto, antes de que te mostremos los conocimientos que te compartiremos en las siguientes páginas, deseamos responder una pregunta muy común que suelen hacernos los dueños de negocios.

A pesar de que definitivamente nos apasiona ayudar a los negocios para atraer a clientes del mercado latino, no es necesario que tu negocio tenga ese objetivo para que puedas beneficiarte de este libro. Cada uno de los siguientes capítulos te ayudará a generar nuevos clientes a través del *marketing* digital, sea cual sea el giro de tu negocio.

Por lo tanto, te recomendamos ampliamente que mantengas una mente abierta mientras avanzas entre las páginas.

Durante el capítulo inicial explicamos justamente por qué consideramos que los negocios contemporáneos necesitan priorizar a sus clientes latinos. Durante años, nos hemos asociado con numerosos dueños de negocios a los que no les interesaba esta idea hasta que nos escucharon y quedaron convencidos de las múltiples ventajas que otorga hacer *marketing* dirigido hacia el mercado latino. De hecho, muchos de esos negocios se enfocan hoy en día casi completamente a sus clientes latinos.

¿Qué encontrarás en las siguientes páginas?

¿Te interesa utilizar el *marketing* digital para que tu negocio genere nuevos clientes de manera consistente?

Si es así, nos alegra escucharlo.

Sabemos que tu tiempo es muy valioso y que no quieres desperdiciarlo. Por ello, consideramos un honor que encuentres el tiempo de leer nuestro libro.

Puedes estar seguro de que el tiempo que inviertas leyéndolo es una gran inversión, pues te dará las herramientas que te permitirán cambiar por completo el presente y futuro de tu negocio. Un libro cuyo éxito ya está demostrado (un libro anterior en inglés sobre el mismo tema escrito por nosotros alcanzó el primer lugar de libros más vendidos en Amazon). Un libro que te ayudará a entender, entre otras cosas, cómo generar nuevos clientes sin invertir demasiado para obtenerlo.

¿Te emociona esta posibilidad?

Pues ve de inmediato a la «parte 1» y comienza a aprender cómo utilizar el *marketing* digital para hacer crecer tu negocio.

Guía experta de *marketing* digital para hacer crecer un negocio

Nuestro libro está estructurado en cuatro secciones y 16 capítulos que te guiarán paso a paso para que puedas trazar una campaña de *marketing* digital exitosa que le genere a tu negocio nuevos clientes provenientes del mercado latino de manera constante.

Las distintas divisiones del libro están diseñadas para que, una vez que comiences a trazar tu estrategia de *marketing*, puedas regresar continuamente a ellas para reafirmar, profundizar o consultar cualquier concepto.

Parte 1 — ¿Quiénes somos las personas latinas de Estados Unidos?

- **No todas las personas latinas somos iguales.** Antes de explicarte cómo hacer *marketing*, debes entender para quiénes vas a dirigir ese *marketing*. Las personas latinas conforman el grupo étnico de más rápido crecimiento en Estados Unidos. Te desarrollamos las distintas razones por las cuales dirigirte al mercado latino es una estrategia ganadora para tu negocio.

- **De la pantalla grande a la pequeña (nuestras formas y hábitos de consumir contenidos han evolucionado).** Muchos de los negocios con los que nos asociamos acuden con nosotros después de haber fallado en su intento de hacer *marketing* dirigido hacia las personas latinas. Nosotros nos aseguramos de que evites los errores más comunes que ellos cometen y tú sí realices campañas de *marketing exitosas*.

Parte 2 — Primero, lo primero

- **Cómo iniciar tu estrategia de *marketing* en tres simples pasos.** Establecemos los cimientos sobre los cuales se construirá tu estrategia de *marketing* digital que hará crecer tu negocio al generar nuevos clientes provenientes del mercado latino de manera constante.

- **SEO vs. PPC. En esta esquina, PPC (rudo); en la otra, SEO (técnico).** La optimización del motor de búsqueda (SEO) y el pago por clic (PPC) son indiscutiblemente las dos siglas más comunes en el mundo del *marketing* digital. Pero debes saber algo importante: evita dividir tu presupuesto en ambas como si funcionaran igual. Vamos a explicarte cuál inversión te permitirá ver resultados mucho más rápido y, por lo tanto, resulta más redituable para tu negocio.

Parte 3 — Obtén rápidos resultados para tu negocio con Google Ads

- **Todo lo que necesitas saber sobre Google Ads.** Como dueño de un negocio que busca hacerlo crecer a través de *marketing* digital, Google Ads puede ser uno de tus más grandes aliados. En este capítulo usamos nuestra propia experiencia con Google Ads, incluyendo el hecho de que actualmente trabajamos con Google, para así enseñarte todo lo que necesitas saber para utilizar a tu favor esta poderosa herramienta digital.

- **Palabras claves, la llave de tu éxito.** Una vez que hayas comprendido las sutilezas y complejidades de Google Ads, vamos a entrar directamente en las investigaciones que debes realizar para encontrar las palabras clave que impulsarán el éxito de tus campañas. Después, te mostraremos cómo segmentar tu mercado eficazmente para que realmente consigas un retorno sobre tu inversión (ROI).

- **Cómo escribir anuncios que sí funcionen.** Es correcto. Te vamos a convertir en un redactor experto en *marketing*. Esto resulta esencial. Y no se requieren años de práctica para ser bueno en escribir Google Ads exitosos. Una vez que hayas entendido los fundamentos de escribir anuncios ganadores, serás capaz de hacerlo rápido y eficazmente por ti mismo. Y por último, si verdaderamente no tienes tiempo de escribir anuncios para tu negocio cada mes, esta sección te dará los conocimientos requeridos para contratar a un creador de contenido de confianza.

- **De usuario a cliente: el secreto de las páginas que convierten.** Con base en nuestra experiencia, te aseguramos que la gran mayoría de dueños de negocios no tienen idea sobre cómo lograr que su página destino logre generar conversiones. Y les sucede lo contrario: lo que debería ser uno de sus más importantes activos de *marketing*, resulta inoperante. En esta sección vamos a desglosar los pasos fundamentales para tener una página destino de alto rendimiento.

- **Cómo configurar tu Campaña de Búsqueda en Google Ads para triunfar.** Vamos a conjuntar todo esto y crear la primera campaña de Google Ads de tu negocio dirigida hacia las personas latinas estadounidenses.

- **Tácticas avanzadas para lograr un máximo rendimiento en Google Ads.** Después de que aprendas cómo construir una campaña de Google Ads exitosa, te vamos a enseñar estrategias avanzadas de *marketing*. Es decir, tácticas que tus competidores no conocen, pero que pronto serán muy familiares para ti.

- **Alcanza mayor visibilidad en el ecosistema de Google aprovechando Display y YouTube.** Si tu negocio no usa actualmente Google Display Ads y YouTube, o simplemente no invierte en ellos lo suficiente, estás dejando de ganar dinero. En esta sección te explicaremos qué hace que Display Ads y YouTube sean tan poderoso y qué debes hacer para aprovechar plenamente sus posibilidades.

- **Cómo sobresalir del montón en Facebook utilizando Facebook Ads.** Casi todos los dueños de negocios intentan esto en algún momento, pero suelen fracasar en su intento. Nos vamos a asegurar de que tú, a diferencia de ellos, obtengas éxito invirtiendo en Facebook.

Parte 4 — Midiendo resultados

- **Cómo medir los resultados de tus campañas.** Si no sabes cómo medir eficazmente los resultados de las campañas PPC de tu negocio, simplemente no vas a darte cuenta de cómo podrías mejorar y obtener cada vez mejores y mejores resultados. Te indicaremos qué es exactamente lo que necesitas medir para hacer que tus campañas mejoren constantemente.

- **Sácale jugo a tu base de datos.** Sin duda, el paso más importante que debes realizar para esta mejoría constante es saber qué métricas empresariales importan más para garantizar el éxito de tu negocio.

Parte 5 — Midiendo el éxito

- **Empatía y amabilidad: Tus llaves para tener éxito.** Todos los posibles nuevos clientes del mundo no te servirán para nada si el personal de tu negocio no sabe cómo interactuar con ellos para convertirlos en clientes reales. Y este proceso se vuelve especialmente importante cuando se tratan de personas latinas estadounidenses.

- **Genera reseñas y convierte a tus clientes satisfechos en tus vendedores estrella.** Nada ayudará más a tu negocio para generar nuevos clientes que una reputación excelente. Si tus posibles nuevos clientes del mercado latino aún no te conocen, te enseñaremos lo que necesitas saber para obtener reseñas favorables *y* asegurarte de que tu negocio se presente frente a las personas que están buscando los servicios específicos que ofrece.

Comienza tu viaje hacia una estrategia ganadora de *marketing* digital

Ya sabes quiénes somos, por qué somos expertos en *marketing* digital y qué es lo que en este libro queremos enseñarte. Ahora, es momento de comenzar.

Y sin más distracciones, vamos a presentarte al grupo étnico de más rápido crecimiento en Estados Unidos y el sector demográfico que resultará más importante para hacer crecer tu negocio.

¿QUIÉNES SOMOS LAS PERSONAS LATINAS DE ESTADOS UNIDOS?

Capítulo 1
No todas las personas latinas somos iguales

Es obvio: Quieres que crezca tu negocio.

«Sí, ¿cómo?».

Para que crezca tu negocio, debes investigar tu mercado local e identificar cuál es el sector demográfico en el que más te conviene invertir para captar nuevos clientes.

«¿Cuál es ese sector en Estados Unidos?».

Ese sector somos las personas latinas.

«Muy bien, entonces es cuestión de comenzar a hacer *marketing*. Voy a invertir en una campaña masiva para captar a todo el mercado latino de acuerdo a su edad, género y ubicación».

¡No! Estás a punto de caer en el peor y más común error que cometen las empresas cuando se trata del mercado latino.

Es probable que ya sepas esto por experiencia, pero creer que las personas latinas somos un bloque único y homogéneo que comparte mismos intereses, mismas necesidades y siempre deseamos lo mismo hará que tus esfuerzos e inversiones fracasen, que pierdas dinero y termines frustrado.

Tú no puedes cometer el grave error de pensar que todas las personas latinas son iguales y para eso tienes este libro entre las manos.

«¿Por qué este libro me ayudará a hacer crecer mi negocio?, ¿qué es lo que voy a encontrar entre sus páginas?».

Vas a encontrar información (y explicaciones detalladas sobre cómo usarla) que a tu negocio le resulta trascendente.

Las personas latinas representan el sector demográfico cultural más importante de Estados Unidos y crecerá tu negocio si logras desarrollar exitosas campañas de *marketing* dirigidas hacia ellas. Pero sobre todo te vamos a explicar paso a paso quiénes son, cuáles son sus distintas divisiones y por qué merecen una atención especial.

Al final del libro, cuando hayas entendido nuestra diversidad, tu negocio estará listo para generar nuevos clientes del mercado latino de manera continua sin necesidad de inversiones excesivas.

Lo que debes saber al hacer *marketing* dirigido hacia el mercado latino

«Latino» es un término preciso, aunque genérico. Es decir, se refiere a un sector cultural concreto de la población de Estados Unidos, pero no incluye su diversidad.

Somos muchos tipos de latinos. Cada uno de nuestros segmentos tiene una palabra específica. Para poder atraer nuestra atención, tienes que saber cómo nombrarnos.

«Pero yo ya he querido captar nuevos clientes del mercado latino para mi negocio y he fracasado».

Quizá tu fracaso se debe a que tu campaña se basó únicamente en Google Ads dirigidos para el mercado latino en donde utilizaste los términos erróneos[1].

____

[1] Levy, L. y Fragkouli, N. (23 de marzo de 2020) Por qué los negocios deben ejecutar Anuncios Google en Español. *Nanato Media.* https://nanatomedia.com/blog/why-law-firms-must-run-spanish-google-ads/.

«¿Cómo lo soluciono?».

Tienes que aprender a identificarnos, y ese simple cambio de un nombre erróneo a un nombre correcto puede ser la diferencia entre un fracaso y una exitosa campaña que produzca un ROI (retorno sobre inversión) positivo que haga crecer tu negocio.

«¿En realidad un mero cambio de nombre resulta tan importante en una campaña?».

Puede que no lo parezca, pero la importancia de saber nombrar a tus potenciales clientes es extraordinaria. Realicemos el siguiente ejercicio imaginativo para que esto quede claro:

Supongamos que eres un plomero y una agencia de *marketing* trata de captar la atención de todos los plomeros de Estados Unidos. Es una agencia ubicada en Austin, Texas, con larga trayectoria y fama de tener experiencia (y éxito) ayudando a personas latinas a generar nuevos clientes para sus negocios a través de PPC (*pay per click*: precio por cada clic). Es una agencia llena de gente amable y de trato fácil, creativa, capaz, entusiasta y propositiva.

Todo parece indicar que su campaña tendrá éxito y captará la atención de muchos plomeros.

Pero ¿qué pasaría si esa agencia no segmenta el mercado y sus anuncios se dirigen hacia sus potenciales clientes con términos vagos y poco concretos, como «proveedor de servicios domésticos»?

Pongamos por ejemplo tu caso imaginario:

Dentro de la plomería, tú te has especializado en la instalación y mantenimiento de sistemas de aire acondicionado.

¿Qué pasaría si una campaña se dirige hacia ti con un término como «proveedor de servicios domésticos»?

¿Te llamaría la atención?

¡No!

Técnicamente, se están dirigiendo a ti con un nombre correcto. Sí, eres «proveedor de servicios domésticos», pero es un término tan ambiguo y genérico que no te inspira confianza. Al revés, te provoca rechazo. Vas a sentir que la empresa que se está dirigiendo a ti no tiene idea en realidad de quién eres y, por lo tanto, no te entiende. Ignorarás su mensaje, nunca darías clic en su anuncio y su campaña estará condenada al fracaso.

(Nota: Este ejemplo es meramente hipotético. Salvo porque estamos en Austin y somos personas amables y de trato fácil, creativas, capaces, entusiastas y propositivas, no hablábamos sobre nosotros, pues nosotros nunca cometeríamos ese error. Tenemos muy claro cómo dirigirnos a cada segmento de los mercados con los que trabajamos).

«Muy bien, ya tengo clara cuál es la importancia de saber dirigirme a un mercado con el nombre correcto para designar a cada uno de sus segmentos. ¿Qué sigue?».

Ahora ha llegado el momento de abordar de lleno la esencia de este capítulo:

¿Quiénes somos las personas latinas de Estados Unidos?

¿De dónde sale el «latinx»?

En esta sección te explicaremos cuáles son los cinco segmentos más importantes para entender a la población latina en Estados Unidos, pero antes es necesario explicar que latino y latina son palabras que en español establecen una distinción genérica entre hombre y mujer con la cual muchas personas no se identifican.

Para disolver las divisiones en el lenguaje, muchas personas actualmente se identifican con el término «latinx».[2]

---

[2] Steinmetz, K. (2 de abril de 2018). Why 'Latinx' Is Succeeding While Other Gender-Neutral Terms Fail to Catch On. *Time*. https://time.com/5191804/latinx-definition-meaning-latino-hispanic-gender-neutral.

De acuerdo a *The Oxford English Dictionary*, «latinx» significa:

> «Una persona de origen o ascendencia latinoamericana (usada como una alternativa de género neutral o no binaria para latino o latina)».[3]

Aunque se trata de un término cuyo origen se remonta a 2004 (de acuerdo a datos de Google Trends citados en *Latinx: A Brief Handbook*)[4], es en años recientes que se ha vuelto popular sobre todo entre la población latina de Estados Unidos, donde desde hace algún tiempo es un término que se utiliza con frecuencia.

«¿A qué se debe su popularidad?, ¿por qué fue necesario resignificar el idioma español hasta encontrar un término como "latinx"?».

La respuesta se encuentra, justamente, en el idioma. En cómo el uso tradicional del español generó que personas de distintas etnias, orientaciones sexuales y géneros rechazaran seguir adoptando reglas gramaticales que, en su busca de identidad, consideraron excluyentes.

«¿Cómo un idioma puedes ser excluyente?».

En español, «latina» solo identifica a mujeres cisgénero (personas cuya identidad y expresión de género coinciden con su sexo biológico). Pero «latino» no solo identifica a hombres cisgénero, sino también, de acuerdo al uso tradicional del idioma, es el término correcto para formar el plural. Es decir, para referirse a mujeres latinas y a hombres latinos, el término correcto es «latinos» (en masculino). Incluso si hay un grupo compuesto por 100 000 mujeres y 1 hombre, la forma correcta de llamarlo es «grupo de latinos» (en masculino). Esta desproporción, donde 1 hombre tiene más importancia que 100 000 mujeres, provocó que muchas personas, especialmente los integrantes de generaciones recientes

---

[3] Oxford Dictionary. Definición de latinx por el Oxford Dictionary en Lexico.com. *Diccionarios Lexico*. Acceso el 18 de mayo de 2020. https://www.lexico.com/definition/latinx.

[4] Gamio, A. (Verano de 2016). Latinx: Un breve manual. *Academia.edu*. https://www.academia.edu/29657615/Latinx_A_Brief_Guidebook.

(como *millennials* y generación Z), que consideraran necesario transformar el idioma y darle nuevos usos fluidos e inclusivos.

«Latinx» es una palabra simbólica de esta paradigmática transformación, pues brinda a las personas la capacidad de referirse a individuos o grupos sin depender de las restricciones tradicionales de género. Es similar a la versión en inglés del término *they*, que fue considerada la «palabra del año» de la revista *Time* en 2015 por esta razón.[5]

Antes de que «latinx» tuviera éxito, hubo otros intentos por superar las restricciones tradicionales de género en los términos latina y latino, pero quedaron estancados por razones de pronunciación. Por ejemplo, en el lenguaje escrito se propuso escribir «latina/o» o «latin@», pero ambos casos fracasaron por su imposibilidad de ser pronunciados en voz alta.

La adopción de «latinx» se ha difundido ampliamente entre la comunidad LGBTQIA+, pero esto por ningún motivo quiere decir que el término implique una orientación sexual.

Joseph M. Pierce, profesor asistente en el Departamento de Lenguas y Literatura Hispánica de la Universidad Stony Brook, describe la distinción de esta forma:

> «No implica una sexualidad particular... Ni "latinx" se aplica a todos como una categoría de identidad. En vez de eso, expande las posibilidades de expresión que las personas tienen a su alcance. La gente que ha sido marginada debido a las dinámicas de género implícitas en el español considera este cambio hacia la "x" como uno de inclusividad y apertura».[6]

---

[5] Steinmetz, K. (9 de enero de 2016). La palabra final del año: 'They' neutral en género. *Time*. https://time.com/4173992/word-of-the-year-2015-they/.

[6] González, I. (6 de octubre de 2020). La mayoría de las personas no sabe lo que significa el término 'Latinx', sugiere una reciente encuesta. *Oprah Magazine*. https://www.oprahmag.com/life/a28056593/latinx-meaning/.

«¿Entonces, "latinx" define a toda la comunidad latina?».

No. Así como debes tener claro que «latinx» es un término que rompe la hegemonía masculina en el español para ofrecer una opción no binaria de identidad, también debes tener claro que es un término que no define a todos los miembros de la comunidad latina, pues varias personas no se sienten cómodas con esta etiqueta.

Es posible que «latinx» no sea para todos

A pesar de que la esencia del término «latinx» es la inclusión, a muchas personas latinas no les gusta que las llamen así.

Hay quienes lo consideran una forma ofensiva de apropiación inversa.

En una entrevista que le otorgó a *Latina*, un hombre latino dijo:

> «En lugar de tomar algo del español, ponen una visión distintivamente estadounidense que realmente se encuentra sobre todo en instituciones universitarias de élite, en un idioma sin apreciación o reverencia por este. Eso es apropiación inversa, donde descaradamente fuerzan nuestra perspectiva del mundo en otra cultura».[7]

«Para las campañas de *marketing* de mi negocio, ¿qué término debo utilizar?».

Al principio, usa ambos términos en tus anuncios y observa cuál parece preferir tu mercado. Es posible que los resultados sean variables; es decir, que un segmento de tu mercado prefiera «latinx» y otro segmento «latina/latino».

En lo que concierne a nuestra agencia, entendemos ambas posturas: tanto la que busca intensamente la transformación del espa-

---

[7] Reichard, R. (30 de marzo de 2017) Latino/a vs. Latinx vs. Latine: ¿Cuál palabra resuelve mejor el problema del género en español? *LATINA*. http://www.latina.com/lifestyle/our-issues/latinoa-latinx-latine-solving-spanish-gender-problem?page=2%2C1.

ñol como idioma de género para volverlo fluido e inclusivo, como la postura que considera que hay que respetar la integridad del idioma.

Nuestra búsqueda es la neutralidad y, por lo tanto, durante este libro usaremos el término «persona latina o personas latinas», pues es una fórmula libre de género que al mismo tiempo no rompe con el uso tradicional del lenguaje.

Esperamos que esta decisión editorial sea entendida con el mismo respeto con el que ha sido tomada.

«Y en la página y redes sociales de mi negocio, ¿qué término utilizo?».

Quizá puedes hacer lo mismo que nosotros: dejar claro en tu página web, *apps* y redes sociales que respetas cualquier postura y buscas la neutralidad en tus mensajes. Sin embargo, si tienes claro que el segmento al que buscas dirigirte utiliza un término específico y con ese término se sentirán más cómodos tus posibles clientes, no dudes en usarlo.

Conoce a los distintos miembros que integran la comunidad latina

De acuerdo con cifras publicadas por la United States Census Bureau, la población latina en Estados Unidos supera los 60 millones de personas.[8]

Somos tantos que resulta imposible pensar en nosotros como un bloque homogéneo que comparte mismos deseos, necesidades y comportamientos. Te lo decimos otra vez:

Tienes que entender que somos diversos.

---

[8] «Hechos rápidos de la Agencia del Censo de EE. UU.: Estados Unidos», Agencia del Censo de Estados Unidos, acceso 18 de mayo de 2020, https://www.census.gov/quickfacts/fact/table/US/RHI725219.

Si al igual que nosotros, tú vives en Texas, nuestra diversidad te resultará evidente. Aquí viven más personas latinas que en cualquier otra parte del país. Las cuatro ciudades de Texas con las poblaciones más grandes son:

- Houston

- Dallas-Fort Worth

- San Antonio

- Valle del Río Grande

Se trata de un mercado vibrante, diverso y creciente, lleno de oportunidades para que crezca tu negocio.

De acuerdo con el *Informe del mercado estadounidense de personas latinas* que publicó *Claritas,* las más de 60 millones de personas latinas que viven en Estados Unidos pueden ser divididas en cinco grandes grupos.[9]

1. Latinoamericana

Una persona latinoamericana es aquella que ha emigrado a Estados Unidos durante los últimos diez años. Habla español y casi nada de inglés. Siente un vínculo mucho más fuerte con su país natal que con Estados Unidos y participa activamente en muchas prácticas culturales latinas.

Entre las personas latinoamericanas, *Claritas* descubrió estas tendencias:

- De los cinco grupos, son las que menos estudios académicos tienen.

- Trabajan como jornaleros.

- Compran en supermercados latinos.

---

[9] Lizano, C. (24 de noviembre de 2019). El Informe del mercado estadounidense latino 2019. *Claritas LLC.* https://www.slideshare.net/cesarlizano/the-hispanic-american-market-report-2019.

2. Hispano

Personas que emigraron a Estados Unidos hace más de diez años. Prefieren hablar español, aunque generalmente también hablan un poco de inglés. Al igual que las latinoamericanas, también participan en muchas prácticas culturales latinas.

Claritas reporta que la mayoría de los hispanos tienden a:

- Trabajar como obreros.

- Tener las familias más numerosas.

- Disfrutar de programas televisivos nocturnos en español y ven la Liga MX (máxima categoría del fútbol mexicano).

3. Americanizado

Americanizado significa «volverse estadounidense». Las personas americanizadas tienen orígenes latinos, pero tanto ellas como sus padres y abuelos han nacido en Estados Unidos.[10] El inglés es su lengua materna y hablan muy poco español. No participan en prácticas culturales latinas. Representan el 17,1 % de la población latina estadounidense (más o menos 11 022 030 de personas)

Claritas identificó que las personas americanizadas tienden a:

- Ver MTV2, VH1 y UFC.

- Ser solteros y nunca casarse.

- Trabajar en la industria tecnológica.

- Hacer sus compras en cadenas de supermercados como Whole Foods.

Debido a estas tendencias, hacer una campaña de *marketing* para este grupo no sería tan diferente a la que se desarrollaría pen-

---

[10] English Translation of 'Americanizado, *Collins Portuguese-English Dictionary*, acceso 18 de mayo de 2020, https://www.collinsdictionary.com/us/dictionary/portuguese-english/americanizado.

sando en otros sectores demográficos en Estados Unidos, aunque debes tener en cuenta que las personas americanizadas siguen sintiéndose orgullosas de sus raíces, por lo que tu campaña debe integrar ciertos elementos de la cultura latina.

4. Nueva Latina

Representan la mayoría de la población latina estadounidense (29,2 %, alrededor de 18 829 098 de personas). Una persona nueva latina está arraigada tanto en la cultura estadounidense como en la cultura latina tradicional. Son estadounidenses de segunda generación que prefieren hablar en inglés, pero pueden hablar en español, aunque sea un poco.

Gracias a esta doble identidad, muchas personas nuevas latinas experimentan lo que se conoce como retro-aculturación.

> «Un término acuñado por Carlos E. García, investigador de mercadotecnia latina, que se refiere a la búsqueda consciente de la identidad étnica o las raíces, especialmente por latinos de segunda, tercera o cuarta generación que sienten que han perdido su identidad cultural».[11]

De acuerdo a *Claritas*, este grupo tiende a:

- Ir a la escuela o trabajar en oficinas y asistencia administrativa.

- Ver Universo y Telemundo.

- Comprar en Sam's Club.

Aunque las personas nuevas latinas cuentan con sólidos vínculos culturales latinos —o trabajan para reconectarse con ellos—, están integradas a los sectores demográficos dominantes de Estados Unidos.

---

[11] Carrasco, M. (1 de septiembre de 2016). La persistencia de la cultura latina en la Era Digital. *MediaPost*. https://www.mediapost.com/publications/article/283902/the-persistence-of-hispanic-culture-in-the-digital.html.

5. Ambicultural

Una persona ambicultural tiene la capacidad de transitar funcionalmente entre las culturas latina y estadounidense, lo cual les aporta una posición única en el panorama de los consumidores[12], de acuerdo con la revista *Abasto*, que también proporciona las siguientes estadísticas sobre este segmento de la población latina estadounidense:

- 85 % se denomina a sí mismo tanto latino como estadounidense.

- 80 % tiene la costumbre de cenar con su familia todas las noches.

- 37 % se considera a sí mismo más vinculado a sus orígenes culturales latinos que a sus madres y padres.

- 75 % afirma que es importante que sus hijos continúen con sus tradiciones culturales.

- 72 % considera su herencia cultural como una parte importante de lo que son.

- 70 % desearía conocer las culturas de otros países.

- 48 % disfruta ver en los medios a celebridades con las que comparten un mismo legado cultural.

- 70 % se considera a sí mismo persona sociable.

Las personas ambiculturales emigraron a Estados Unidos siendo niños o adultos jóvenes. Hablan bien tanto español como inglés y participan en muchas prácticas culturales latinas.

Claritas observa que también tienden a:

- Vivir con sus padres.

---

[12] «Ambicultural: La nueva identidad de los latinos», *Abasto*, 1 de abril de 2016. https://abasto.com/en/news/ambicultural-new-identity-latinos/.

- Disfrutar viendo box.

- Asistir a partidos de fútbol *soccer*

- Comprar en Walmart.

Las personas ambiculturales representan el 25,8 % de la población latina estadounidense (cerca de 16 590 556). Son el segundo grupo más grande.

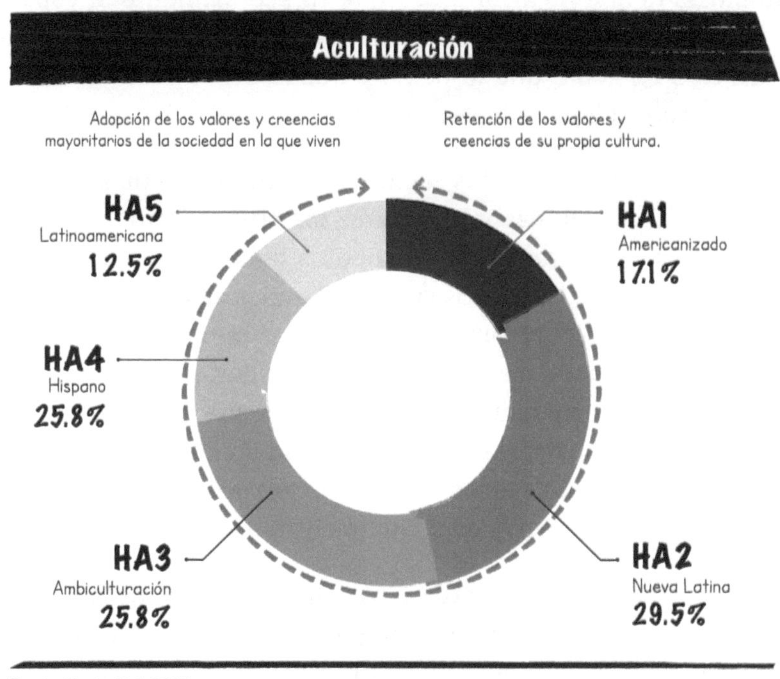

Fuente: Claritas LLC, 2020

¿Cuál es el futuro del mercado latino?

Repasemos:

Captar nuevos clientes del mercado latino hará que tu negocio crezca.[13] Para que esto suceda, necesitas realizar una campaña

---

[13] Fragkouli, N. y Levy, L. (30 de mayo de 2019). Cómo tu negocio puede obtener más clientes latinos. *Nanato Media*. https://nanatomedia.com/blog/three-tips-on-how-law-firms-can-get-more-latino-clients/.

de *marketing* exitosa, y el éxito de esa campaña depende de que conozcas y entiendas a cada uno de los cinco grupos en que se dividen las personas latinas en Estados Unidos.

«Pero, ¿cómo me acerco a cada grupo específico?».

Para los grupos de personas latinoamericanas e hispanas vas a tener que desarrollar campañas de *marketing* en español, pues es el idioma que utilizan cuando realizan búsquedas en internet. Estas campañas deben dejar en claro que tu acercamiento al español no es solo en mensajes publicitarios, sino que también en tu empresa trabaja gente que lo habla y puede brindarles servicios y asesorías en su lengua materna.

Aunque no representan los sectores demográficos de latinos estadounidenses con mayor población, los grupos latinoamericano e hispano sí constituyen los segmentos más prometedores para que tu negocio capte nuevos clientes. Puedes estar seguro de que si los conoces apropiadamente y les envías mensajes con los que se identifiquen, tendrás una gran oportunidad para incrementar tus ganancias. Son clientes potenciales y lo que debes hacer para captarlos es demostrarles que se sentirán cómodos contigo, que si requieren de los servicios de tu negocio, recibirán un trato cálido, amable, respetuoso y en su idioma preferido.

Existen otros dos segmentos cuyo alto potencial de generarte nuevos clientes exige que le pongas la máxima atención. Estos grupos son los de personas ambiculturales y nuevas latinas, quienes lentamente se están convirtiendo en mayoría y por lo tanto representan el futuro de tu negocio.

«¿Por qué estos dos grupos representan un futuro exitoso para mi negocio?».

1. Edad

Las personas ambiculturales y nuevas latinas pertenecen a las generaciones más jóvenes de la población latina estadounidense (*millennials* y generación Z). Si aprendes a dirigirte a ellos ahora, la estrategia de *marketing* de tu negocio tendrá una vida larga y exitosa.

2. Uso de Internet

Estos grupos más jóvenes son muy expertos en el uso de Internet. De hecho, son incluso más expertos que otros grupos de la misma edad.

Por lo tanto, si comienzas ahora a priorizar captarlos como nuevos clientes a través de campañas de *marketing* digital, verás resultados positivos en un futuro muy cercano. Y, por supuesto, estos esfuerzos también te generarán frutos en el futuro lejano.

3. Comodidad con el inglés

Estos dos grupos más jóvenes se sienten muy cómodos hablando en inglés, lo cual es una enorme ventaja cuando estés desarrollando las campañas de *marketing* para tu negocio.

«¿Eso quiere decir que todo mi marketing hacia ellos debe ser en inglés?».

No. Sigue siendo recomendable que desarrolles campañas completas en los dos idiomas.[14] Pero piensa que algunos clientes provenientes de estos grupos van a sentirse cómodos hablando en español, pero habrá otros que se sientan más cómodos haciéndolo en inglés. Por ello es recomendable que tengas tanto empleados cuya lengua materna sea el español como empleados cuya lengua materna sea el inglés.

Simplemente se trata de crear *marketing* que funcione en ambos idiomas. Más allá de que esté en inglés o en español, la estrategia parte de una misma esencia: debe estar construida con mensajes claros y correctos en torno a sus culturas. Es decir, aunque estén

---

[14] Fragkouli, N. y Levy, L. (23 de marzo de 2020). Por qué los negocios deben ejecutar Anuncios Google en Español. *Nanato Media.* https://nanatomedia.com/blog/why-law-firms-must-run-spanish-google-ads/.

en inglés, deben hacer referencias a las culturas de las personas ambiculturales y nuevas latinas.

Pero, te lo repetimos:

No basta con que produzcas mensajes bilingües claros y correctos, tienes que respaldar tu campaña de *marketing* con la manera en que funciona tu negocio. Si un nuevo cliente pregunta por tus servicios en español, debes tener gente que le resuelva en español sus problemas y lo haga sentir cómodo. Lo mismo en inglés. Si un nuevo cliente pregunta por tus servicios en inglés, debes tener gente que le resuelva en inglés sus problemas y lo haga sentir cómodo.

Por qué tu negocio debe dirigir su *marketing* hacia el mercado latino

Ahora ya entiendes cuáles son los distintos grupos del mercado latino y cómo cuatro de ellos (latinoamericano, hispano, ambicultural y nuevos latinos) deben ser de tu máximo interés para hacer crecer tu negocio con campañas de *marketing* que los haga sentir entendidos y cómodos.

Sabes que las personas latinoamericanas e hispanas son una gran inversión para el presente de tu negocio, y que las nuevas latinas y ambiculturales, al ser las más jóvenes, representan un futuro prometedor.

Ahora vamos a profundizar sobre por qué toda esta información resulta fundamental para tu negocio.

Quizá antes de entrar en el tema quieras estirarte y prepararte un chocolate caliente.

(Excepto que se indique otra fuente, las estadísticas que aparecen en esta sección están extraídas del amplio informe *Descubrimiento Digital: Las Vidas en Línea de los Consumidores Latinx*,[15] publicado por The Nielsen Company en 2019).

---

[15] La oportunidad Latinx: divisa cultural y el viaje del consumidor. *The Nielsen Company*. 12 de agosto de 2019. https://www.nielsen.com/us/en/insights/report/2019/la-oportunidad-latinx/.

1. Las personas latinas representan el sector demográfico que crece más rápido en Estados Unidos

Tienes a tu disposición tres mercados:

-Uno que no crece.

-Uno que declina.

-Uno que crece rápidamente.

¿Cuál elegirías? (No te precipites).

Si eliges la tercera opción, estamos de acuerdo contigo. Y ese mercado que crece rápidamente es, por mucho, el latino.

Las personas latinas representan actualmente más de la mitad del crecimiento en la población estadounidense desde 2016 y los expertos creen que para el lapso 2040–2045 representarán el 80 % del crecimiento.

Para poner esto en perspectiva, así es como el informe *Claritas* pronostica el crecimiento anual en la población en estos grupos entre 2019–2024:

- **Personas blancas no latinas:** -60 156.

- **Personas negras no latinas:** 315 492.

- **Personas asiáticas y pobladoras de las islas del Pacífico no latinas:** 483 004.

- **Personas latinas:** 1 536 315.

Si deseas captar la atención de un mercado que le brinde a tu negocio la posibilidad de un crecimiento continuo a través de nuevos clientes, sin duda ese mercado es el latino, que está creciendo muy rápido y continuará creciendo muy rápido.

Como puedes ver, la clave para hacer crecer tu negocio es el mercado latino, pero no vamos a cansarnos de decírtelo: para lograr este crecimiento es necesario que tus campañas de *marketing* capten la atención del segmento al que van dirigidas y transmitan seguridad, entendimiento, calidez y confianza.

2. Tecnología. Tecnología. Tecnología.

Hacer *marketing* digital para el mercado latino es importante por su aumento exponencial dentro de la población de Estados Unidos, pero también por otro motivo:

Pasamos mucho tiempo en Internet.

«¿Qué tanto?».

Te damos estas cifras:

60 % de las personas latinas nacieron o crecieron durante la era del Internet (en comparación: entre las personas blancas no latinas, solo el 40 %).

98 % de las personas latinas de dos años en adelante tienen un *smartphone*. Esta cifra supera en 9 % al resto de la población estadounidense, lo cual explica por qué el 99 % de los hogares latinos dependen únicamente de servicios telefónicos inalámbricos. Son hogares que van completamente a la vanguardia.

Dejemos a los niños afuera y centrémonos en los adultos.

Las personas latinas de más de 35 años que tienen un *smartphone* superan en un 5 % a las personas mayores de 35 años que lo tienen en el resto de la población estadounidense.

«¿Cuánto tiempo pasa una persona latina en su *smartphone*?».

En promedio, 27 horas semanales entre *apps* y sitios web.

«¿Y qué buscan?».

57 % de las personas latinas buscan videos (cifra que supera en 22 % a los blancos no latinos que buscan lo mismo).

«¿Eso quiere decir que mi *marketing* debe incluir videos?».

Es sin duda algo que tienes que considerar, pues claramente la creciente población latina consume videos y quizá sea una buena idea incluir unos explicativos en tu campaña.

«¿Y qué hago con las generaciones de personas latinas que crecieron sin una cultura de Internet?».

27 % de las personas latinas viven en hogares multigeneracionales. Lo cual quiere decir que las generaciones más jóvenes ayudan a las mayores para actualizarlas en tecnología (un nieto enseñándole a navegar en YouTube a su abuela).

«¿En serio?».

Sí. Entre las personas latinas de más de 50 años que usan dispositivos electrónicos, las latinas superan a las blancas no latinas en un 36 %.

3. A las personas latinas nos encantan las redes sociales

Como hemos visto, a las personas latinas nos apasiona la tecnología. Por lo tanto, adoramos las redes sociales.

52 % de las personas latinas pasan al menos una hora diaria en alguna red social (en comparación: entre los blancos no latinos, solo un 38 %).

24 % de las personas latinas pasan tres o más horas diarias en alguna red social (en comparación: entre los blancos no latinos, solo un 13 %).

«¿Y qué hacen en las redes sociales?».

27 % de las personas latinas afirman que una de las razones más importantes por la cual visitan redes sociales es para buscar productos y servicios.

«¿Cómo puedo aprovechar ese interés en mi negocio?».

Sin la menor duda, debes desarrollar e invertir en anuncios en redes sociales, pues al hacerlo, tu negocio será visible para las personas latinas durante sus interacciones en redes sociales.

«¿En dónde debo publicar mis anuncios?, ¿cuáles son las redes sociales, sitios y *apps* que más usan las personas latinas?».

Aquí te mostramos la lista sobre preferencias en personas latinas que incluyó *Nielsen* en su informe sobre población latina en Estados Unidos (que responde a la pregunta: «¿Cuál es tu visita más frecuente en redes sociales durante los últimos 30 días?»).

- Facebook: 74 %.

- YouTube: 68 %.

- Instagram: 45 %.

- Snapchat: 32 %.

- Twitter: 22 %.

- LinkedIn: 12 %.

4. El idioma como medio ideal de conexión cultural

Lo sabes: una gran parte del éxito en tu negocio radica en hacer que tus clientes confíen en ti.

Una forma simple y eficaz de lograr esta confianza con las personas latinas es que las campañas de *marketing* que les dirijas estén en español, al fin y al cabo, ya hablas el idioma.

«¿Cómo puedo saber que esta decisión va a funcionar?».

Estos datos del informe *Nielsen* te pueden convencer:

- 72 % de las personas latinas y 75 % de los hogares latinos hablan español en casa.

- 73 % de las personas latinas en Estados Unidos consideran importante que sus hijas e hijos continúen con las tradiciones culturales de su familia.

- 73 % de las personas latinas en Estados Unidos concuerdan en que su legado étnico cultural es parte esencial de quienes son.

No solo debes saber cómo nombrar a cada grupo que compone al mercado latino, sino también demostrar tu respeto por la importancia que para sus integrantes tienen el idioma español y la riqueza cultural. Estas demostraciones de interés y respeto por los rasgos de su identidad son la clave para que tu negocio genere una buena impresión en sus clientes potenciales.

5. Las personas latinas somos clientes leales

Lo obvio:

Enfocarte en el mercado latino es quizá la mejor manera de hacer crecer tu negocio. Hay tres razones muy poderosas:

–Las personas latinas representan un porcentaje muy grande de la población de Estados Unidos.

–El mercado latino es el que crece con mayor rapidez y las proyecciones indican que seguirá creciendo.

–Las personas latinas son las más tecnológicas, las que más *smartphones* tienen y las que más Internet usan.

Y hay todavía una razón más:

–Las personas latinas somos clientes extremadamente leales: una vez que confiamos en tu negocio, no vamos a dejarlo y además lo recomendaremos con nuestros amigos y familiares.

En su análisis sobre los hábitos de compra entre las personas latinas, *Customer Communication Groups* publicó:

> *El estudio de 2019 descubrió que el 53 % de los latinos afirman que una vez que encuentran un buen lugar para realizar sus compras se apegan a él. En cambio, solo el 37 % de los estadounidenses en general y el 46 % de los afroestadounidenses se mantienen fieles a una buena tienda para sus compras cuando la encuentran.*[16]

«Pero ¿cómo es posible comparar negocios de distintos giros como, por ejemplo, una compañía de limpieza y un supermercado?».

Tienes razón: no son comparables. Sin embargo, la lealtad de un cliente no está dirigida hacia el específico giro de un negocio, sino hacia su experiencia con ese servicio. Si ese cliente es una persona latina y recibió un servicio que lo hizo sentir cómodo y dejó satisfecho, ten por seguro que va a regresar... y quizá regrese acompañado de un nuevo cliente más.

Piensa que muchas personas latinas tenemos una cultura familiar muy arraigada y tendemos a ser muy sociables dentro de nuestra comunidad. Esto resulta fantástico para tu negocio. Imagina que si yo te solicito un trámite legal sobre, por ejemplo, la adquisición de un coche, y me fue bien contigo, ten por seguro que en los próximos años a cualquier familiar y amigo mío que necesite un servicio semejante voy a recomendarle que vaya contigo.

De acuerdo con el estudio de *Nielsen*, 38 % de las personas latinas afirman que nos gusta compartir nuestras experiencias como consumidores en línea con críticas y clasificaciones.

En otras palabras, danos un servicio increíble y vamos a llenar Internet con reseñas positivas sobre tu negocio a través de *apps*, redes sociales y páginas web.

---

[16] Gudat, S. (12 de septiembre de 2019). Perspectivas sobre la lealtad de marca de los latinos. *Customer Communications Group.* https://www.customer.com/blog/retail-marketing/hispanic-brand-loyalty/.

Haz crecer desde hoy tu negocio con *marketing* eficaz dirigido al mercado latino

Debes captar al mercado latino para generar nuevos clientes en tu negocio.

«¿Cómo?».

Realizando campañas de *marketing* digital que demuestren con eficacia que conoces al segmento específico al que se dirigen y una vez que capten su atención brinden un servicio que los haga sentir cómodos, contentos y confiados.

Capítulo 2
De la pantalla grande a la chica (nuestras formas y hábitos de consumir contenidos han evolucionado)

Durante décadas, las formas de *marketing* más importantes para un negocio estaban dirigidas hacia televisión y radio. Existían, por supuesto, otras opciones populares, como por ejemplo, colocar letreros a los costados de los autobuses y en las bancas de las paradas. Aunque estas estrategias resultaban eficaces para captar nuevos clientes, sus alcances no podían compararse con la exposición masiva que obtenía el negocio cuando aparecía en televisión y radio.

Después llegó Internet, su uso se difundió masivamente y eventualmente se fueron popularizando dispositivos móviles y redes sociales.

Actualmente, si quieres que tu negocio crezca, debes hacer *marketing* pensado para estos dos formatos, ¡sobre todo si quieres captar clientes provenientes del mercado latino!, pues el mercado latino redujo su consumo televisión y radio, y trasladó rápidamente sus hábitos de consumo hacia el mundo del Internet.

Por lo tanto, las claves para que tu negocio crezca se encuentran en el *marketing* dirigido hacia dispositivos móviles y redes sociales. Pero para garantizar que tus campañas sean exitosas, debes entender las razones por las cuales las personas latinas amamos el Internet, y entre más rápido las entiendas, más rápido comenzarás a ver que aumentan tus ingresos.

Cómo era el *marketing* dirigido hacia el mercado latino en el pasado

«Me queda claro: para captar al mercado latino, mi negocio tiene que hacer *marketing* en dispositivos móviles y redes sociales. Pero ¿realmente la televisión y la radio son formatos que han quedado en el pasado?, ¿qué tan mala idea es invertir actualmente en campañas televisivas y radiales?».

En el mercado latino, televisión y radio han perdido relevancia; Internet los ha desplazado como medios de entretenimiento e información, al igual que en su tiempo televisión y radio desplazaron a revistas y libros.

«¿Cómo puedo estar seguro?»

Si aún tienes dudas, a continuación te explicaremos por qué televisión y radio se han convertido en medios obsoletos, especialmente cuando se trata de hacer *marketing* dirigido hacia el mercado latino.

La caída de la televisión

Uno de los síntomas más evidentes de cómo la televisión se ha derrumbado es la manera en que las cadenas han *aumentado el número de anuncios comerciales que exhiben* a pesar de que su antiguo público huyó hacia YouTube y los servicios de *streaming* justamente para evitarlos.

Esta migración masiva hacia medios digitales obligó a que las cadenas televisivas buscaran opciones para compensar sus pérdidas.

«A medida que la audiencia televisiva declina y cada vez más consumidores se cambian a los servicios de *streaming*, como Netflix, las compañías de medios únicamente cuentan con un par de opciones para generar los ingresos publicitarios que Wall Street espera de ellos: Pueden elevar los precios, proyectar más comerciales o un poco de ambas».[17]

Suena a una estrategia ineficaz y desesperada, ¿no?

Por eso. muchos expertos pronostican que el futuro de la televisión está en los servicios de *streaming*, donde para generar utilidades[18] no se requiere meter tantos anuncios (y a veces resultan totalmente innecesarios). Al final de cuentas, ¿cuándo fue la última vez que viste con gusto en la televisión un anuncio comercial?

El declive de la televisión ya se anunciaba fuerte y claro desde 2018, cuando un artículo publicado en la revista *Forbes* reportó que el gasto en publicidad televisiva estaba en declive en Estados Unidos, mientras que el gasto en publicidad para formatos digitales se elevaba hasta alcanzar 107 mil millones de dólares:

> «El año pasado, el gasto en anuncios de televisión en Estados Unidos cayó por primera vez desde 2009. Con el crecimiento de dos dígitos de los videos digitales, el gasto en anuncios televisivos continúa su reducción este año, pues la participación de la televisión en el total de gastos en anuncios en medios estadounidenses descendió en 2017 de 33,9 % a 31,6 %».[19]

---

[17] Smith, G. (3 de agosto de 2019). Las cadenas de televisión prometieron reducir los comerciales. En vez de eso, atiborraron más. *Los Angeles Times*. https://www.latimes.com/business/story/2019-08-02/tv-networks-vowed-to-cut-back-on-commercials-instead-they stuffed-in-more.

[18] Morgan, B. (5 de julio de 2019). ¿Qué hay en el futuro de la televisión? *Forbes*. https://www.forbes.com/sites/blakemorgan/2019/07/05/what-is-the-future-of-television/?sh=585a5db559de.

[19] Feldman, D. (28 de marzo de 2018). El gasto en anuncios televisivos en Estados Unidos cae a medida que el gasto en anuncios digitales asciende a $107 en 2018. *Forbes*. https://www.forbes.com/sites/danafeldman/2018/03/28/u-s-tv-ad-spend-drops-as-digital-ad-spend-climbs-to-107b-in-2018/?sh=2ebf3e157aa6.

Y piensa que este escenario es anterior a que Disney controlara Hulu, debutara Disney Plus, se lanzara Apple TV+ y surgieran otros numerosos servicios de *streaming* que hacen que el futuro de las cadenas de televisión parezca aún más catastrófico.

La inminente desaparición de la radio

Todo parece indicar que la radio está condenada al mismo destino que la televisión y su declive se debe a la misma razón. La evidencia es innegable; ya lo publicó *Digital Music News*: «La radio morirá en 10 años [...]», y esto fue hace tres años.

El artículo traza un desolador panorama:

> «Los jóvenes abandonaron la radio terrestre. Este medio ahora aporta menos ingresos que las plataformas de *streaming*. Para escuchar mejor música, ahora las personas compran bocinas inteligentes».[20]

El artículo, derivado de un estudio que realizó Larry Miller, director de *Steinhardt Music Business Program* de la NYU, enumera ocho razones por las cuales la radio se encuentra al borde de la desaparición. Una de estas razones resulta particularmente interesante, pues indica que hasta los fabricantes de autos han empezado a abandonar a la radio:

> «... Miller destaca que en las pantallas de los autos nuevos es más fácil acceder a plataformas como Spotify, Pandora e iTunes que a una frecuencia de radio».

En el informe original, el mismo Miller explica:

> «Los controles de AM/FM a menudo se encuentran debajo de esta pantalla, lo cual demuestra que son menos prominentes y menos accesibles que en el pasado».

---

[20] Sánchez, D. (31 de agosto de 2017). La radio desaparecerá en 10 años. Este estudio lo demuestra. *Digital Music News*. https://www.digitalmusicnews.com/2017/08/31/radio-dead-musonomics-study/.

El hecho de que incluso los automóviles, sus aliados de siempre, se hayan alejado de ella, es quizá la evidencia más contundente de que la radio agoniza y, al igual que la televisión, hay que descartarla para hacer *marketing*.

Los latinos hemos huido de televisión y radio

«¡Mi madre, mis tíos y mi abuelita aman televisión y radio, pasan horas consumiéndolas! Estoy seguro que haciendo *marketing* para televisión y radio puedo captar a muchos clientes latinos de esa generación».

Muchos dueños de negocios dudan acerca de saltar hacia el *marketing* dirigido a redes sociales y dispositivos móviles. Existe la creencia de que el mercado latino de algún modo no ha evolucionado en cuanto a medios de consumo se refiere. Debes entender que esto no es así: se trata de una creencia necia que no es real. Si quieres hacer *marketing* para televisión y radio y esperar que funcione en el mercado latino, vas a necesitar una máquina del tiempo y regresar al pasado, y eso es algo que nosotros no podemos ofrecerte. Lo que sí podemos ofrecerte es información para que te des cuenta de cómo las personas latinas hemos transitado hacia las redes sociales y dispositivos móviles de manera permanente y definitiva, pero sobre todo te ofrecemos una guía práctica y clara sobre cómo utilizar esta información para captar nuevos clientes que harán que tu negocio crezca.

«Si lo que dicen es cierto, ¿cómo se explica que *Nielsen* publicara en 2018 que la radio fue el principal vehículo de alcance tanto para los consumidores latinos como para los negros?».[21]

Es un indicador importante, pero de ninguna manera te garantiza éxito en asuntos de *marketing*. Si vas a invertir en hacer una campaña para el mercado latino, debes considerar otros indicadores, como por ejemplo este dato que aparece en ese mismo informe *Nielsen*:

[21] Audio hoy en día 2018: Un enfoque sobre las audiencias negras y latinas, *The Nielsen Company*, verano de 2018, https://www.nielsen.com/wp-content/uploads/sites/3/2019/04/audio-today-report-july-2018.pdf.

«Los consumidores negros y latinos encabezan la lista en lo que respecta a interés y adquisición de bocinas inteligentes como de servicios de *streaming*».[22]

«¿Más que la población blanca?».

Sí, y por mucho. Aquí puedes ver los datos.

- Porcentaje de personas con bocinas inteligentes en el hogar:
  - Latinas: 21 %
  - Blancas: 18 %
- Porcentaje de personas interesadas en adquirir bocinas inteligentes:
  - Latinas: 45 %
  - Blancas: 40 %
- Porcentaje de personas que utilizan servicios de *streaming* de audio:
  - Latinas: 58 %
  - Blancas: 36 %
- Porcentaje de personas interesadas en adquirir servicios de *streaming* de audio:
  - Latinas: 35 %
  - Blancas: 24 %

Como puedes ver, a las personas latinas les encanta escuchar contenidos, es por eso que aún usan radio, pero también es por eso que han adoptado con pasión las nuevas tecnologías, para escuchar contenidos de forma más individualizada y sencilla (y, por lo tanto, ir abandonando la radio).

---

[22] Audio hoy en día 2018: Un enfoque sobre las audiencias negras y latinas, *The Nielsen Company*, verano de 2018, https://www.nielsen.com/wp-content/uploads/sites/3/2019/04/audio-today-report-july-2018.pdf.

De hecho, los latinos estadounidenses están abandonando la televisión a un ritmo casi idéntico:

> «Según los datos de una encuesta realizada a más de 1000 consumidores latinos en Estados Unidos, que hablan tanto inglés como español, el audio digital está a la par del video digital en términos del consumo latino. El 42 % de los encuestados respondió que pasan al menos seis horas por semana escuchando audio digital y viendo videos digitales (y en un pequeño porcentaje consumen incluso más audio digital que videos digitales)».[23]

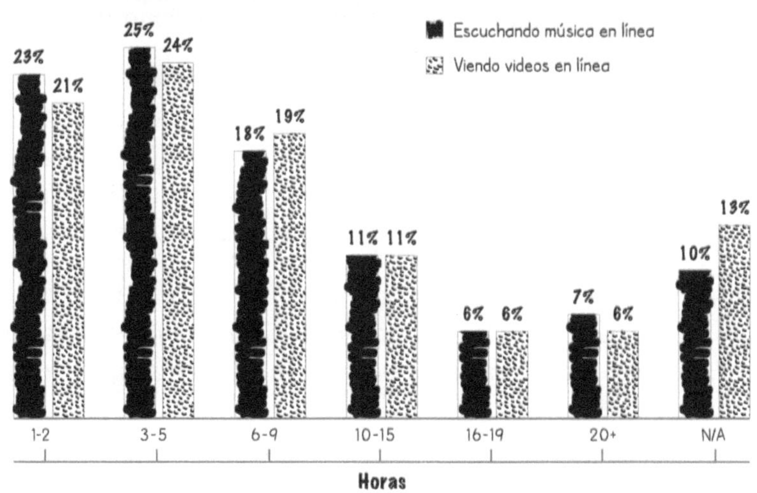

Fuente: Marketing Charts, 2019

---

[23] Los hispanos de EE.UU. pasan el mismo tiempo escuchando audio digital que viendo videos digitales. *Marketing Charts*, 7 de febrero de 2020, https://www.marketingcharts.com/demographics-and-audiences/hispanic-demographics-and-audiences-111824.

Entonces, sí, es verdad: algunas personas latinas aún ven televisión y escuchan radio, así como otras utilizan a veces fax y ven ocasionalmente una película en VHS.

Pero esto no significa que hacer *marketing* para estas «tecnologías» valga la pena.

Por qué los medios digitales son el mejor medio para hacer *marketing* dirigido al mercado latino

Si tu presupuesto no tiene límite, quizá te recomendaríamos poner algunos anuncios en televisión y radio. También que le pagues a vendedores ambulantes para que promuevan tu negocio casa por casa. ¿O por qué no contratas avioneta y piloto para que desde el cielo muestren por toda la ciudad tu número telefónico en una manta?

Sin embargo, suponemos que tu presupuesto tiene un límite y que deseas aprovechar tu dinero al máximo.

Por esta razón, te recomendamos que enfoques tu campaña de *marketing* en medios digitales. Este es un buen consejo para cualquier mercado objetivo, pero resulta especialmente eficaz cuando se trata de captar nuevos clientes del mercado latinos.

Al igual que te explicamos por qué televisión y radio resultan obsoletos para hacer *marketing*, ahora te diremos por qué los medios digitales representan el presente y futuro para captar al mercado latino de Estados Unidos.

El latino es el grupo étnico más joven de Estados Unidos

De acuerdo con el US Census Bureau, la población de personas latinas-estadounidenses en 2017 era de 58,9 millones.[24] Se espera que para 2030 sean ¡72 millones! Son *muchísimos* estadouni-

---

[24] La población latina alcanzará 111 millones en 2060, *Oficina del Censo de Estados Unidos*, 9 de octubre de 2018, https://www.census.gov/library/visualizations/2018/comm/hispanic-projected-pop.html.

denses y varios de ellos requerirán eventualmente los servicios que tu negocio ofrece.

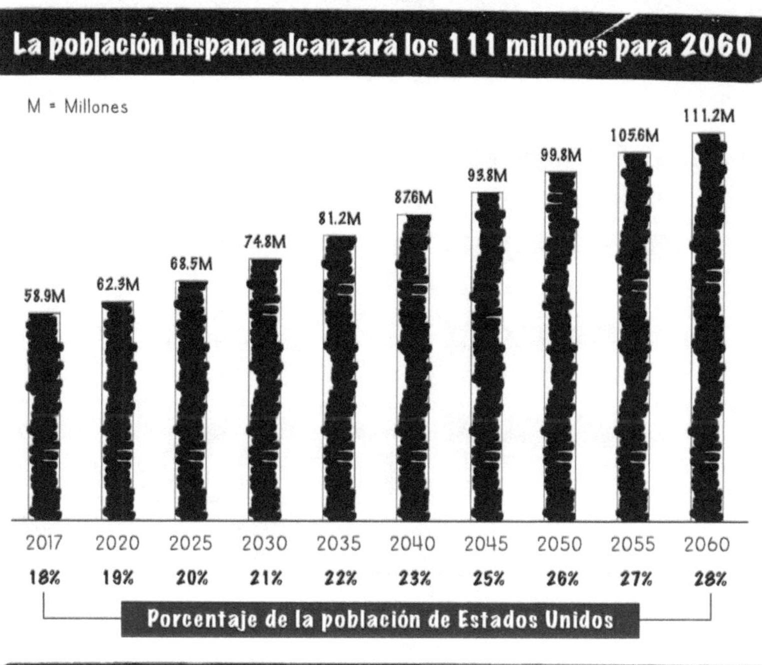

Por sí solos, estos números son impresionantes, pero resultan aún más importantes para tu negocio si sabes que los latinos representan actualmente el grupo étnico más joven en el país, con una edad promedio de 28 años.[25]

---

[25] López, M. H.; Krogstad. J. H. y Flores A. (13 de septiembre de 2018). Principales hechos acerca de los jóvenes latinos. *Pew Research Center.* https://www.pewresearch. org/fact-tank/2018/09/13/key-facts-about-young-latinos/.

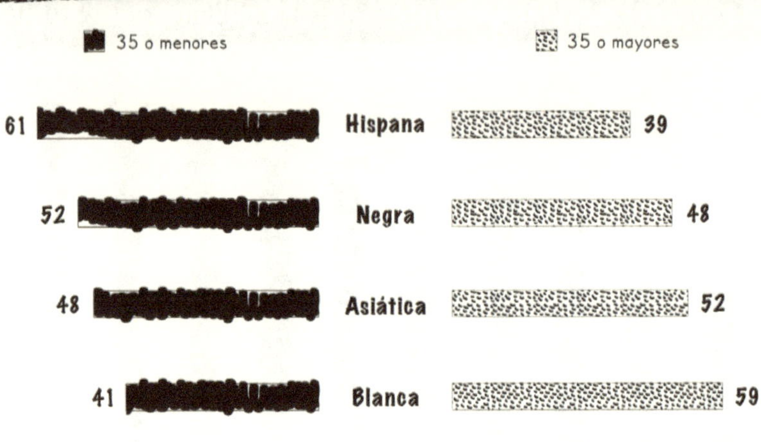

Esto explica la razón por la cual el mercado latino es el grupo demográfico que adopta con más pasión nuevas tecnologías, pues está conformado por personas más jóvenes que otros grupos étnicos y, como todos sabemos, los jóvenes aman la tecnología.[26]

Mientras que una población de mayor edad puede reducir tu capacidad para hacer *marketing* hacia otros grupos, esto no ocurre con las personas latinas. Al contrario: su población aumenta aceleradamente y además está compuesta en su mayoría por *millennials*, generación que ha crecido utilizando tecnología de la era digital.

---

[26] Vogels, E. A. (9 de septiembre de 2019), Los «millennials» destacan por su uso de la tecnología, pero las generaciones mayores también adoptan la vida digital. *Pew Research Center.* https://www.pewresearch.org/fact-tank/2019/09/09/us-generations-technology-use/.

Las personas latinas usan Internet para encontrar lo que necesitan

Todo lo indica. Las personas latinas en Estados Unidos se sienten muy cómodas navegando en Internet para encontrar soluciones a sus problemas.

Esto lo descubrió eMarketer cuando recientemente realizó una encuesta sobre las fuentes en Internet a las que acuden los usuarios latinos para explorar soluciones.[27] Aquí están los resultados:

- Motores de búsqueda: 46 %.

- Reseñas: 36 %.

- Redes sociales: 32 %.

- Sitios de productos/marcas: 28 %.

- Aplicaciones móviles: 21 %.

- Sitios de comparación de precios: 21 %.

- Sitios de *vouchers*/cupones de descuento: 17 %.

- Sitios de preguntas y respuestas: 17 %.

- Sitios de videos: 16 %.

- Foros: 13 %.

---

[27] ¿Qué fuentes utilizan los usuarios latinos-estadounidenses en Internet cuando buscan información acerca de marcas, productos o servicios? *Insider Intelligence: eMarketer*, 11 de julio de 2019. https://www.emarketer.com/chart/229970/what-sources-do-us-hispanic-internet-users-use-looking-information-about-brands-products-services-of-respondents-q1-2019.

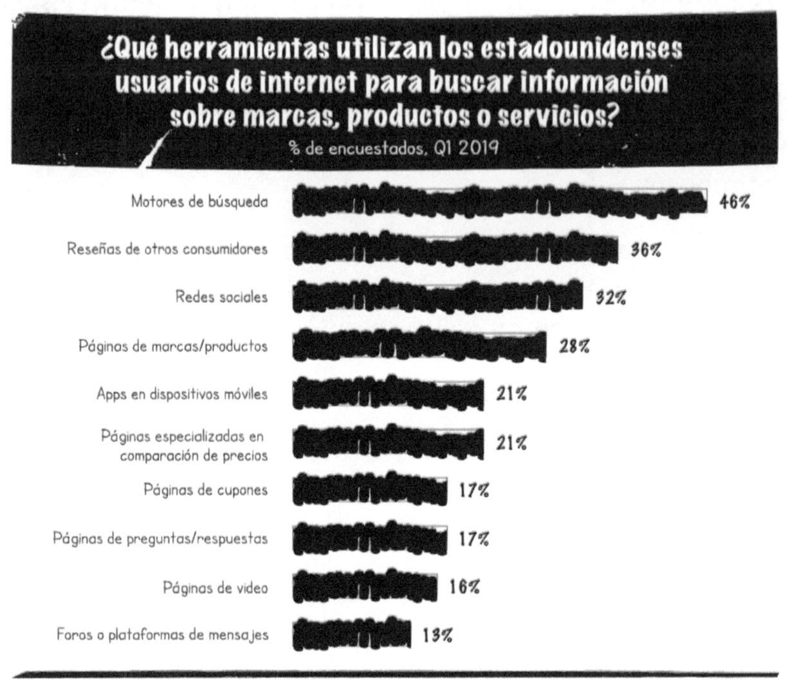

Fuente: GlobalWebIndex, 2019

Aunque los motores de búsqueda siguen siendo su herramienta favorita para encontrar lo que necesitan, las personas latinas están abiertas hacia otras opciones. Algunas de estas quizá no funcionen para tu negocio (por ejemplo, sitios de descuentos, foros, etc.), pero otras, como sitios de video y aplicaciones móviles, resultan ideales para desarrollar campañas de *marketing* (ya te detallaremos este punto más adelante).

Al mismo tiempo, toda esta información representa una razón más para que descartes hacer *marketing* en medios tradicionales, al menos cuando te dirijas hacia el mercado latino. Si una persona latina quiere encontrar algo, lo va a buscar en línea. Por lo tanto, si quieres captar su atención y convertir nuevos clientes, la publicidad de tu negocio debe aparecer en medios digitales (no en la televisión ni en un espectacular colocado en la carretera, pues nadie frenará su troca para apuntar el teléfono de tu negocio).

Los dispositivos móviles son muy económicos

No se trata únicamente de que los latinos hayan adoptado Internet en todas sus formas para encontrar lo que buscan. También es esencial saber que la tecnología requerida para realizar estas búsquedas es mucho más barata de lo que era hace 10 años. Y esta combinación (personas latinas que aman Internet y pueden pagar la tecnología para acceder a él) confirma que para este mercado los medios tradicionales resultan obsoletos.

Los siguientes datos son muy elocuentes para explicar esta transformación, cuyo primer elemento es el hecho de que los latinos usan los dispositivos móviles más que otros estadounidenses:

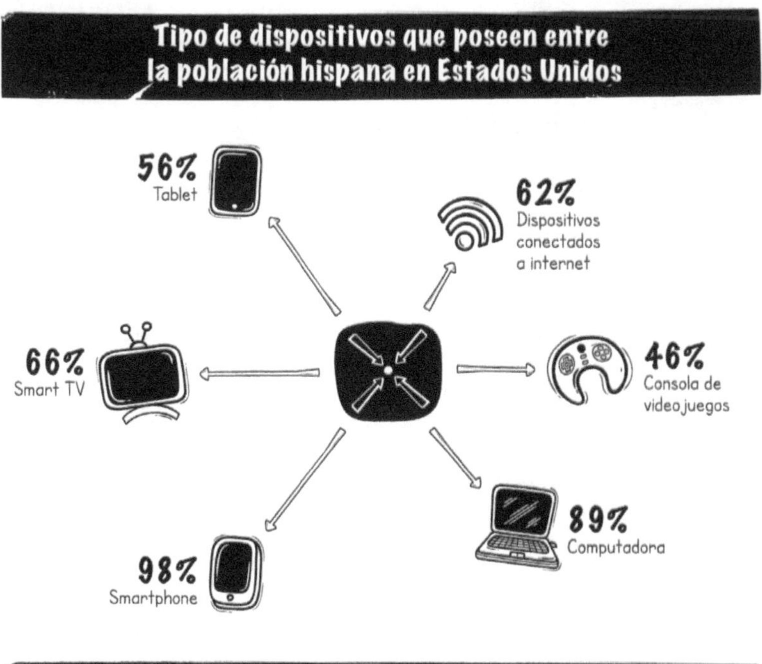

Fuente: Nielsen, 2020

«Al tiempo que las personas no latinas tienen más computadoras de escritorio, las personas latinas tienen un índice más alto de tener *smartphones* y *tablets* en oposición

a los no latinas, según una encuesta realizada a 1027 personas para el estudio Millward Brown de Specific Media
y SMG Multicultural. Tres cuartos (77 %) de las personas
latinas encuestadas tienen un *smartphone* versus 70 % de
las personas no latinas, y 54 % poseen una *tablet* en comparación al 49 % de las no latinas».[28]

Estas diferencias resultan particularmente significativas si se
toma en cuenta que la población latina en Estados Unidos está
creciendo y, por lo tanto, también crecerá su consumo de dispositivos móviles durante los próximos años.

«¿Cómo pueden asegurarlo tomando en cuenta que los nuevos
smartphones son cada vez más costosos?»[29]

Sí, es verdad que cada vez son más caros, pero toma en cuenta que
estos teléfonos de $1000 no son adquiridos por la mayoría de los
usuarios, como lo informó *NPD* a finales de 2019:

«... apenas 10 % de los consumidores gastan más de
$1000 en sus *smartphones*».[30]

Como resultado de este comportamiento, los fabricantes han res-
pondido creando nuevos dispositivos móviles de menor costo.[31]

[28] Dua, T. (16 de marzo de 2015). Consumo de medios latino en 5 Charts. *Digiday.*
https://digiday.com/marketing/hispanic-media-consumption-5-charts/.

[29] Eadicicco, L. (12 de diciembre de 2019). Aumenta la evidencia de que las personas
están hartas por el alto costo de los smartphones y esto genera un cambio masivo en la
industria. *Business Insider.* https://www.businessinsider.com/smartphone-cost-expen-
sive-1000-apple-samsung-google-5g-change-2019-12#smartphones-werent-always-
so-expensive-1.

[30] Los consumidores en los principales 10 DMA representan más de un tercio de los
smartphones activos de $1000. *The NPD Group.* 9 de diciembre de 2019. https://www.
npd.com/wps/portal/npd/us/news/press-releases/2019/less-than-10-of-us-consum-
ers-spend-over-1000-on-their-smartphones--according-to-npds-new-mobile-phone-
tracking-service/.

[31] Eadicicco, L. (12 de diciembre de 2019). Aumenta la evidencia de que las personas
están hartas por el alto costo de los smartphones y esto genera un cambio masivo en la
industria. *Business Insider.* https://www.businessinsider.com/smartphone-cost-expen-
sive-1000-apple-samsung-google-5g-change-2019-12#5g-could-encourage-people-
to-upgrade-but-for-a-high-price-3.

De igual manera, más y más personas han optado por acudir al mercado de dispositivos móviles renovados para tener opciones más adecuadas para su presupuesto.[32]

Sin embargo, no solo se trata de que existen dispositivos móviles más asequibles en el mercado, sino también de que duran más.

En 2018, *NPD* emitió un informe donde demuestra que las personas conservan sus *smartphones* durante más tiempo que antes (32 meses[33] en promedio).

Es decir, al adquirir un dispositivo móvil (y no necesariamente uno nuevo), los usuarios están realizando una inversión que les puede durar alrededor de 3 años.

Finalmente, ¿qué es más barato?, ¿tener un dispositivo móvil y un plan de datos, o contratar televisión por cable y un paquete de Internet en casa? Sin lugar a dudas, la primera opción es mucho más barata… una razón más para que entiendas por qué una campaña de *marketing* dirigida hacia medios digitales apunta hacia el éxito y una dirigida hacia medios tradicionales hacia el fracaso.

Los dispositivos móviles otorgan independencia

A las personas latinas nos encanta poder ser independientes con respecto a los productos que consumimos en Internet y los dispositivos móviles nos otorgan eso: que en una misma familia la hija pueda ver un video musical en su teléfono, el padre un partido de fútbol en su *laptop* y la madre buscar restaurantes desde su *tablet*. Y es que 27 % de las personas latinas estadounidenses viven

[32] Maring, J. (1 de marzo de 2018). Más personas compran teléfonos usados/reconstruidos que nunca antes. *Android Central*. https://www.androidcentral.com/more-people-are-buying-usedrefurbished-phones-ever.

[33] El ciclo de mejora promedio de un smartphone en Estados Unidos es 32 meses, de acuerdo con NPD Connected Intelligence, *The NPD Group*, 12 de julio de 2018, https://www.npd.com/wps/portal/npd/us/news/press-releases/2018/the-average-upgrade-cycle-of-a-smartphone-in-the-u-s--is-32-months---according-to-npd-connected-intelligence/.

en hogares multigeneracionales.[34]

Fuente: Nielsen, 2018

Como puedes imaginar, a las distintas generaciones les gustan cosas diferentes, y si en una casa solo hay una televisión, surgirían conflictos entre los miembros de la familia para decidir qué ver. Gracias a los dispositivos móviles, esto ya no ocurre. Cada miembro de la familia puede ver lo que quiere en su propio dispositivo móvil.

Para ti, este hecho es muy importante. En un mismo hogar existen dos o tres segmentos diferentes del mercado latino, y cada uno puede interactuar con tu negocio impulsados por motivaciones distintas.

Toma en cuenta que, en estos ambientes multigeneracionales, el

[34] Descubrimiento Digital: Las vidas en línea de los consumidores Latinx, *The Nielsen Company*, verano de 2018, https://www.nielsen.com/wp-content/uploads/sites/3/2019/04/the-online-lives-latinx-consumers.pdf.

uso de la tecnología no es exclusivo de las generaciones más jóvenes. Al contrario, es común que, por ejemplo, la nieta le ayude a su abuelo a utilizar su teléfono inteligente para encontrar videos en vivo de, por ejemplo, su cantante favorito.

De acuerdo con el informe *Nielsen*:

> «... las generaciones más jóvenes ejercen una gran influencia sobre las personas latinas mayores. De hecho, las personas de 55 años y más se han vuelto particularmente hábiles utilizando tecnología y superan a las blancas no latinas en 36 % al aceptar que les encanta tener muchos aparatos electrónicos. 28 % de las personas latinas acepta que a menudo intercambian sus conocimientos tecnológicos o sus productos electrónicos con otras personas».[35]

Esta es otra razón más por la cual el mercado latino es ideal para captar nuevos clientes para tu negocio a través de campañas de *marketing* dirigido hacia medios digitales.

LOS DISPOSITIVOS MÓVILES PERMITEN INTERACTUAR CON MÚLTIPLES PANTALLAS DE MANERA SIMULTÁNEA

Otro aspecto a considerar cuando se explora el comportamiento tecnológico del mercado latino es el de la visualización de varias pantallas simultáneas.[36]

---

[35] Descubrimiento Digital: Las vidas en línea de los consumidores «Latinx», *The Nielsen Company*, verano de 2018, https://www.nielsen.com/wp-content/uploads/sites/3/2019/04/the-online-lives-latinx-consumers.pdf,

[36] Los hábitos de consume de medios entre los latinos en Estados Unidos, *Global Web Index*, 2018, https://ml.globenewswire.com/Resource/Download/6ca74570-dd85-4126-b828-fcd6be0d96c0.

Alguien puede tener la televisión encendida mientras manipula su teléfono inteligente. Es posible que tú mismo lo hagas constantemente. Es el medio tiempo de partido de fútbol y comienzas a checar tu Facebook en tu teléfono mientras la televisión transmite comerciales. Y a veces ni siquiera necesitas que haya comerciales, puedes aprovechar que el partido se ha detenido por una lesión para responder tus mensajes pendientes.

Pues resulta que este comportamiento es más habitual entre las personas latinas que entre el resto de la población: 69 % reportan que usan un dispositivo móvil mientras ven la televisión.[37] Para el mercado estadounidense no latino, este comportamiento está presente únicamente en un 53 %.

---

[37] Los hábitos de consumo de medios entre los latinos en Estados Unidos, *Global Web Index*, 2018, https://ml.globenewswire.com/Resource/Download/6ca74570-dd85-4126-b828-fcd6be0d96c0.

Esto también explica por qué las personas latinas invierten al día *mucho* más tiempo usando sus dispositivos móviles para acceder a Internet (3 horas) en comparación con los otros grupos (1 hora, 55 minutos).

Gracias a su costumbre por interactuar con más de una pantalla al mismo tiempo, el mercado latino se puede involucrar con el *marketing* digital de tu negocio desde su dispositivo electrónico, ¡incluso cuando están viendo una telenovela en televisión!

El ascenso de las redes sociales

Este análisis sobre cómo tu negocio puede hacer *marketing* eficaz hacia el mercado latino estaría incompleto si no habláramos sobre redes sociales, específicamente sobre Facebook, pues los latinos adoramos Facebook:

> «... Facebook es la plataforma digital a la que más acuden las personas latinas en Estados Unidos. El 71 % de los encuestados utilizan Facebook para conectarse con sus seres queridos todos los días. Casi la mitad (48 %) de los amigos en Facebook de las personas latinas son familiares, comparado con el 36 % de la población total. Facebook y Facebook Messenger también se utilizan como alternativa a las tarjetas telefónicas para comunicarse con otras personas tanto adentro como afuera de Estados Unidos: 60 % de las personas latinas usan Facebook Messenger para hablar con sus amigos y familiares fuera de Estados Unidos».[38]

Mientras para los estadounidenses en general Facebook ha demostrado ser una plataforma divertida para compartir experiencias con amigos y familiares, para el mercado latino, en específico Facebook, se ha convertido en algo más. En una forma de vida. De

---

[38] Diversidad digital: Una mirada más cercana a los latinos-estadounidenses, *Facebook IQ*, 4 de diciembre de 2014, https://www.facebook.com/business/news/insights/digital-diversity-a-closer-look-at-us-hispanics.

hecho, muchos integrantes de la comunidad latina entran a Internet exclusivamente para usar Facebook, pues es su forma preferida (y además muy barata) para mantenerse vinculados con su gente querida.

La clave para hacer *marketing* hacia el mercado latino (más allá del medio)

«Muy bien, las personas latinas aman Internet. Entonces, invertir en publicidad en medios digitales es una opción infalible para captarlas y hacer crecer mi negocio. ¿No?».

Ojalá fuera tan fácil...

Saber que usan Internet y que debes captarlas a través de *marketing* en medios digitales es solo una parte. La otra parte (y es la más importante) es que debes entender a la población latina. Debes saber qué la distingue de cualquier otra población del país. Tu negocio debe hacerle sentir que la entiende. Lograr esto es crucial para que tus campañas tengan éxito. Las personas latinas van a llegar a ti siempre y cuando les demuestres que comprendes su cultura.

«¿Y cómo consigo su confianza?».

Demostrar a las personas latinas que respetas sus necesidades particulares comienza con crear en español tus materiales de marketing.[39]

Esto aplica incluso si te diriges a los integrantes de los segmentos de personas Nuevas Latinas y Ambiculturales, que tienden a ser bilingües (y hasta preferir el inglés). Al utilizar español en tus campañas, estarás enviando un mensaje de respeto que demuestra tu interés por individualizarlos y distinguirlos como un segmento exclusivo de la población estadounidense.

---

[39] Fragkouli, N. y Levy, L. (23 de marzo de 2020). Por qué las firmas legales deben ejecutar anuncios Google en español, *Nanato Media*, https://nanatomedia.com/blog/why-law-firms-must-run-spanish-google-ads/

¿Un negocio debe «echar toda la carne al asador» en su *marketing* para el mercado latino?

Si pensabas que para hacer crecer tu negocio requerías invertir en radio y televisión, ahora ya sabes que no, que son plataformas en caída libre e invertir en ellas puede significar perder dinero. Así que no lo hagas.

«Es que ya lo hice. Ya invertí en radio y televisión, ¿ahora qué hago?».

Si ya invertiste en campañas radiales y/o televisivos, te recomendamos que tus contenidos no sean a través de la televisión tradicional (cable o satélite), sino contenidos a través de plataforma OTT (over the top) —que se transmiten directamente en dispositivos inteligentes—, pues proporcionan oportunidades similares[40] y te permite una segmentación mucho más específica de tus clientes potenciales.

«¿Y si ya invertí en radio y televisión tradicional, y esos anuncios me están dando dinero?».

Primero revisa detalladamente las ganancias que te han generado esos anuncios en los últimos años. Si descubres que te han hecho ganar dinero de forma estable, resulta obvio que son anuncios que funcionan y no debes cambiar su contenido. Pero quizá ha llegado el momento de cambiar el medio en el que los transmites y llevarlos hacia los medios digitales. Seguramente cuando lo hagas descubrirás que seguirás ganando dinero, pero invirtiendo mucho menos.

Lo que debe quedarte claro es que televisión y radio quizá aún permanecerán durante otros diez años, pero nunca podrán ofrecer la focalización hiperespecífica que logran los anuncios en re-

---

[40] Rowan, M. (21 de abril de 2020). Publicación del Consejo: El estado de la publicidad OTT en 2020: «Strong And Gaining Momentum». *Forbes*. https://www.forbes.com/sites/forbesagencycouncil/2020/04/21/the-state-of-ott-advertising-in-2020-strong-and-gaining-momentum/?sh=3fab21fe6037.

des sociales.[41]

Si vas a hacer *marketing* para el mercado latino, no tengas la menor duda. Hazlo en medios digitales. Ahí se encuentra la clave para que crezca tu negocio.

[41] Riserbato, R. (27 de febrero de 2020). Qué es una audiencia objetivo de redes sociales y cómo encontrarla. *HubSpot Blog.* https://blog.hubspot.com/marketing/social-media-target-audience.

PRIMERO, LO PRIMERO

Capítulo 3
Cómo iniciar tu estrategia de *marketing* en tres simples pasos

imagina generar nuevos clientes todo el tiempo.

Imagina que esos nuevos clientes están tan contentos con tu negocio que lo recomiendan con sus familiares y amigos.

Imagina que tus nuevos clientes son leales y se multiplican de manera continua.

Imagina que tu negocio no deja de crecer.

Suena a fantasía, pero no lo es. El mercado latino es la clave para que ese escenario sea una realidad.

«¿De qué manera?».

A través de una campaña de *marketing*.

«¿Cómo la puedo hacer?».

Para eso tienes este libro entre las manos (o en la pantalla).

Aquí vamos a enseñarte paso a paso cómo hacer una exitosa campaña de *marketing* para el mercado latino y hacer realidad un escenario en donde tu negocio genere nuevos clientes todo el tiempo y esos nuevos clientes estén tan contentos que te recomienden con sus amigos. Un escenario en el cual tu negocio crece y crece.

«Si es tan fácil, ¿por qué mis competidores no lo han hecho?»:

Seguramente sí lo han hecho, pero han fracasado. Podemos asegurarte que muchísimas empresas simplemente no saben cómo hacer *marketing* para el mercado latino.[42]

Eso no quiere decir que hacer *marketing* para el mercado latino sea complicado; todo lo contrario: puede ser fácil siempre y cuando hayas comprendido las maneras correctas para acercarte a él.

Pero no te preocupes, te lo decimos otra vez: para eso tienes este libro entre las manos.

El peor error que cometen los negocios al hacer *marketing* para el mercado latino

Primero debes saber cuál es el peor error que comete un negocio al hacer *marketing* para el mercado latino, y ese error es pensar lo siguiente:

«El mercado latino es un bloque único que comparte los mismos intereses, las mismas necesidades y siempre desea lo mismo. El mercado hispano es una unidad de comportamiento homogéneo».

¡Tú no puedes cometer el terrible error de pensar así!

Es como lanzar una campaña de *marketing* en la que intentas incluir a todas las personas que practican deportes. Es decir, tanto a las que corren 100 metros planos como a las que juegan golf, tanto a las que nadan largas distancias con estilo mixto como a las que practican box.

---

[42] Fragkouli, N. y Levy, L. (30 de mayo, 2019). Tres consejos sobre cómo los bufetes de abogados pueden conseguir más clientes latinos. *Nanato Media*. https://nanatomedia. com/blog/three-tips-on-how-law-firms-can-get-more-latino-clients/

Simplemente algo así nunca va a funcionar. Es imposible que un mismo mensaje sea efectivo para una gama de necesidades tan amplia. Este tipo de pensamiento está condenado al fracaso.

Pero tú no puedes pensar así. Debes darte cuenta de que el mercado latino es una comunidad plural y diversa. Debes entender que el mercado latino está compuesto por varios segmentos con muy distintos intereses.

Y justamente entender su diversidad es lo que hará que tu estrategia de *marketing* se convierta en un éxito comercial.

Elige los segmentos del mercado latino que resultan ideales para tu negocio

Desde el punto de vista del *marketing*, el mercado latino en Estados Unidos está compuesto por cinco segmentos[43] (que puedes consultar a detalle en el primer capítulo de este libro). Una vez que hayas entendido las diferencias entre cada uno, debes definir cuál es la configuración específica del mercado latino que existe en tu localidad.

Quizá en tu localidad el mercado latino solo se compone por uno o dos segmentos o quizá vives en Nueva York, Miami, o una ciudad con una gran comunidad latina[44] donde hay clientes potenciales provenientes de los cinco segmentos.

Da igual, para que tu campaña de *marketing* tenga éxito, es indispensable que al principio solo te enfoques en un solo segmento.

«Yo vivo en Los Angeles y aquí hay latinos provenientes de los cinco segmentos del mercado, ¿por qué voy a limitarme a uno si puedo captarlos a todos?».

[43] Informe del Mercado hispano. (17 de septiembre de 2020). *Claritas LLC.* https://claritas.com/resources/2020-hispanic-market-report/.

[44] Koebler, J. (18 de diciembre 2019). 11 ciudades con más hispanos. *U.S. News & World Report.* https://www.usnews.com/news/slideshows/11-cities-with-the-most-hispanics.

Pensar así es el segundo error más grave y frecuente que un negocio comete.

Una y otra vez hemos visto a tus competidores fracasar porque insisten en atraer a todo el mercado latino.

Sin duda es una idea tentadora, pero resulta falsa. Debes sacártela de la cabeza.

«¿Pero si tengo un gran presupuesto que me permite cubrir en una misma campaña a los cinco segmentos?».

No es recomendable. ¡Enfoca tu trabajo y dinero a un único segmento del mercado!

Nuestra experiencia nos permite asegurarte que si logras atraer a un único segmento del mercado latino, las ganancias que obtendrás serán más que suficientes.

«Ya estudié el mercado latino de mi localidad y es mucho más pequeño de lo que pensaba, ¿qué hago?, ¿renuncio a la idea de hacer *marketing*?».

Todo lo contrario: Si el mercado latino de tu localidad es pequeño, quiere decir que muy probablemente tus competidores lo han ignorado y por lo tanto tú puedes captar la totalidad de ese pequeño mercado y conseguir nuevos clientes que, si les transmites confianza, serán completamente leales a tu negocio.

Sé realista con respecto a tu presupuesto

Una gran parte del éxito en campañas de *marketing* PPC radica en comprender que tu presupuesto depende del costo de tus palabras clave[45].

Te lo explicamos. Por ejemplo, si vives en Nueva York, tienes a tu disposición una cantidad masiva de posibles nuevos clientes lati-

---

[45] Bell, E. (20 de abril de 2020). Guía de investigación de palabras clave de PPC: cómo encontrar las palabras para sus campañas de búsquedas de pago. *WordStream*. https:// www.wordstream.com/blog/ws/2013/11/21/ppc-keyword-research-guide.

nos. Pero también la tienen tus competidores, y muchos de ellos, al considerar sus dimensiones, decidirán centrarse únicamente en ese mercado. Por lo tanto, las palabras claves para lanzar tu campaña costarán más en Nueva York que en una ciudad que no tiene la misma densidad de población hispana.

Por eso nuestra recomendación de centrar tu estrategia en un único segmento tiene tanto sentido. Le da a tu presupuesto buenas posibilidades de que su ROI (rendimiento de inversión) sea rentable y te brinde ganancias.

«¿Qué garantías tengo de éxito?».

Una campaña de PPC te brinda una base real y confiable para desarrollar una exitosa estrategia de *marketing*, pues te indica con qué frecuencia las personas del mercado latino de tu localidad buscan los servicios que tu negocio ofrece (y a alguien que les hable en su mismo idioma). Es decir, te explica las necesidades de tus clientes y a partir de esa información podrás convencerte de que una campaña integral de *marketing*[46] dirigida al mercado latino de tu localidad puede ser un negocio redondo, siempre y cuando sigas los consejos que te damos en este libro.

Considera el alcance de tu cobertura

Segmentar tu mercado y ser realista sobre los alcances de tu presupuesto son dos pasos muy importantes para el éxito, pero existe un tercer paso que muchos negocios descuidan cuando hacen *marketing* dirigido hacia el mercado latino.

Quizá para este momento ya tienes una idea clara sobre los alcances de tu negocio y sabes en cuáles poblaciones hace sentido invertir y en cuáles no. Sin embargo, una vez que comiences con tu campaña y veas cómo tus anuncios tienen un impacto inmediato, es probable que sientas la tentación de expandirte. Y es

[46] Fragkouli, N. y Levy, L. (23 de marzo de 2020). Por qué los bufetes de abogados deben publicar anuncios de Google en español. *Nanato Media.* https://nanatomedia. com/blog/why-law-firms-must-run-spanish-google-ads/

que quizá un poquito más allá de tu zona de cobertura vive una amplia comunidad latina que no está siendo captada de manera activa a través de una estrategia PPC (costo-por-clic[47]) o quizá en esos lugares simplemente nadie ofrece los servicios específicos que tu negocio ofrece. Si es así, quizá tengas razón (si tienes la disposición e infraestructura) y puede ser buena idea extender los alcances de tu negocio unos cuantos kilómetros.

Usemos como ejemplo el caso de un negocio de mudanzas. Quizá tu cobertura está focalizada en la ciudad más poblada de cierto estado y te das cuenta de que tus anuncios están teniendo interacciones en las periferias de esa ciudad y por lo tanto hace sentido que te expandas un poco y ofrezcas servicios en poblaciones más pequeñas donde es probable que no vayas a tener muchos competidores.

Entender estas sutilizas del *marketing* también te permitirá ser cada vez más específico en tus campañas hacia los distintos segmentos del mercado latino. Digamos que dentro de los servicios que ofreces, lo que más dinero te da en relación distancia/ingreso es la mudanza especializada en oficinas. Entonces puedes comenzar a crear campañas específicamente diseñadas para captar la atención de empresas que necesitan mudar sus oficinas a unas pocas cuadras de distancia, pero están dispuestas a pagar tarifas elevadas por el nivel de cuidado y confianza que tu negocio le garantiza.

No obstante, un escenario así, en donde puedas captar nuevos clientes fuera de tu zona de cobertura de manera tan sencilla, es poco probable. Lo que usualmente vas a encontrar es que las poblaciones periféricas están al alcance de otros negocios que probablemente entienden mejor las necesidades de ese mercado y llevan varios años trabajando con él.

Así que, en la mayor parte de los casos, no te recomendamos salirte de tu zona de cobertura al principio. Con esto no estamos

---

[47] PPC: ¿Qué es costo por clic? *WordStream*, acceso 5 de junio de 2020, https://www.wordstream.com/cpc.

diciendo que expandirte no tiene sentido, sino que para hacerlo debes comenzar con una estrategia PPC realista; es decir, enfocada únicamente en tu área de acción. Así obtendrás buenos resultados iniciales que quizá eventualmente te permitirán tener una sólida base de clientes y, una vez que tengas una sólida base de clientes, puedes plantearte ejecutar una estrategia de expansión hacia las periferias o hasta considerar la idea de abrir una nueva sucursal de la tienda.

Conoce una de las formas más importantes para atraer al mercado latino

Otro error que cometen con frecuencia los negocios cuando hacen *marketing* dirigido hacia las personas latinas es enfocarse únicamente en sus anuncios.

Los anuncios deben ser una prioridad, de eso no hay ninguna duda, pero para tener éxito es necesario que cada uno de tus pasos esté bien pensado. Y en este sentido debes considerar que, aunque los latinos somos increíblemente activos en línea, no es tan fácil captarlos como nuevos clientes mediante prácticas de mercadotecnia digital genéricas.[48]

---

[48] Influencers Latinx: (11 de octubre de 2018). La comunidad digital que sigue creciendo. *The Nielsen Company.* https://www.nielsen.com/us/en/insights/article/2018/latinx-influencers-the-digital-community-that-keeps-growing

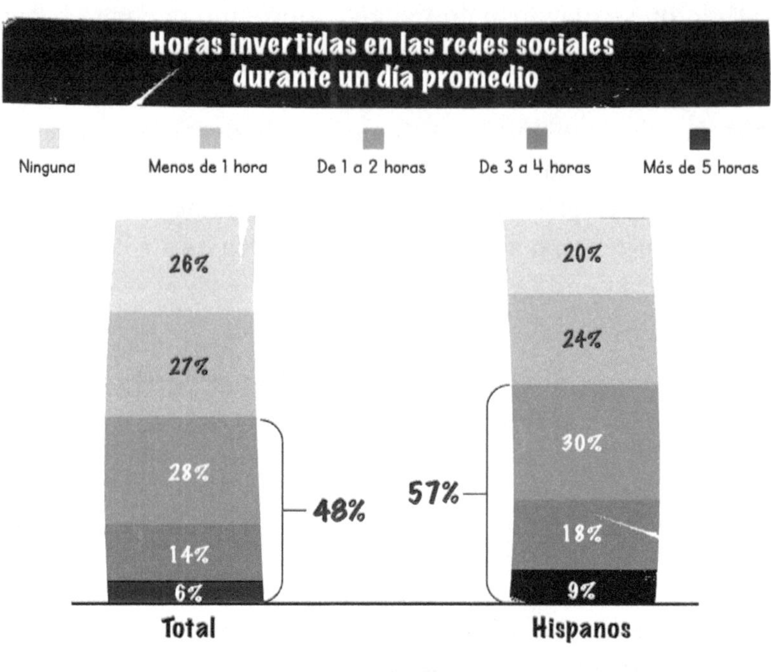

El mercado latino, más que ningún otro, le otorga una enorme importancia a la confianza.[49]

«Pero como especialista en mi oficio, les garantizo por descontado a mis clientes que pueden confiar en mi trabajo».

Sin duda, pero con las personas latinas debes garantizarles esa confianza mucho antes de que se conviertan en tus clientes.

«¿Qué tanto antes?».

Puedes comenzar ese proceso en el momento mismo en que se comunican con tu negocio, pero te recomendamos que trabajes su confianza incluso antes de ese punto.

---

[49] Llopis, G. (2 de abril de 2012). Gana la confianza de los consumidores latinos y tu marca dominará. *Forbes.* https://www.forbes.com/sites/glennllopis/2012/04/02/earn-the-trust-of-hispanic-consumers-and-your-brand-will-dominate/?sh=4ac48dad42ad

La participación comunitaria no tiene que ser necesariamente cara a cara

Si algo nos ha enseñado la pandemia es que podemos estar presentes a pesar de la distancia, que podemos mostrar interés, cariño y cercanía a través de la tecnología sin necesidad de estar ahí físicamente.

Esto aplica para tus seres queridos y también aplica para tus clientes.

«Pero yo deseo conocer personalmente a mis nuevos clientes, pues así voy a transmitirles confianza. Incluso si viven en otro lugar, estoy dispuesto a invertir fines de semana en organizar eventos y viajar para poder conocerlos».

Debes ser realista. Hagas lo que hagas, resulta imposible para tu negocio que te entrevistes cara a cara con cada persona que te contrata. Aunque es cierto que organizar eventos presenciales exitosos para tus clientes siempre se traducirá en ganancias, es posible que no tengas presupuesto para organizar este tipo de actividades o que simplemente no tengas tiempo en tu agenda.

¡No te preocupes! Puedes alcanzar el éxito sin gastar dinero. La pandemia nos lo ha enseñado: para eso sirve organizar un evento en Facebook Live, tanto para atraer a potenciales clientes como para transmitir confianza.[50]

Por ejemplo, si eres una empresa que prepara y reparte canastas de alimentos orgánicos con ingredientes locales, habrá muchos potenciales clientes interesados en conocer tus distintos paquetes, rutas de entrega y productores con los que estás asociado. Seguramente toda esta información ya la tienes en tu sitio web, pero ¿qué mejor manera de hacerle publicidad a tu negocio y transmitir confianza que organizando un Facebook Live donde tus potenciales clientes puedan verte, hablar contigo e incluso conocer en directo tus procesos de producción?

---

[50] Margot Whitney, M. (1 de junio de 2020). La ridículamente fabulosa guía para Facebook Live. *WordStream.* https://www.wordstream.com/blog/ws/2017/07/31/facebook-live-guide

O si ofreces servicios de plomería, puedes, por ejemplo, diseñar un tutorial sobre el método que sigues para reparar un escusado que gotea, o si tienes un negocio de pintura, puedes ejecutar ejemplos en vivo de los criterios para seleccionar tipos de pinturas de acuerdo a las características de cada pared.

La mejor forma de garantizar el éxito de un Facebook Live con estas características es despertar interés antes de la transmisión (mediante anuncios que lo promuevan) y permitir que al final haya una sección en donde los participantes puedan formularte todas las dudas que les hayan quedado sobre los servicios que ofreces. La idea es provocar interacciones que resulten atractivas a los asistentes (como promociones, paquetes, ofertas o facilidades de pago), de tal forma que se sientan interesados en contactar con tu negocio. Por ello debes asegurarte de proporcionar de forma clara y sencilla tu información de contacto.

«¿Resulta en verdad así de fácil?».

¡Sí! Todo lo que necesitas es usar una red social totalmente gratuita (que además nos fascina a las personas latinas[51]) y hacer una pequeña presentación en donde hables sobre los servicios que tu negocio ofrece (tema sobre el cual ya eres experto) y después responder a las preguntas que los asistentes te formulen.

«Pero ¿cuál es el beneficio real que voy a obtener con este tipo de dinámicas?».

Piensa que un Facebook Live te permite realmente convivir con los asistentes, quienes van a sentir que te están conociendo y que tu negocio les inspira confianza. Estas sensaciones de cercanía y confianza se habrán reforzado mediante un tutorial en el que han podido observar en tiempo real que tus servicios son seguros y eficaces.

Además, cada evento que hagas irá enriqueciendo tu historial de interacciones en la sociedad virtual[52] y te servirá para ir crean-

---

[51] Diversidad Digital. *Facebook IQ.* (4 de diciembre de 2014). https://www.facebook.com/business/news/insights/digital-diversity-a-closer-look-at-us-hispanics

[52] La guía final para obtener resultados con la mercadotecnia de evidencia social. *AdEspresso.* (18 de octubre de 2018). https://adespresso.com/blog/how-to-create-social-proof/.

do una mayor audiencia para tus posteriores Facebook Live, que cada vez podrán alcanzar a más clientes potenciales.

Piensa que mientras tú estás interactuando en realidad con las personas y generando vínculos humanos con ellos, quizá tus competidores están apostando por llamarlos a sus celulares y tratarles de vender algo de maneras frías e impersonales.

¿A quién crees que van a preferir contratar?, ¿a un negocio del que solo conocen la voz de un extraño, o a un negocio en donde las personas involucradas les explicaron sus servicios y en vivo les mostraron cómo trabajan mientras los vieron sonreír y estuvieron dispuestos a escuchar inquietudes y responder preguntas?

«¿Qué tantos posibles formatos tengo para mis eventos en Facebook Live?».

Las opciones de Facebook Live son interminables[53]. Es una plataforma que te ofrece muchas maneras distintas de organizar interacciones. Puedes, por ejemplo, aliarte con otros profesionales de tu comunidad (quizá alguien que tenga una gran cantidad de seguidores en sus redes sociales) para realizar desde mesas de diálogo hasta tutoriales más específicos; desde foros en torno a un tema concreto de interés general, hasta charlas informativas que cubran todos los servicios que tu negocio ofrece.

3 formas de hacer *marketing* para atraer al mercado latino hacia tu negocio

En esta sección final ordenaremos la información que te hemos dado para ofrecerte una guía en tres pasos que te servirá para que tu *marketing* dirigido hacia el mercado latino sea eficaz y garantice que tu negocio crezca.

Te lo repetimos: usualmente es mejor que comiences en pequeña escala, pero esto no quiere decir que debas esperar resultados

---

[53] Green, L. (6 de mayo de 2020). 7 ideas creativas para tu próximo Evento en Facebook Live. *HubSpot.* https://blog.hubspot.com/marketing/ideas-for-facebook-live

modestos. Concéntrate en seguir y ejecutar eficazmente estos tres pasos y tu negocio comenzará a generar nuevos clientes del mercado latino sin grandes esfuerzos ni presupuestos excesivos.

1.- Identifica el verdadero nivel de experiencia que tiene tu negocio

«Yo ya he tenido clientes latinos. De hecho, las personas latinas representan un alto porcentaje de la actual clientela de mi negocio».

Muy bien, en este caso, el primer paso para tener más éxito es focalizar tus esfuerzos de *marketing* y dirigirlos hacia un segmento específico del mercado latino, y para esto es conveniente que tengas presentes cada uno de sus cinco segmentos y sus características (que puedes consultar en el primer capítulo de este libro).

- Latinoamericana

- Hispano

- Americanizado

- Nueva Latino

- Ambicultural

Identifica cuál de estos cinco segmentos se adapta mejor a lo que ofrece tu negocio y concéntrate en ese segmento para diseñar campañas de *marketing* específicamente dirigidas a sus particulares características.

«Yo nunca he tenido clientes latinos. De hecho, mi experiencia con el mercado latino es nula».

Si solo te has enfocado en el mercado que habla inglés, estás perdiendo una gran oportunidad de crear nuevos clientes entre las personas latinas. Pero no te preocupes, lo que debes hacer es identificar qué segmento del mercado latino está presente en tu comunidad y comenzar a desarrollar campañas en español donde demuestres que conoces sus particulares necesidades y que les ofreces un servicio que los hará sentir cómodos y seguros.

2. Considera el tamaño de tu mercado local

El mercado latino de tu comunidad puede ser enorme o puede ser reducido. De cualquier manera, en ambos casos aplica el mismo principio: ahí hay potenciales nuevos clientes que debes captar.

Y si es un mercado que ya han captado tus competidores, tampoco debes cometer el error de pensar que esos clientes ya son de su propiedad. Piensa que es muy probable que esos clientes estén con ellos por falta de opciones y en cuanto encuentren un lugar que los haga sentir identificados y seguros estarán dispuestos a cambiarse a otro negocio. Ese otro negocio es el tuyo, y tú, a diferencia de tus competidores, sí entiendes las necesidades de las personas latinas y tus servicios les brindarán seguridad y confianza.

«Pero mi negocio se encuentra en un área metropolitana grande donde otros negocios ya se dirigen eficazmente hacia el mercado latino».

Bueno, pues aún tienes posibilidades de tener éxito si trabajas de manera más específica con tus campañas. Por ejemplo, si tu negocio da servicio en el área de Houston, podrías diseñar campañas mucho más estrechas que se dirijan hacia vecindarios específicos, como Denver Harbor, Magnolia Park o Houston Heights.

Incluso centrarte únicamente en un único vecindario podría facilitar que participes en los eventos locales o simplemente asegurar la presencia de tu negocio en eventos que organicen otros grupos del área. Si a este escenario le añades el ingrediente de una estrategia omnicanal (forma de *marketing* que consiste en ofrecer al cliente una experiencia satisfactoria y funcional durante todos los procesos de su compra), obtendrás una receta infalible para conseguir nuevos clientes que hagan crecer tu negocio.[54]

---

[54] Vrountas, T. (1 de julio de 2020). Cómo planear y crear la estrategia marketing Omnicanal perfecta. *Instapage.* https://instapage.com/blog/what-is-omnichannel-marketing.

También debes recordar que en grandes poblaciones latinas los integrantes de los segmentos Hispano y Latinoamericano tienen procedencias muy diversas entre sí. Por eso es tan importante que decidas enfocarte en un único segmento y desarrolles mensajes específicos que respondan a las necesidades de esa comunidad en particular.

Supongamos que tu negocio está en Miami, una ciudad con una gran población latina donde muchas personas se identifican como cubanas. No obstante, también hay una creciente comunidad de personas que se identifican como colombianas. Entonces quizá conviene que te centres en ese mercado más pequeño con mensajes dirigidos de manera específica hacia ellos. Si te diriges hacia ellos hablándoles de manera personal sobre sus inquietudes particulares, vas a atraerlos.

Pero este acercamiento debe ser natural, nunca forzado. Toma en cuenta que una estrategia de *marketing* holístico (integral) que demuestre un interés real por ayudar a los miembros de una comunidad latina garantizará que tus campañas se traduzcan en nuevos clientes. Piensa que las personas latinas de alguna comunidad específica (por ejemplo, las personas que se identifican como colombianas en Miami) suelen sentir que los negocios que se dirigen hacia ellos les intentan ofrecer servicios de formas en las que no se reconocen ni se sienten identificados. Si tú logras crear *marketing* que se dirija a ellos de manera auténtica, desde la empatía por sus específicas necesidades, el crecimiento de tu negocio está garantizado.

3. Aprovecha a tus empleados que hablan español

El tercer paso que debemos remarcar es que para dar una buena primera impresión a un posible cliente debes aprovechar a tus empleados que hablen español. De hecho, te recomendamos que en tus políticas de contratación tomes en cuenta principalmente a los candidatos bilingües (sobre todo si te estás dirigiendo a segmentos del mercado latino que hablan inglés y español). Muchos fracasos entre el *marketing* dirigido hacia personas latinas se deben a que los negocios no cuentan con gente que habla español y esto los pone en una tremenda desventaja. Piensa que cualquier persona siente desconfianza hacia un lugar donde no le hablan en su idioma. Por ello los negocios que cuentan con gente que habla español están en una gran posición de ventaja, y esta ventaja se las da que logran establecer una conexión profunda y real con sus clientes potenciales, ¡y esta conexión de confianza comienza cuando se habla el mismo idioma!

Al respecto, considera las siguientes estadísticas acerca de lo importante que es el español para las personas latinas en Estados Unidos:[55]

- 80 % de las personas latinas en Estados Unidos no sienten que necesiten dejar de hablar español para ser parte de la cultura estadounidense.

- 86 % de los encuestados creen que el español les ayuda a permanecer conectados con su cultura.

- Cuando leen anuncios en español, las personas latinas se sienten mucho más atraídas para adquirir los productos que anuncian.

- Cuando están en línea, más del 80 % de las personas latinas que dominan el español utilizan ese idioma al menos la mitad del tiempo cuando leen, escriben o ven videos.

- Ante la pregunta: ¿Crees que las marcas se deben dirigir a los consumidores tanto en inglés como en español? Un 79 % de las personas latinas que dominan el español dijeron que sí, un 82 % de las personas bilingües dijeron que sí y un 60 % de las personas que dominan el inglés dijeron que sí.

---

[55] ¿La mercadotecnia en español sigue siendo importante para los latinos?. *Forbes.* (4 de abril de 2017). https://www.forbes.com/sites/onmarketing/2017/04/04/is-marketing-in-spanish-still-relevant-to-hispanics/?sh=633fbffb7c36.

- 58 % de las personas latinas que dominan el español y el 48 % de las personas latinas bilingües piensan que al dirigirse en español a su segmento deseado un negocio está demostrado un interés auténtico hacia la comunidad latina.

Por esta razón, siempre nuestra recomendación es que tengas personal que hable perfectamente español, pues ellos transmitirán a los potenciales clientes del mercado latino una inmediata sensación de calidez y confianza (sobre todo personas provenientes de los segmentos Latinoamericano e Hispano).

«¿Y si yo busco captar clientes latinos de los segmentos Americanizado, Nuevo Latino y Ambicultural?».

En ese caso, debes ofrecer un servicio de atención bilingüe en donde tu personal que hable inglés esté familiarizado con la cultura latina. Piensa que las personas identificadas en los segmentos Nueva Latina y Ambicultural quizá prefieran el inglés, pero al mismo tiempo siguen vinculados con sus raíces latinas y por lo tanto buscan un proveedor de servicio o producto que les hable en inglés sobre referencias latinas.

Recuerda, la esencia del éxito cuando haces *marketing* para el mercado latino es generar una conexión real, y eso solo vas a lograrlo si te preocupas por conocer y satisfacer las inquietudes específicas de tus potenciales nuevos clientes.

Capítulo 4
PPC vs. SEO
En esta esquina,
PPC (rudo); en la otra, SEO (técnico)

No hay duda: tu negocio necesita generar tráfico en línea.

«¿Cómo hago que eso pase, que mi negocio genere tráfico digital?».

¡Con PPC!

Para captar nuevos clientes, necesitas tener un enfoque de negocios moderno. A menos que quieras dirigirte a la población Amish (que no se siente cómoda usando tecnología), este enfoque moderno significa anunciarte en línea.

«Claro, ya lo sé. Debo invertir para que a través de SEO mis contenidos aparezcan en la parte alta de los buscadores de Google».

Lamentamos decirte que muchos negocios que piensan así fracasan en su intento de crear nuevos clientes. Debes saber que invertir mucho dinero y muchas horas en buscar generar tráfico orgánico para tu sitio web optimizando tus contenidos a través de estrategias SEO no te garantiza tener éxito. Es más, es posible que ocurra lo contrario, que te decepciones, gastes aún más dinero y esfuerzo tratando de entender qué es lo que estás haciendo mal y por qué tus posibles clientes no te pueden encontrar de manera inmediata.

Pero nosotros te lo decimos: Lo que estás haciendo mal es creer que SEO es la solución a corto plazo.

Para que tu negocio tenga presencia virtual de manera rápida y eficaz, la solución es PPC.

Veredicto: PPC vence a SEO (ocho razones)

«Pero para atraer nuevos clientes necesito estar en las primeras posiciones de búsquedas en Google, ¿no?».

Sí, pero a través de PPC, no de SEO.

El camino de una estrategia SEO para generar nuevos clientes es largo, tortuoso y frustrante; además, casi siempre está destinado al fracaso porque debes tener mucha paciencia para comenzar a ver que tu inversión da resultados.

Pero hay una manera mucho más eficaz y sencilla de hacerlo:

Utilizar en tu negocio el *marketing* PPC[56].

«¿Por qué?, ¿cómo puedo estar seguro de que PPC es mejor que SEO para hacer que mi negocio crezca?»

Te damos estas ocho razones que demuestran por qué el *marketing* PPC es el camino correcto para hacer que tu negocio crezca.

1. Resultados casi inmediatos

Como dueño de un negocio, entiendes lo importante que resulta saber esperar. Esperas que un permiso sea aprobado. Esperas que un cliente autorice la cotización. Esperas la confirmación de tu proveedor. Como te das cuenta, la paciencia resulta clave si esperas que tu negocio crezca.

Sin embargo, en cuestiones de *marketing* digital, el escenario es un poco distinto. Esperar que tus resultados SEO funcionen a ve-

[56] Gilbert, D. (18 de marzo de 2019). Qué es el PPC y cómo funciona la mercadotecnia de búsqueda pagada. *Search Engine Journal.* https://www.searchenginejournal.com/ppc-guide/what-is-ppc-paid-search/.

ces puede ser una espera interminable y, sobre todo, innecesaria, pues no te generan los clientes que necesitas de manera inmediata para que tu negocio pueda seguir operando.

Si aún tienes dudas sobre cuál estrategia es mejor, si PPC o SEO, te compartimos este fragmento del artículo «Search Engine Journal» *(Diario de Motores de Búsqueda)*, sobre cuánto tarda una estrategia SEO en funcionar.

> «Debes estar preparado para invertir varios meses, incluso un año, antes de ver resultados por tus esfuerzos de SEO, pero incluso entonces, no serás el mero mero del barrio. De hecho, según un análisis estadístico exhaustivo realizado por Tim Soulo, únicamente el 5,7 % de todas las páginas publicadas inicialmente llegan a los primeros diez lugares de Google en el plazo de un año».[57]

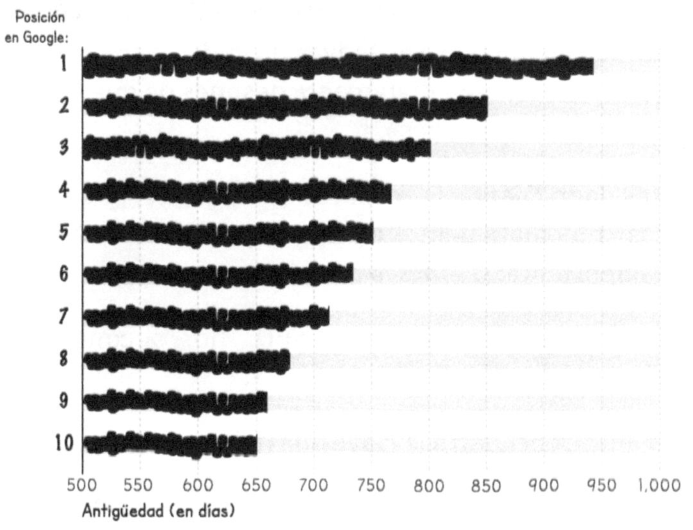

Fuente: Ahrefs, 2020

---

[57] Knauff, J. (6 de junio de 2020). ¿Cuánto se tarda en funcionar la SEO? *Search Engine Journal.* https://www.searchenginejournal.com/seo-101/how-long-seo-takes/.
Soulo, T. (6 de agosto de 2020). ¿Cuánto tiempo se requiere para clasificar en Google? (Un Estudio de Ahrefs). *Ahrefs.* https://ahrefs.com/blog/how-long-does-it-take-to-rank/.

«Bueno, un año no es tanto. Como bien me lo han dicho, soy paciente, a mí no me importaría esperar un año para empezar a ver resultados».

Por supuesto, pero piensa que empezar a ver resultados es muy distinto a que esos resultados te hagan ganar dinero. De hecho, para obtener un ROI positivo con SEO, quizá debas esperar un año más. Por lo tanto, si estás dispuesto a esperar varios años y no te importa malgastar tu presupuesto sin que nuevos clientes contraten tus servicios durante mucho tiempo, lo tuyo sin duda es SEO.

La otra opción es ahorrarte tiempo e invertir bien tu dinero con una estrategia PPC.

«Con una estrategia PPC, ¿qué tan rápido voy a obtener resultados?».

Neil Patel, mercadólogo digital mundialmente famoso, dijo esto sobre la efectividad de los anuncios de PPC:

> «Si sabes cómo hacer una estrategia de PPC y cómo utilizar las palabras clave activas dirigidas, verás aumentos de tráfico casi inmediatamente después de que publiques tus primeros anuncios».[58]

Como te has dado cuenta, la respuesta es que ¡con PPC verás resultados casi inmediatamente!, aunque hay una condición que resulta muy importante: *si sabes lo que tienes que hacer...*

«Supongo que ocurre lo mismo con SEO, ¿no?, si contrato a alguien que sabe lo que hace, me irá bien...».

No, y justo ahí se encuentra la clave que debes entender:

Incluso con un equipo entero de especialistas en SEO, los resultados pueden tardar años si tu negocio compite en un mercado

---

[58] Patel, N. (2 de septiembre de 2016). ¿Cuánto tiempo requiere ver resultados en la mercadotecnia digital? *LinkedIn.* https://www.linkedin.com/pulse/how-long-does-take-see-digital-marketing-results-neil-patel/.

grande y competitivo. En cambio, si trabajas con un especialista en PPC, podrás, literalmente, tener nuevos clientes al día siguiente.

2. Con PPC evitas compromisos a largo plazo

Debido a que el *marketing* de PPC ofrece resultados casi inmediatos, las agencias no insistirán en firmar compromisos a largo plazo con tu negocio, pues estarán convencidas de que los resultados serán satisfactorios para todos y permitirán establecer relaciones de negocios fructíferas y fluidas.

Con SEO es distinto. Las agencias de SEO saben que los resultados van a tardar y suelen exigir contratos de por lo menos seis meses para asegurarse de que sus clientes, al no ver resultados rápidos, no puedan disolver el acuerdo durante el primer mes.

De nuevo. Esto dice Maile Ohye, de Google, sobre cuánto tarda una agencia de SEO en dar resultados:

> «En la mayoría de los casos, una estrategia SEO necesita de cuatro meses a un año para ayudar a que su negocio implemente mejoras y después vea un beneficio potencial».[59]

Imagina que firmas uno de esos contratos a largo plazo con una agencia SEO solo para darte cuenta desde el cuarto mes que es probable que nunca vayas a recuperar el dinero que invertiste y tampoco ver ni un nuevo cliente antes de cerrar el año.

Como dueño de un negocio, conoces muy bien lo importante que es respetar un contrato. Así que, aunque sientas que estás perdiendo dinero, vas a tener que seguir pagándole a una agencia SEO con la que ya te comprometiste. Y la otra opción que tienes es igualmente frustrante: rescindir del contrato pagando una suma considerable.

En cambio, con una agencia PPC todo es distinto. Vas a ver resultados casi inmediatos y los contratos que firmas son de corta du-

---

[59] Google Search Central. *Cómo contratar una SEO.* Video de YouTube, 01:41. (14 de febrero de 2017). https://www.youtube.com/watch?v=piSvFxV_M04.

ración. Lo importante es que te asegures de contratar a la agencia de PPC adecuada, y la agencia de PPC adecuada es aquella que sabe cómo captarte desde el primer día a usuarios que están dispuestos a convertirse en tus clientes.

En cambio, con una agencia SEO (no vamos a cansarnos de recordártelo) todo es tardado. Incluso la mejor agencia de SEO va a tener que partir de cero para diseñar una estrategia.

Como puedes darte cuenta, a nivel comparativo, PPC vence a SEO bajo cualquier mirada, ante cualquier circunstancia, sobre cualquier cuadrilátero cuando necesitas atraer clientes a corto plazo.

3. Los anuncios de PPC pueden dirigirse hacia personas que ya están listas para convertirse en tus nuevos clientes

Otro gran, GRAN, problema con SEO es que inevitablemente atrae a muchas personas que encuentran tu sitio web. Lo visitan, pero nunca tienen la intención de convertirse en un nuevo cliente para tu negocio.

Si esto sucede una vez, no tiene importancia, quizá ni siquiera lo notas, pero si sucede docenas de veces en un mismo mes, se convierte en algo muy molesto. Imagina que estás pagando a una agencia SEO que llena de tráfico tu página, pero todo ese tráfico desaparece y nunca se traduce en clientes; es decir, tus páginas tienen miles de visitantes, pero ninguno de esos visitantes tiene la intención de contratarte. Para invertir de una forma tan desgastante, te recomendamos gastar tu presupuesto en fuegos artificiales, pues si lo que quieres es ver desaparecer tu dinero, será un espectáculo mucho más entretenido.

Sin embargo, no hay mucho que puedas hacer para remediar esta situación si estás con SEO. Y es que SEO sigue la manera tradicional en que el *marketing* funciona , cuyo enfoque[60] parte de estas cuatro etapas:

---

[60] Si Quan Ong, (30 de abril de 2020). Túneles de mercadotecnia para principiantes: Una guía completa. *Ahrefs*. https://ahrefs.com/blog/marketing-funnels/.

- Identificación del problema.

- Interés en encontrar una solución potencial.

- Consideración sobre lo viable que es tu solución.

- Convertir esa solución en nuevos clientes.

SEO funciona desde esta lógica rigurosa, compleja y tradicional de ver el *marketing*. La lógica de PPC es mucho más sencilla y efectiva.

Tu negocio no desea gastar dinero en crear contenidos que simplemente informe a tus potenciales clientes (como sucede con SEO).

Lo que tu negocio desea es tener nuevos clientes hoy mismo y es justamente lo que una estrategia PPC puede hacer por ti.

Tus potenciales clientes son personas que buscan activamente una solución a sus problemas. Son personas que quieren algo: solucionar su fuga de agua, instalar paneles solares en su techo o comprar una casa.

Lo que quieren es encontrar alguien que les resuelva esos deseos inmediatamente.

Ante este escenario, SEO aborda el deseo de un potencial cliente de manera indirecta y difusa (publicar artículos sobre los distintos tipos de paneles solares que vendes). En cambio, PPC se dedica a resolver ese deseo: ofrecer tu número de contacto para que al día siguiente estés firmando el contrato de la instalación de su sistema solar.

Justamente, lo que esas personas necesitan es una empresa de plomería, paneles solares o bienes raíces que les solucione algo en ese momento. Y eso es lo que hace una estrategia de *marketing* con PPC: contactarte con gente que requiere los servicios de tu negocio inmediatamente.

«Suena fantástico, pero ¿cómo puede ser verdad?, ¿cómo una estrategia de *marketing* con PPC puede conseguirme clientes para mi negocio de una forma tan directa y eficaz?»:

En el *marketing* con PPC, seleccionas palabras clave relacionadas con los servicios que ofreces y que reflejen la intención del comprador.[61] Después, simplemente se crean anuncios dirigidos únicamente a las personas que desean de inmediato los servicios que tu negocio ofrece.

Como te mostramos en capítulos anteriores, incluso puedes usar anuncios de PPC para dirigirte específicamente al segmento del mercado latino que te interese.[62]

Esta clase de estrategia hiperenfocada es lo que convierte al PPC en una herramienta de *marketing* tan poderosa. Y si aún tienes dudas sobre su eficacia, te compartimos estadísticas sobre la efectividad de PPC[63]

- Los visitantes que llegan por PPC a tu sitio tienen 50 % más probabilidades de comprar que los visitantes orgánicos.

- 75 % de todas las búsquedas de alta intención resultan en un clic sobre un anuncio.

- Los anuncios pagados en buscadores aumentan en 80 % la visibilidad de una marca.

- 32 % de las compañías usan PPC pare vender productos directamente a los consumidores.

[61] Shewan, D. (28 de agosto de 2019). Intención Comercial: Cómo encontrar tus palabras clave más valiosas. *WordStream*. https://www.wordstream.com/blog/ws/2014/06/30/commercial-intent-keywords.

[62] Fragkouli, N. y Levy, L. (23 de marzo de 2020). Por qué las firmas legales deben ejecutar Anuncios de Google en español. *Nanato Media*. https://nanatomedia.com/blog/why-law-firms-must-run-spanish-google-ads/.

[63] SEO vs. PPC: ¿En cuál te debes enfocar primero? *Quicksprout*. (9 de agosto de 2017). https://www.quicksprout.com/seo-vs-ppc-which-one-should-you-focus-on-first/.

- En promedio, los negocios ganan $3 por cada $1,60 invertidos en Google Ads.

¡Esta última estadística representa casi un ROI de 2x!

¿Cuántas otras inversiones reportan una ganancia parecida?

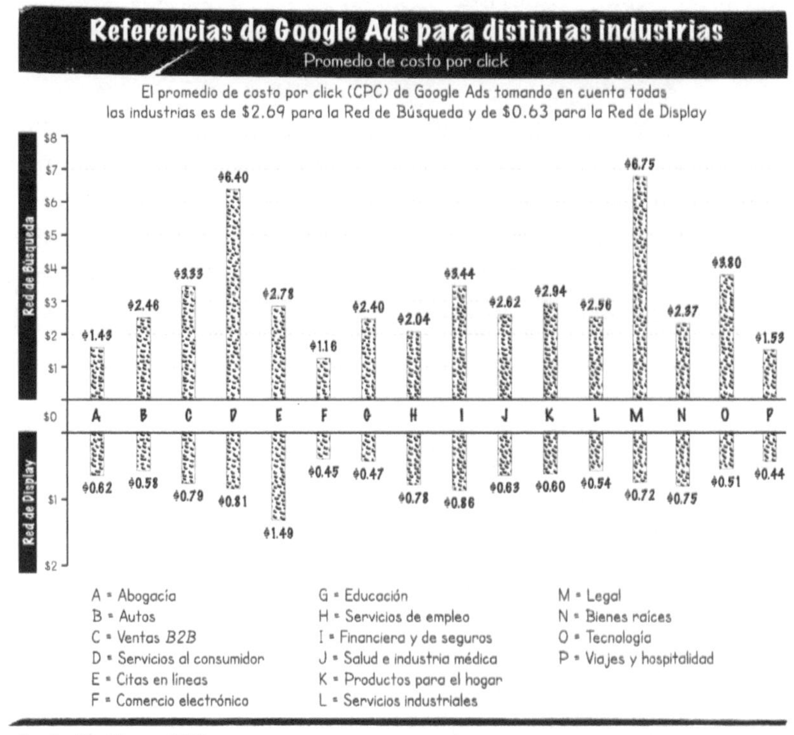

Fuente: WordStream, 2020

4. Tienes control sobre tu CPA (costo por adquisición), y Google te demuestra cómo

Controlar tus costos y aumentos de gasto en la búsqueda de nuevos clientes son preocupaciones que le quitan el sueño de cualquier dueño de negocios. Con una estrategia PPC, te libera de estas dos preocupaciones, pues, como acabamos de decirte, es la forma más eficaz de encontrar nuevos clientes, pero tiene otros beneficios, como reducir tus costos. Con una estrategia PPC, nunca perderás tu tiempo con personas en busca de información gratuita que nunca han estado dispuestas a contratar tus servicios.

Una estrategia de *marketing* PPC reduce tu costo por adquisición (CPA) drásticamente.[64] De hecho, mientras más clientes logres captar, Google te recompensará bajando sus precios para hacer publicidad en su plataforma.

¿Qué otra plataforma va a hacer eso por tu negocio?

Por ejemplo, si compras espacio en un espectacular, en una parada de autobuses o alguna otra área pública, podrías obtener un descuento si adquieres grandes cantidades, pero eso es todo. E incluso así, mientras más espacio compres, tendrás más gastos generales. Además, ¡la mayor parte de las personas que ven el nombre de tu negocio en ese tipo de anuncios nunca serán tus clientes!

Con PPC (no puedes olvidarlo), únicamente pagas cuando un potencial cliente hace clic sobre uno de tus anuncios.

«¿De qué manera puedo reducir mi CPA con Google Ads?».

A través de algo conocido como «nivel de calidad»[65], que es una herramienta cuya función es medir la calidad de tus anuncios. Todo forma parte de una lógica muy sencilla. Cuanto mejores sean tus anuncios, más clics obtendrás, Google ganará más[66], a ti te cobrará menos y tus ganancias crecerán exponencialmente.

Por ello resulta muy importante que contrates a la agencia de PPC correcta.

«¿Y qué hará exactamente esa agencia por mi negocio?».

---

[64] ¿Qué es el costo por adquisición (CPA)? (Actualizado para 2019). *BigCommerce*. Acceso el 5 de junio de 2020. https://www.bigcommerce.com/ecommerce-answers/what-is-cost-per-acquisition-cpa-what-is-benchmark-retailers/.

[65] ¿Qué es la puntuación de calidad y cómo afecta esto a los Anuncios Google? *WordStream*. Acceso el 5 de junio de 2020. https://www.wordstream.com/quality-score.

[66] Mejora la puntuación de calidad de tu sitio web. *Google Ads*. Acceso el 5 de junio de 2020, https://ads.google.com/intl/en_uk/home/resources/improve-quality-score/.

Una agencia de PPC que haga *marketing* para tu negocio se encargará de seleccionar las palabras clave correctas, diseñar con ellas tus anuncios, crear páginas de destino de alta calidad y después revisar estos anuncios una y otra vez para garantizar los clics (clientes), y mientras estos clics se generen, hay ganancias para todos.

No lo olvides. Si Google percibe que tu campaña PPC está funcionando, te va a ofrecer mejores condiciones y reducir tu CPC (costo por clic), lo cual, a su vez, significa un menor CPA.[67]

Y esta es una poderosa razón más para elegir PPC sobre SEO si deseas obtener resultados rápidos para tu negocio.

Google no te da cifras útiles relacionadas al comportamiento SEO de tu sitio (solo te ofrece un número que indica el nivel de tu tráfico orgánico), así que tú debes descifrar por ti mismo los resultados de tu campaña SEO, y por lo tanto quedas en una situación poco alentadora para descubrir cómo hacer que tu *marketing* SEO comience a darte mejores resultados. En cambio, PPC y Google trabajan de una manera mucho más sincronizada.

Otra ventaja de usar PPC es que constantemente trabajas para mejorar un mismo grupo de anuncios, y esto te ahorra muchísimo tiempo. Puedes tener una docena de anuncios o quizá dos docenas, pero una vez que los tengas, ya no tendrás que preocuparte por hacer anuncios nuevos, sino porque los anuncios que ya tienes mejoren su nivel de calidad, te generen más clientes y se reduzcan los gastos que Google te cobra por anunciarlos.

Por el contrario, con SEO todo el tiempo necesitas crear nuevos tipos de contenido; de hecho, según varios expertos, vas a necesitar gente que se dedique exclusivamente a crearte múltiples publicaciones de blogs a la semana.[68]

---

[67] Kim, L. (28 de mayo de 2019). Cómo reducir tu costo por conversión en 16 – 80 % (Sorry, Haters, Quality Score Still Matters). *WordStream*. https://www.wordstream.com/blog/ws/2013/07/16/quality-score-cost-per-conversion.

[68] Carmicheal, K. (3 de agosto de 2020). ¿Con qué frecuencia debes publicar en tu blog (o el de tu compañía)? [Nuevos datos]. *HubSpot*. https://blog.hubspot.com/marketing/blogging-frequency-benchmarks.

Además del tiempo y el dinero que esto requiere, también deriva en frustración por tener que imaginar, desarrollar y proyectar nuevos tipos de contenido una y otra y otra vez. Eso implica SEO: mucho tiempo, mucho dinero, mucho contenido distinto, resultados que tardan en aparecer, muchos visitantes, pero ninguno dispuesto a contratarte, y mucha, mucha frustración.

PPC representa el mundo contrario: poco tiempo, poco dinero, pocos anuncios, resultados inmediatos, nuevos clientes constantes y los mismos anuncios generando a tu negocio más y más ganancias.

5. Los anuncios PPC son visibles en todas las pantallas de dispositivos móviles

Hoy en día, hacer *marketing* en línea para tu negocio significa dirigirte hacia los usuarios de dispositivos móviles.

Y es que además del hecho de que la mayoría de las personas acceden a la red a través de sus dispositivos móviles,[69] desde 2015, Google da prioridad en en sus búsquedas a los sitios compatibles para este tipo de dispositivos, sin importar el buscador que sea utilizado.[70]

Por si esto no fuera suficiente, entre los usuarios de dispositivos móviles se encuentran muchos de tus potenciales nuevos clientes. De hecho, un estudio nacional realizado por *Bloomberg* en 2018, demuestra que el poder del marketing para dispositivos móviles es tan impresionantemente eficaz que casi parecería que no puede ser verdad:

> «Cuando se realizan bien, los anuncios para dispositivos móviles pueden provocar reconocimiento, impulsar clics

---

[69] Uso de internet por móviles vs. Equipos de escritorio (Últimos datos de 2020). *BroadbandSearch*. Acceso el 5 de junio de 2020. https://www.broadbandsearch.net/blog/mobile-desktop-internet-usage-statistics.

[70] Winkler, R. "Google impulsa los sitios amigables para los móviles". *The Wall Street Journal*. (21 de abril de 2015). https://www.wsj.com/articles/google-gives-boost-to-mobile-friendly-sites-1429660022.

y eventualmente traducirse en compras. Dos tercios de los consumidores pueden recordar una marca específica que vieron anunciada en su móvil la semana anterior, 60 % hace clic en los anuncios del móvil al menos una vez a la semana y 20 % hace compras semanales con base en los anuncios digitales».[71]

Esto no solo es fabuloso para los potenciales clientes que verán tus anuncios PPC cuando necesiten del tipo de servicios que tu negocio ofrece. También debes pensar en todas las personas que verán tus anuncios sin necesitar en ese momento de tus servicios, pero recordarán tu negocio en un futuro, cuando ellos o uno de sus seres queridos requiera de tu ayuda.

¿Por qué PPC resulta tan eficaz con los dispositivos móviles?

Piensa que cuando un usuario busca algo relacionado con los servicios que ofrece tu negocio, tu anuncio pagado aparecerá en la parte superior de los resultados. En un dispositivo móvil, esta parte superior ocupa la mayor parte de la pantalla!, de tal manera que tus competidores ubicados en las posiciones inferiores de la búsqueda (4, 5, 6...) no aparecerán en el espacio visual de ese potencial cliente.

¡Incluso es mejor que eso!

A través de Google Ads puedes diseñar anuncios de anuncios de llamada donde los usuarios de dispositivos móviles simplemente tienen que tocar su pantalla para llamar a tu negocio y hablar sobre sus necesidades con alguien de tu empresa[72] en ese mismo instante.

---

[71] La publicidad opcional por video es la opción de anuncio preferida para los consumidores conforme a la nueva encuesta nacional; Adoption May Deter Ad. *Bloomberg.* (26 de julio de 2018). https://www.bloomberg.com/press-releases/2018-07-26/opt-in-video-advertising-is-preferred-ad-choice-for-consumers-according-to-new-nationwide-survey-adoption-may-deter-ad-jk2t3rsx.

[72] Smith, B. (22 de enero de 2018). La guía definitiva para los anuncios de solo llamada de Google. *AdEspresso.* https://adespresso.com/blog/guide-googles-call-only-ads/

¿Puedes imaginar una herramienta más poderosa para que tus potenciales clientes tomen acción de manera inmediata?

Ni siquiera necesitan entrar a tu página web para llenar un formulario de contacto o encontrar tu número. Simplemente buscan desde sus dispositivos móviles, encuentran tu anuncio y tu anuncio les permite llamarte al instante.

6. El tráfico orgánico resulta extremadamente competitivo para un negocio

Hasta ahora ya tienes claro que sin PPC es muy difícil que tu negocio llegue a la primera página de Google, pero el escenario PPC resulta incluso más aterrador.

Algo que los especialistas en SEO nunca le dicen a sus clientes es que un sitio web puede estar en la primera página de Google pero al mismo tiempo no estar.

«¿Cómo puedes estar en la primera página sin estar?».

Piensa que la mayoría de los usuarios ven los cinco primeros resultados de una búsqueda y ya no se desplazan hacia abajo. Así que tu negocio puede, en efecto, estar en la primera página, pero si no está entre las cinco primeras búsquedas, nadie va a verte. Es cruel, pero la primera página de Google es así:

> «Solo en la primera página, los primeros cinco resultados orgánicos representan el 67,60 % de todos los clics. Los resultados de la búsqueda seis a diez representan apenas un 3,73 %».[73]

Por lo tanto, estar en la primera página no es suficiente. Para derrotar a tus competidores, debes estar en los cinco primeros lugares, y eso tu negocio lo va a lograr rápido a través de una estrategia de PPC, no de SEO.

---

[73] Sarcona, C. (7 de marzo de 2020). SEO orgánico vs. PPC en 2020: Resultados y mejores prácticas de CTR. *Zero Limit Web*. https://www.zerolimitweb.com/organic-vs-ppc-2020-ctr-results-best-practices/.

PPC te garantiza estar en la parte superior de Google —arriba de todos los resultados orgánicos— sin hacer la misma inversión de tiempo y dinero que aquellos que aparecen debajo de ti. Los detractores de PPC señalan que los anuncios pagados solo obtienen un 15 % del tráfico total en la primera página, pero debes tener siempre en cuenta que tú pagas por los clics, así que nunca vas a pagar por alguien que no haga clic en tu anuncio.

Además, 15 % no es un número menor. Es una cifra mucho mayor a la que un negocio que depende de SEO podría esperar jamás.

Por si fuera poco, te lo repetimos: con PPC no necesitas esperar para ver resultados. En cambio, con SEO, si tienes la suerte de trabajar con una agencia SEO que sabe lo que hace y no te encuentras en un mercado competitivo para tus servicios, en seis meses estarás en la primera página, pero, como ya lo sabes, estar en la primera página abajo del lugar cinco, es como si no estuvieras.

Como la experiencia te lo ha mostrado, la competencia es uno de más grandes retos que afrontan los negocios como el tuyo[74] y esto no va a cambiar. Todo el tiempo tienes que competir.

Si para ganarles a tus competidores, tu apuesta de *marketing* es estar arriba en Google únicamente mediante resultados de búsqueda orgánica (SEO), la batalla la tienes perdida. Incluso si con una suerte increíble apareces hasta arriba, mantenerte ahí te implicaría seguir invirtiendo en esta estrategia.

Pero si tu apuesta de *marketing* es una estrategia PPC, tu negocio aparecerá inmediatamente hasta arriba del buscador de Google y desde el primer día tendrás usuarios que se convertirán en nuevos clientes (y nunca pagas de más. Solo tienes que pagar por las personas que le dan clic a tu anuncio).

---

[74] Los principales 5 retos que afrontan las firmas legales hoy en día. *Legalinc.* (15 de febrero de 2019). https://legalinc.com/blog/top-5-challenges-that-firms-face-today/.

7. Si tú no tienes anuncios de PPC, tus competidores los tendrán (y te ganarán)

Imagina pararte afuera de las oficinas de tus competidores y repartir la tarjeta de tu negocio a todos los clientes que entran.

Por supuesto: tú no harías eso. Estás demasiado ocupado y resulta una labor un poco humillante en el mundo físico, pero en el mundo virtual, donde Google manda, resulta un escenario completamente válido y realista.

«¿De qué me están hablando?».

Los anuncios PPC de tu negocio pueden enfocarse sobre los nombres de las marcas de tus competidores.[75]

Por ejemplo, tu negocio se dedica a los alimentos orgánicos y la empresa Espinaca y Cardamomo está dominando la venta de canastas de alimentos orgánicos en el mercado que le interesa a tu negocio. En este caso, el *marketing* a través de PPC te va a permitir enfocar tus anuncios en las palabras claves que tienden a buscar los clientes de Espinaca y Cardamomo. Es decir, tus anuncios van a centrarse en cubrir los servicios y las necesidades de un mercado que está consumiendo los productos que tú produces, solo que se los está comprando a otra empresa. En este escenario, lo que una campaña PPC hace por tu negocio es justamente (en el mundo virtual) pararse en la puerta de la oficina de Espinaca y Cardamomo, repartir tu tarjeta a sus clientes y explicarles por qué tú eres una mejor opción. Como puedes imaginar, muchos de estos clientes dejarán de comprarles a ellos y se convertirán en tus clientes.

«Pero ¿qué tanto hay de juego sucio en todo esto?».

Piensa que quizá alguno de tus competidores está en este momento intentando quitarte clientes a través de una de estas cam-

---

[75] LaMontagne, Matt. (26 de junio de 2019). Cómo ejecutar una campaña de pago exitosa enfocada en los competidores. *Search Engine Watch*. https://www.searchenginewatch.com/2019/06/26/competitor-focused-paid-campaign-tips/.

pañas de *marketing* PPC. Por esta razón, también debes tener en cuenta que una estrategia PPC puede servir al mismo tiempo para proteger la marca de tu negocio.

Como te aconsejamos antes:

> «Establece una campaña para tu negocio a través de Google Ads. No añadas únicamente tu marca a las palabras clave de una campaña general, pues esto podría requerirte usar presupuesto destinado a otros anuncios orientados hacia usuarios de alta intención. Debido a su importancia, tus campañas enfocadas en posicionar tu marca deben tener un índice alto de clics y por lo tanto te costarán menos de lo que le costarían a tus competidores. Debes monitorear el desempeño de las campañas y asegurarte de que se muestren en la parte superior de la página para ajustar tu presupuesto hasta que puedas confirmar ese posicionamiento en la parte alta».[76]

Toma en cuenta que es posible que tus competidores no generan suficiente tráfico de Google. En ese caso, quizá este tipo de campañas no tendrían sentido. Sin embargo, esto no significa que ellos piensen igual que tú, y ellos quizá están dispuestos a ir por tus clientes.

Nuestra recomendación es que también utilices los anuncios de PPC de manera defensiva para asegurar que la popularidad de tu negocio no pueda ser utilizada por tus competidores para persuadir a tus clientes de abandonarte para irse con ellos.

8. Los anuncios PPC son esenciales para conseguir y aumentar tu tráfico

Y finalmente, la octava razón por la que debes invertir en *marketing* PPC para tu negocio es que representa la mejor manera posible para generar tráfico para tu sitio.

[76] Fragkouli, N. y Levy, L. (6 de agosto de 2019). Cómo proteger la marca de tu firma legal usando Google Ads. *Nanato Media.* https://nanatomedia.com/blog/how-to-protect-your-law-firms-brand-name-using-google-ads/.

Para aquellos negocios que tienen muy poco —o incluso nada— de tráfico en este momento, acabamos de explicar por qué el PPC resulta esencial para cambiar eso. En lugar de un ascenso lento, laborioso y caro (SEO) hacia la cima del monte Google, puedes disfrutar un paseo tranquilo en un teleférico llamado PPC, que realmente te colocará arriba de los principales resultados de manera directa.

Con relación a PPC, es 100 % realista decirte que puedes empezar a recibir visitas de potenciales clientes en una semana, incluso quizá el mismo día.

«Bueno, pero eso a mí no me interesa, pues mi negocio ya genera mucho tráfico, ¿qué tiene el PPC que ofrecerme si ya estoy alto en Google?».

Quizá eres uno de los pocos negocios que está en los primeros cinco lugares en los buscadores. Quizá ya usas exitosamente las redes sociales para atraer visitantes. Quizá tus anuncios en espectaculares o carteles en los autobuses te atrajeron nuevos clientes. Cualquiera que sea el caso, sin importar cuánto tráfico tienes actualmente, los anuncios de PPC no solo aumentarán esa cantidad, además también mejorarán tus índices de conversión.

«¿Cómo?».

Con un producto mágico llamado «anuncios reorientados».[77]

Pero antes de profundizar en los detalles, ¿te importa si noqueamos una vez más a SEO?

Cuando dependes de SEO para generar prospectos, aproximadamente el 96 % de los visitantes que llegan a tu sitio web no están listos para comprar.[78]

---

[77] Muhammad, F. (1 de julio de 2020). Reorientación 101: Comienza a obtener un mayor ROI. *Instapage.* https://instapage.com/blog/what-is-retargeting.

[78] Sitio web y SEO para Generación de prospectos. *Marketo.* Acceso el 5 de junio de 2020. https://www.marketo.com/ebooks/website-and-seo-for-lead-generation/.

Piensa en lo difícil y frustrante que es alcanzar la cima de Google a través de SEO y que una vez ahí, arriba de todos, después de muchos meses y dinero invertido, descubres que casi ninguno de tus miles de visitantes está dispuesto a contratarte.

Te lo recordamos: «Los visitantes de PPC tienen 50 % más de probabilidades de comprar que los visitantes orgánicos». Y esto se debe a que los anuncios de PPC son muy eficaces para orientarse en el tráfico enfocado (el dirigido a gente que realmente está buscando un servicio) y no en gente que busca de manera ociosa, pero no está segura de lo que necesita.

De cualquier forma, te decíamos que los anuncios reorientados son un tipo específico de tráfico pagado que se reorienta a las personas que ya han entrado a tu sitio.

Esto incluye a las personas que están dentro del 96 % de los visitantes que entran a tu sitio, pero que no se convierten en clientes de manera directa. A estos visitantes, un algoritmo los «sigue» en sus siguientes búsquedas en alguna red que tu negocio utilice (por ejemplo, Google Display Network,[79] Facebook,[80] etc.) para que ahí vuelvan a encontrarse con tus anuncios.

Así te mantienes en la mente de esos visitantes que ya mostraron interés en tu negocio y les ofreces una ventana para que regresen. Incluso es posible que esos anuncios redirigidos los lleven directamente a páginas diseñadas específicamente para convencerlos de que tu negocio es la opción indicada para cualquiera que sea su necesidad que originalmente los llevó a tu sitio.

«¿Hay cifras sobre cuántos de estos visitantes reorientados con retargetings ads terminan siendo verdaderos clientes?».

---

[79] Acerca de la exhibición de anuncios y la red de exhibición de Google. *Google Ads Help*. Acceso el 5 de junio de 2020. https://support.google.com/google-ads/answer/2404190.

[80] Llegue a los clientes existentes usando anuncios en Facebook. *Facebook for Business*. Acceso el 5 de junio de 2020. https://www.facebook.com/business/goals/retargeting. https://support.google.com/google-ads/answer/2404190.

Sí. Los visitantes reorientados tienen 70 % más probabilidad de convertirse en clientes.[81]

Impulsa, aumenta y convierte más tráfico para tu negocio con PPC

Si el sitio web de tu negocio no recibe tráfico regular de posibles nuevos clientes, es algo tan inútil como un carísimo folleto en línea, y no puedes darte ese lujo.

Si el sitio web de tu negocio sí tiene una buena densidad de tráfico, está bien, pero puede tener más.

En ambos casos, el camino para empoderar tu negocio y generar nuevos clientes de manera sostenida es uno solo: Hacer marketing PPC

Sin importar cuánto tráfico estás teniendo actualmente, podrías tener mucho más si empoderas tu negocio con anuncios de PPC.

---

[81] [Infografía] 7 increíbles estadísticas de anuncios reorientados. *Wishpond*. Acceso el 5 de junio de 2020. https://blog.wishpond.com/post/97225536354/infographic-7-incredible-retargeting-ad-stats.

Parte 3

OBTÉN
RÁPIDOS
RESULTADOS PARA TU NEGOCIO
CON GOOGLE ADS

Capítulo 5
Todo lo que debes saber sobre Google Ads

Si deseas que tu negocio crezca a través del *marketing*, estás viviendo en la época ideal. Nunca antes han existido tantas herramientas a tu disposición.

Cualquier espacio puede servirte para que tu negocio sea visible: paradas de autobuses, letreros en las esquinas de los parques, espectaculares e incluso el recibo del supermercado.

Aunque, si vives en el siglo XXI, tienes además la opción de invertir en *marketing* digital, una herramienta mucho más barata y útil que te permite alcanzar grupos masivos de posibles nuevos clientes a través de distintas maneras de buscar visibilidad. Puedes, por ejemplo, generar continuas publicaciones en un blog, iniciar un grupo de Facebook o llevar tus anuncios al mundo del *podcast*.

Si dispones de muchísima paciencia y tienes mucho dinero, puedes experimentar con todas estas maneras de hacer *marketing* digital. Sin embargo, si lo que te interesa es captar nuevos clientes rápido sin invertir demasiado, la herramienta más poderosa es, sin duda, Google Ads.

«Mi negocio aún no usa Google Ads, ¿qué hago?».

Si tu negocio no utiliza Google Ads para atraer nuevos clientes, en especial aquellos provenientes de tu mercado latino local, tienes que cambiar eso ahora mismo.

«¿Es completamente necesario?».

¡Sí!, y aquí te explicamos por qué.

¿Qué son los Google Ads?

Antes de abordar los muchísimos detalles específicos que rodean a los Google Ads, vamos a definir qué son en realidad.[82]

La mayoría de las personas que escuchan hablar sobre Google Ads (antes llamados Google AdWords) suelen pensar que el término únicamente se refiera a la Red de Búsqueda de Google.[83]

Tú, por supuesto, no eres de esas personas. Tú sabes que los Google Ads son mucho más que eso. Tú sabes que los Google Ads cubren una amplia gama de servicios. Además de la Red de Búsqueda de Google, los Google Ads también pueden aparecer en páginas web específicas, como en sitios para comprar en línea, videos de YouTube o en *apps* (ya profundizaremos más adelante en estas opciones). Por lo pronto, tiene que quedarte claro el concepto de los Google Ads y vamos a explicártelo.

A menos que nunca antes hayas usado Internet (y si es el caso, ¡bienvenido!), te has encontrado con Google Ads por todas partes. Son como carteles publicitarios virtuales que aparecen en línea. Solo que hay una diferencia esencial: mientras los carteles de publicidad tradicional (los que se anuncian en paradas, espectaculares o al costado de los autobuses) están abiertos hacia todo el mundo (a gente perteneciente a cualquier mercado que se cruza por ahí y seguramente no está buscando lo que tu negocio ofrece), con los Google Ads tú controlas quién los verá (es decir, a clientes potenciales que ya han demostrado interés en lo que tu negocio ofrece), y esta característica los convierte en la

[82] Haz crecer tu negocio con Google Ads. *Google Ads*, https://ads.google.com/home/.

[83] Baum, D. (31 de octubre de 2019). ¿Qué son los Google Display Ads? (Ejemplos y Consejos para 2020). *Impact Plus*. https://support.google.com/google-ads/answer/1722047?hl=en#:~:text=The%20Google%20Search%20Network%20is,to%20one%20of%20your%20keywords

más efectiva herramienta de *marketing* digital que existe en la actualidad.

Google Search Ads te permite dirigir tus anuncios únicamente a las personas que buscan la clase de servicios que tu negocio ofrece.[84] Si tu negocio se dedica, por ejemplo, a la limpieza de ventanas, tú puedes hacer que tus anuncios solo se desplieguen cuando se hacen búsquedas específicas sobre limpieza de ventana y no cuando se hacen búsquedas más genéricas en torno a otros servicios de limpieza.

«Sería genial llegar tan directamente a mis potenciales clientes, pero ¿cómo puedo lograr ese grado de especificidad?».

Lo puedes lograr a través de algo conocido como palabras clave negativas, que te permiten indicarle a Google: «no te molestes en mostrar los anuncios de mi empresa cuando alguien busque cosas que no hacemos, como limpieza de pisos o limpieza de madera».[85]

Si tu negocio es limpiar ventanas, a ti únicamente te interesa que tu anuncio lo vea alguien que necesita limpiar sus ventanas. Pero si tu anuncio aparece cuando alguien busca cómo limpiar su piso o su puerta, solo vas a perder tiempo y dinero. Eso no te interesa. Las palabras clave negativas te garantizan que tu anuncio lo vea gente que ya está buscando lo que tú ofreces. Por lo tanto, las opciones de que te contraten se vuelven muy altas.

Pero eso no es todo.

En *Nanato Media* nos especializamos en ayudar negocios para que realicen *marketing* digital exitoso dirigido específicamente hacia al segmento de la población latina más adecuado de acuerdo a su zona de cobertura. Nuestras estrategias, por lo tanto, incluyen anuncios que varían de acuerdo a las necesidades particulares del

[84] Be Just a Google Search Away. *Google Ads.* https://ads.google.com/home/campaigns/search-ads/.

[85] Fragkouli, N. y Levy, L. (30 de mayo de 2020). El papel de las palabras clave negativas en las Campañas de PPC para los negocios. *Nanato Media.* https://nanatomedia.com/blog/the-role-of-negative-keywords-in-ppc-campaigns-for-law-firms/.

segmento al que cada negocio se quiere dirigir. Sabemos que las personas que se identifican como latinoamericana, hispana, americanizada, nueva latina y ambicultural se sienten atraídas por distintos tipos de anuncios.

Justamente Google Ads nos permite hiperespecificar a las personas que verán los anuncios de los negocios con los que trabajamos e incluso determinar cuál anuncio será.

No importa el giro que tenga tu negocio, podemos asegurarnos que tus Google Ads lleguen a gente que está dispuesta a contratarte inmediatamente. Nuestra especialidad es hacer *marketing* digital que te produzca las mayores ganancias.

¿Por qué los Google Ads son especialmente poderosos para atraer a personas latinas?

Los Google Ads sirven para potencializar cualquier tipo de negocio, pero resultan especialmente poderosos para atraer a nuevos clientes provenientes del mercado latino.

Según informa Google: «66 % de los latinos-estadounidenses afirman que ponen atención a los anuncios en línea (cifra que representa casi 20 puntos porcentuales más que la población en línea en general")».[86]

20 % es una diferencia enorme, pero no es sorprendente si consideras que las personas latinas son increíblemente activas en línea.[87]

Y nosotros, como agencia bilingüe, podemos hacer que los Google Ads sean incluso más atrayentes para tus posibles clientes latinos.

---

[86] Murillo, E. (Junio de 2015). Nuevas investigaciones muestran que los latinos-estadounidenses están muy conectados en línea. *Think with Google*. https://www.thinkwithgoogle.com/consumer-insights/new-research-shows-how-to-connect-with-digital-hispanics-online/.

[87] Influencers Latinx: la comunidad digital que sigue creciendo. *Nielsen*. (11 de octubre de 2018). https://www.nielsen.com/us/en/insights/article/2018/latinx-influencers-the-digital-community-that-keeps-growing/.

Otro aspecto importante que tienes que considerar es que las personas del mercado latino son las que más van a difundir verbalmente tus servicios a sus amigos y familiares.[88] Es decir, si una persona latina lee tu anuncio, es muy probable que se lo comparta a muchas más personas. Y este tipo de publicidad que se transmite de boca en boca resulta extremadamente útil para que el ROI de tu negocio se eleve considerablemente.

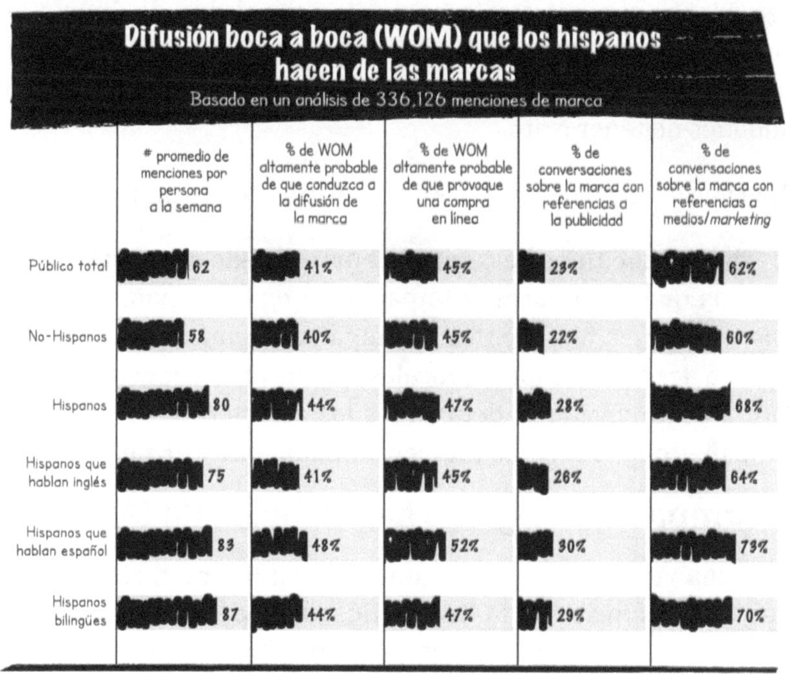

Fuente: Marketing Charts, 2016

Tres tipos de campañas de Google Ads que son eficaces para tu negocio

Existen diferentes tipos de campañas de Google Ads que puedes lanzar para hacer que tu negocio crezca, pero esto no quiere decir que todas sean igualmente valiosas. Nunca vamos a dejar de enfa-

---

[88] Por qué la recomendación de boca en boca debe ser un enfoque clave en tu estrategia de mercadotecnia para latinos. *Marketing Charts*. (19 de octubre de 2016). https://www.marketingcharts.com/industries/media-and-entertainment-71782.

tizar que el éxito de tu campaña radica en que asignes apropiadamente tu presupuesto en Google Ads.[89] Quizá te parece algo obvio, pero la realidad es que muchos negocios cometen el grave error de dispersar sus presupuestos entre cada tipo de Google Ads que existe.

Hacer esto no solo reduce tu posibilidad de obtener mayores ganancias, sino que puede anular siquiera la posibilidad de ganar algo. Piensa que entre más veces ejecutes el tipo de Google Ads correcto, mejor funcionará. En cambio, si ejecutas varios Google Ads distintos, van a estorbarse y reducir drásticamente tus posibilidades de tener éxito.

«Hay varios tipos de Google Ads, ¿cierto?, ¿cuáles son?».

Sí, existen ocho tipos de campañas para Google Ads. Cuatro te sugerimos que las ignores (campañas de *app*, campañas de *shopping*, campañas inteligentes y campañas de máximo rendimiento). Una de ellas (campañas locales) puede funcionar como apoyo. Pero a continuación te detallamos las características de las tres campañas que te recomendamos ampliamente utilizar:

1. Campañas dirigidas hacia Redes de Búsqueda

Si alguna vez has buscado alguna cosa *en* Internet, sin duda habrás visto anuncios de la Red de Búsqueda de Google.[90] Si jamás has buscado algo en Internet, adelante, hazlo ahora y después cancela tu suscripción a la Sección Amarilla (ya no vas a necesitarla para nada). Y es que cualquier cosa que busques en Google va a activar su Red de Búsqueda y esta inmediatamente desplegará una multitud de anuncios en tu pantalla. Esta Red de Búsqueda resulta fantástica porque es la que permitirá que el nombre de tu negocio se muestre en la parte alta del buscador, por encima de tus competidores. Como ya te explicamos: alcanzar la parte de

[89] Fragkouli, N. y Levy, L. (3 de junio de 2020). 6 Formas inteligentes de invertir el dinero para anunciar tu negocio en Google Ads. *Nanato Media*. https://nanatomedia. com/blog/six-smart-ways-to-spend-your-law-firms-ad-credits-for-google-ads/.

[90] Acerca de la Red de Búsqueda de Google. *Google Ads Help*. https://support.google. com/google-ads/answer/1722047.

arriba de un buscador de manera orgánica (SEO) podría requerir años, pero una correcta campaña de anuncios (PPC) puede hacer que estés arriba mañana mismo (además de que estas campañas están dirigidas hacia usuarios que ya sienten una predisposición en convertirse en tus clientes).

Por ejemplo, tienes un negocio de plomería. A alguien se le descompone la bomba de agua de su casa y busca en Google algo como «servicios de plomería urgentes cerca de mí». Si cuando esa persona haga esa búsqueda el anuncio de tu negocio aparece en los dos primeros lugares y es un anuncio claro y bien hecho, ¡habrás conseguido un nuevo cliente!

Así es como funcionan los Google Ads dirigidos hacia las Redes de Búsqueda. Como puedes darte cuenta, son impresionantemente eficaces.

2. Campaña de Red de Display

La Red de Display de Google (GDN, por sus siglas en inglés) es otra grandiosa opción para hacer crecer tu negocio.[91] En vez de aparecer en las páginas de resultados de búsqueda de Google, estos anuncios aparecen ¡en más de dos millones de sitios diferentes!

Y, sin embargo, es una opción que hasta ahora ha sido utilizado muy por debajo de sus posibilidades. Por eso resulta una gran ventana de oportunidad para las campañas de mercadotecnia de tu negocio.

Pero eso no es todo, HubSpot explica por qué una GDN ofrece ventajas increíbles:

> «El valor de una campaña de GDN se puede resumir en su alcance y lo fácil que es conseguirlo. La búsqueda de posibles nuevos clientes, generar conciencia de marca y hacer *remarketing* (anuncios personalizados) pueden tener un precio alto adicional si se realizan para los anuncios de

---

[91] Red de Display: Definición. *Google Ads Help.* https://support.google.com/google-ads/answer/117120.

búsqueda tradicionales. En cambio, si los haces para GDN, evitas gran parte de la costosa competencia proveniente de otras redes. GDN también ofrece innumerables opciones para personalizar a tu audiencia objetivo».[92]

Otra ventaja de hacer Google Ads para GDN es que puedes elegir los sitios en los cuales quieres que aparezcan tus anuncios. Si investigas bien, o mejor aún, si trabajas con una agencia de *marketing* que se especializa en eso (como nosotros en Nanato Media), tus anuncios aparecerán en los sitios exactos que tu mercado adora. Para los mercados latinos, a menudo esto significa sacar anuncios en español en sitios que también están en español. De esta manera, estableces una cálida conexión inmediata con tu audiencia, que estará al tanto de los servicios que tu negocio ofrece para cuando llegue el momento en que los requieran.

3. Campañas de Video

Los Google Ads también contemplan campañas de anuncios en video[93], lo cual incluye anuncios en video en YouTube, marca propiedad de Google.[94]

YouTube es, sin duda alguna, uno de los sitios más populares en el planeta, y esa es una razón de peso por la cual tu negocio debe ejecutar anuncios en video. Pero hay una razón más. Los usuarios recuerdan más fácilmente los mensajes en video:[95]

«... los espectadores retienen el 95 % de un mensaje cuando lo ven en un video, comparado con solo el 10 % de cuando lo leen en un texto. Además, el 80 % de los con-

[92] Hertl, S. (10 de noviembre de 2020). La Guía simplificada para la Red de Display Google. *Hub Spot*. https://blog.hubspot.com/marketing/google-display-network.

[93] Acerca de los formatos de Anuncios en Video. *Google Ads Help*, https://support.google.com/google-ads/answer/2375464.

[94] Da vida a tu historia con Anuncios en Video. *Google Ads*, https://ads.google.com/home/campaigns/video-ads/.

[95] Templeman, M. (6 de septiembre de 2017). 17 Estadísticas y hechos que cada mercadólogo debe conocer acerca de la Mercadotecnia en Video. *Forbes*. https://www.forbes.com/sites/miketempleman/2017/09/06/17-stats-about-video-marketing/?sh=182d9ceb567f.

sumidores recuerdan un anuncio en video que vieron en los últimos 30 días».[96]

A Google también la fascina clasificar los videos más altos en sus resultados (como ya dijimos, también son dueños de YouTube[97]).

Además, es un hecho que las personas pertenecientes al mercado latino ven más videos que las personas pertenecientes a otros mercados.[98]

Cuatro tipos de campañas Google Ads que puedes ignorar

Existen otros cuatro tipos de campañas de Google Ads que a ti, como proveedor de servicios, no te van a resultar relevantes en tu negocio. Sin embargo, quizá quieras conocerlas. Una de ellas está dirigida al *marketing* de *apps* móviles, otra hacia los Anuncios de Compra Google[99], una más (campañas inteligentes) está pensada para anunciantes con pocos conocimientos y que ofrece pocas opciones, y la última (campañas de máximo rendimiento) tiene el objetivo de conseguir *leads* o ventas mediante campañas de amplio espectro que funcionan con algoritmos. En estas dos últimas campañas no se pueden insertar palabras clave, por lo que muchas veces generan *leads* que no tienen que ver con el servicio que se ofrece.

A menos de que tengas servicio de *app* o que vendas productos en línea, son tipos de Google Ads que tu negocio puede ignorar.

[96] Templeman, M. (6 de septiembre de 2017). 17 Estadísticas y hechos que cada mercadólogo debe conocer acerca de la Mercadotecnia en Video. *Forbes.* https://www.forbes.com/sites/miketempleman/2017/09/06/17-stats-about-video-marketing/?sh=182d9ceb567f.

[97] Wallace, T. Cómo crear videos de productos para Ecommerce que vendan y conviertan (Consejos + ejemplos). *Big Commerce.* https://www.bigcommerce.com/blog/ecommerce-product-videos/.

[98] Estadísticas de consumo de contenido de videos latinos. *Think with Google.* https://www.thinkwithgoogle.com/data/hispanic-video-content-consumption-stats/.

[99] Configurar anuncios de compra. *Google Merchant Center Help.* https://support.google.com/merchants/answer/9455869.

Campañas locales

La octava campaña (campañas locales) puede ser un gran complemento para las campañas de red de búsqueda y de video, sobre todo para negocios que ofrecen servicios de restaurantes o supermercados. Estas campañas se caracterizan por perseguir objetos muy específicos, como hacer que las personas acudan a consumir a un negocio mediante estrategias que incluyen difundir un producto en un horario específico mediante recursos como Google Maps o YouTube.

Entiende cómo funciona Google Ads

Visualiza Google Ads como carteles digitales que pueden aparecer en cualquier parte del Internet: páginas web, resultados de Google o de YouTube. Además, puedes controlar quiénes los verán a través de palabras claves y los historiales de búsqueda de los usuarios, de tal forma que se incrementan exponencialmente tus opciones para llegar a clientes potenciales.

«Me queda claro que Google Ads es la mejor herramienta de *marketing* para hacer que mi negocio crezca. ¿Ahora cómo hago que funcione?, ¿cómo puedo obtener el mayor rendimiento?».

La clave es entender que Google Ads funciona a través de un sistema de oferta.[100]

Así es como Google explica este sistema de oferta:

> «Cuando seleccionas cada palabra clave, puedes decidir cuánto estás dispuesto a pagar siempre que un cliente busque esa palabra clave y haga clic sobre tu anuncio. Este es tu máximo costo por clic de una palabra clave (o máxima cantidad que estás dispuesto a ofertar por CPC). A algunos anunciantes les gusta el control que mantienen con ofertas manuales, mientras otros se sienten cómodos

[100] Smith, B. (3 de noviembre de 2020). Estrategias de ofertas en Google Ads: La guía ideal. *AdEspresso.* https://adespresso.com/blog/google-ads-bidding-strategies/.

al dejar que el sistema de Google Ads haga las ofertas por ellos».[101]

Por ejemplo, si optas por la estrategia de oferta automatizada «Maximizar Clics», tú no defines las cantidades de oferta individual para tus grupos de anuncios, palabras clave o posicionamientos. Solo defines tu presupuesto diario promedio y dejas que Google decida automáticamente tu máxima cantidad de oferta por CPC para lograr la mayor cantidad de clics posible.[102] Sin embargo, con esta opción aún puedes establecer los límites de CPC.

Si prefieres tener más control, puedes configurar manualmente tus ofertas por CPC para palabras clave individuales o por un grupo de anuncios.[103] La cantidad de oferta predeterminada para un grupo de anuncios se aplicará a cada palabra clave en dicha campaña, pero puedes cambiar esa cantidad o cualquiera de tus palabras clave siempre que así lo quieras.

Esta estructura de oferta significa que tu CPC fluctuará incluso para la misma palabra clave o posicionamiento. Google gestiona activamente todas las otras ofertas que recibe al mismo tiempo. Esta dinámica de comportamientos cambiantes significa que algunas palabras clave pueden variar su costo de una semana a otra o, por el contrario, mantenerse en un precio estable.

«¿Hay forma de que pueda controlar o anticipar tanta fluctuación?».

Sí, controlando el Nivel de Calidad de Google (aspecto que analizaremos en un momento).

---

[101] Acerca de ajustar tus ofertas por palabras clave. *Google Ads Help*. https://support.google.com/google-ads/answer/2472712.

[102] Máxima oferta por CPC: Definición. *Google Ads Help*. http://support.google.com/google-ads/bin/answer.py?answer=6326.

[103] Oferta de CPC Manual. *Google Ads Help*. https://support.google.com/google-ads/answer/2390250?hl=en.

Tres métricas principales para garantizar el éxito de tu negocio con Google Ads

Antes de colocar cualquier oferta, debes comprender cómo funcionan tres métricas que resultan vitales para asegurar que tu inversión en Google Ads sea fructífera y exitosa.

1. ¿Cuánto invertir por cada posible cliente?

Incluso si no te interesa invertir en Google Ads, debes calcular el valor promedio de tus clientes.[104]

«¿Por qué es tan importante?».

Porque una vez que sepas cuánto dinero un cliente te puede hacer ganar, podrás tener una idea mucho más clara de cuánto debes invertir para captar su atención. Es decir, calcular tus posibles ingresos te permitirá invertir en Google Ads desde una base sólida y realista.

2. Costo ideal por adquisición

En un escenario ideal, tu costo por adquisición (CPA) debería ser cero.[105]

«Eso sería genial, pero ¿cómo puedo hacerlo posible?».

Los clientes provenientes del mercado latino te abren esa posibilidad. Ya te lo hemos dicho, a las personas latinas nos encanta platicar con amigos y familiares sobre las experiencias positivas que hemos tenido con un negocio que nos hace sentir cómodas. Esto significa que, si atraes a una persona latina, esa persona se encargará de llevarte más clientes que a ti te resultarán gratis.

«Eso está muy bien, pero plantear un CPA de cero es poco realista».

---

[104] Calcular el valor de tiempo de vida de tu cliente. *Stitch Data*. https://www.stitchdata.com/customer-lifetime-value/.

[105] Chi, C. (12 de julio de 2019). La guía del principiante para el Costo por Adquisición (CPA). *HubSpot*. https://blog.hubspot.com/marketing/cost-per-acquisition.

Sí, es un escenario poco realista, pues cuanto más competitivo sea tu mercado local, es más probable que tu CPA también lo sea. A pesar de que los Google Ads son maravillosos para generar nuevos clientes de forma rápida y hacer que tu negocio crezca, tienes que ser realista. No te van a generar una fortuna inmediatamente. Toma en cuenta que estás pagando por cada clic que alguien da en tu anuncio, independientemente de que se convierta realmente en un cliente o no.

«¿Cómo puedo entonces calcular mi CPA ideal?».

Para ello tienes que tener en cuenta estos aspectos:

- Valor del tiempo de vida promedio de tus clientes.

- Tu CPA Actual.

- Cuántos clics reciben tus anuncios y cuántos de esos clics se traducen en nuevos clientes.

Toma la cantidad de este tercer punto y multiplícala por tu CPA actual. El número que obtengas debes restárselo al tiempo de vida promedio de un cliente. La cifra que resulte es tu margen de utilidad.

Una vez que conoces tu margen de utilidad, estás listo para decidir cuál es tu costo ideal para invertir en Google Ads.

3. Tu índice de conversión promedio

Si no tienes un índice de conversión promedio (clics que se convierten realmente en nuevos clientes) para tus campañas de Google Ads, no te preocupes: te explicamos paso a paso cómo funciona.

El índice de conversión promedio en Google Ads es de un 3,75 % en anuncios destinados a la Red de Búsqueda y un 7.7 % en anuncios destinado a la Red de Display.[106]

---

[106] Irvine, M. (5 de octubre de 2020). Evaluaciones comparativas de Google Ads para TU industria [¡Actualizadas!]. *WordStream.* https://www.wordstream.com/blog/ws/2016/02/29/google-adwords-industry-benchmarks.

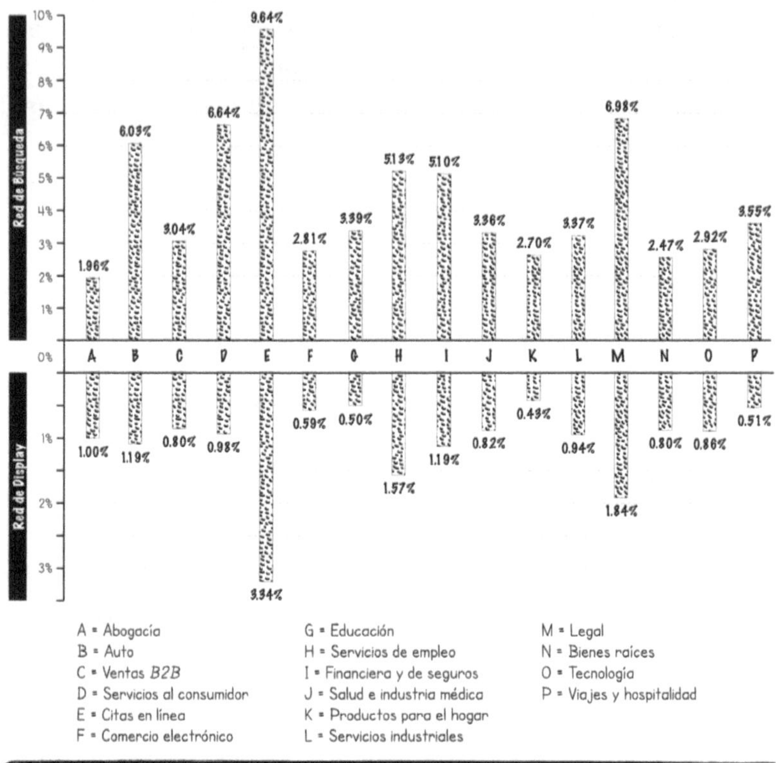

Fuente: WordStream, 2020

Sin embargo, si trabajas con una agencia experimentada como nosotros, tus índices de conversión no deberían ser inferiores al 10 % (¡2 conversiones por cada 10 clics!), y podría ser tan alto como el 75 % (¡7.5 conversiones por cada 10 clics!), y dependiendo de tu mercado, servicios e industria, ¡uno de cada dos o tres clics se pueden convertir en conversiones!

Si alguien te garantiza que tendrás una conversión por cada clic que tu anuncio reciba, está mintiendo. Así que si tu negocio maneja Google Ads por primera vez, obtener 1 conversión por cada 10 clics es un gran lugar para comenzar.

«Pero, ¿qué es exactamente que un clic se convierta?, ¿una conversión significa que he obtenido un nuevo cliente?».

Una conversión significa que quien dio clic en tu anunció está realmente interesado en los servicios que ofreces, pues ejecutó una o más acciones deseadas (como llamar a tu negocio o llenar un formulario en tu página), así que una conversión significa que has generado un posible nuevo cliente; sin embargo, no todas las conversiones se convierten realmente en un nuevo cliente, pero una gran cantidad sí.

«¿Entonces cómo determino con claridad mi CPA?».

Debes analizar tu índice de conversión (cuántos clics se convierten en posibles clientes) y el índice de cuántos de esos posibles clientes se traducen realmente en gente que te contrata.

Por ejemplo, si una de cada tres conversiones se convierten en un nuevo cliente, y necesitas 5 clics para atraer una conversión, esto quiere decir que necesitas generar 15 clics para atraer un nuevo cliente. Para saber cuánto es lo máximo que estás dispuesto a pagar por clic, deberías de dividir tu CPA por 15.

Hacer estos cálculos de manera precisa es fundamental para determinar cuáles son las cantidades que tu negocio debe invertir en Google Ads para obtener verdaderos beneficios de esos anuncios.

Por qué debes priorizar la Red de Búsqueda

«¿Qué opción de Google Ads me recomiendan más?».

Al respecto, no hay duda: Google Ads dirigidos a la Red de Búsqueda.

«¿Por qué?».

Las personas latinas amamos encontrar en Google lo que estamos buscando. Al comprar Google Ads dirigidos a la Red de Búsqueda, los anuncios de tu negocio te colocarán directamente en la parte alta de los buscadores (a través de la estrategia de palabras clave). Y de esta manera, tus clientes potenciales verán a tu negocia antes que a los de tus competidores

Logra que la Red de Display y los Videos también trabajen para tu Negocio

«¿Y qué hago con los Google Ads dirigidos hacia la Red de Display y a los Videos?, ¿también invierto en ellos?».

Sí, pero tienes que verlos como complementos. Lo que estos anuncios pueden hacer por tu negocio es generar un CPC más bajo y abrir puertas hacia personas que no conocían tu negocio ni estaban interesadas en tus servicios, pero que, al de pronto encontrarte, se pueden convertir en clientes potenciales.

Justamente, los Anuncios de Display son ideales para generar confianza con los usuarios latinos[107], lo cual es un paso extremadamente importante para hacer que su confianza se traduzca en que contraten tus servicios. Entre más vean tus anuncios en sus sitios preferidos, mayores posibilidades tendrás de hacer negocios con ellos.

Remarketing: Una estrategia potencialmente poderosa

Remarketing es una estrategia popular que consiste en hacer que tus anuncios sigan a las personas que han mostrado interés en tu negocio (porque visitaron tu página o *app*) a través de sus navegaciones en línea. El *remarketing* te «permite posicionar estratégicamente tus anuncios frente a estas audiencias a medida que exploran en Google o en los sitios web de sus socios, lo cual ayuda a aumentar su conocimiento de tu negocio o les recuerda que

---

[107] Llopis, G. (12 de abril de 2012). Gana la confianza de los consumidores hispanos y tu marca dominará. *Forbes*. https://www.forbes.com/sites/glennllopis/2012/04/02/earn-the-trust-of-hispanic-consumers-and-your-brand-will-dominate/#bf6ee842ade7.

tenían la intención de contratar sus servicios».[108]Sin embargo, el *remarketing* puede resultar contraproducente para algunas áreas de tu industria, concretamente, aquellas que a menudo abordan problemas de naturaleza sensible.[109]

Por ejemplo, si tienes un despacho de abogados y tu práctica es la defensa penal, tus posibles clientes pueden empezar a preocuparse cuando empiecen a ver tus anuncios una y otra vez mucho después de que realizaran su búsqueda inicial. Aunque no se exhiba su información personal, tu posible cliente se puede sentir victimizado. También es posible que no quiera que otras personas que utilizan su computadora puedan ver los anuncios de sus búsquedas.

Si te interesa llevar a cabo una estrategia de *remarketing*, te recomendamos destinarla hacia los Anuncios de Display, pues estos se pueden mostrar en los sitios que tú eliges y se aseguran de mantener a tu negocio en la mente de los usuarios que en verdad requieren de tus servicios.

El Nivel de Calidad Google: Tu clave para construir anuncios exitosos

Una de las razones más poderosas para que tu negocio invierta en Google Ads es porque ¡Google mismo hace que sea extremadamente fácil mejorar tus resultados!

Piensa que a Google le conviene que tus anuncios funcionen, pues eso hará que sigas invirtiendo en sus anuncios en el futuro. Así que es un escenario de ganar-ganar: Gana tu negocio y gana Google.

«¿Pero esta dinámica no es similar si invierto en *marketing* para otras plataformas?».

---

[108] Bodine, L. (20 de julio de 2018). «¿No nos conocemos?» La forma en que los abogados usan la reorientación para atraer nuevos negocios. *Barra Estatal de Wisconsin.* https://www.wisbar.org/NewsPublications/WisconsinLawyer/Pages/Article.aspx-?Volume=91&Issue=7&ArticleID=26487.

[109] *Ibid.*

Existen otras plataformas que también te darán retroalimentación, pero a comparación de Google Ads, son muy limitadas. Por ejemplo, WordPress nunca te dirá cuáles son las mejores áreas de oportunidad para tu negocio en sus blogs, y MailChimp jamás te clasificará los correos en orden de importancia.

En cambio, Google Ads es muy claro sobre cómo puedes mejorar tu nivel de calidad. ¡Además lo hacen gratuitamente!, pues saben que mientras a tu negocio le vaya bien, a ellos también les irá bien. Recuérdalo bien: con ellos la dinámica es ganar-ganar.

Por si fuera poco, esta retroalimentación en beneficio de todos la realizan de manera amigable con el usuario a través del Nivel de Calidad Google, un producto que Google mismo describe como:

> «El Nivel de Calidad es un estimado sobre la calidad de tus anuncios, palabras clave y páginas de llegada. Los anuncios de más alta calidad pueden derivar en precios más bajos y mejores posiciones de los anuncios... El Nivel de Calidad se reporta en una escala del 1-10 e incluye el índice por cada clic esperado, la relevancia del anuncio y la experiencia de página de llegada... Entre más importantes sean tus anuncios y páginas de llegada para el usuario, más probabilidad hay de que obtengas un Nivel de Calidad más alta... El Nivel de Calidad es un estimado agregado de tu desempeño general en las subastas de anuncios...».[110]

«¿Qué tan complicado es entender mi Nivel de Calidad?».

Es muy sencillo. No necesitas ser un mercadólogo para poderlo entender. Literalmente consiste en un número del 1 al 10. A pesar de su apariencia tan simple, es una medición que te brinda un increíble poder. No solo te informará si tu anunció está generando potenciales clientes, sino que también considera tu CTR (Click-Through Rate: porcentaje de clics que reciben tus anuncios cuan-

---

[110] Nivel de Calidad: Definición. *Google Ads Help.* https://support.google.com/google-ads/answer/6167118?hl=es-419.

do aparecen en la página de resultados; por ejemplo, 1 solo clic por 10 impresiones en la página de resultados es un CTR del 10 %) previsto y las posibilidades que tiene tu página para convertir clics en clientes potenciales y clientes potenciales en contrataciones de los servicios que ofreces.

Cómo mejorar tu Nivel de Calidad Google

«Una vez que Google me muestra la Puntación de Calidad de mis anuncios, ¿qué puedo hacer para mejorar ese nivel y hacer esos anuncios más efectivos?».

Para mejorar de manera consistente el Nivel de Calidad que Google da a tus anuncios, debes seguir estos seis pasos:

1. Usar palabras clave de alta importancia para cada grupo de anuncios

Uno de los consejos más comunes que escucharás acerca de Google Ads es que tu Nivel de Calidad comienza con las palabras clave.[111]

Puedes hacer bien todo lo demás, pero si no aciertas con las palabras clave correctas para tus anuncios, no tendrás nuevos clientes. Y esto sería realmente frustrante.

«¿Y cuál es el secreto para encontrar las palabras clave correctas?».

Agrupa las palabras clave similares para cada uno de tus anuncios, pero solo elige los términos que sean 100 % importantes para tu mercado específico.[112] Si una persona no está buscando la clase de servicio que ofreces, no trates de convencerla con un anuncio irrelevante. Nadie que esté buscando comprar una casa va a dar clic en tu anuncio de instalación de paneles solares (a pesar de que en un futuro podrían utilizar tus servicios).

---

[111] Cómo mejorar el Nivel de Calidad de tus Google Ads (y ganar más $$). *WordStream*. https://www.wordstream.com/adwords-quality-score.

[112] Agrupar las palabras clave Google Ads: Cómo agrupar tus palabras clave en Google Ads. https://www.wordstream.com/adwords-keyword-grouping.

La esencia para entender el juego de las palabras clave radica en un término simple: «relevancia».

Para mejorar tu Nivel de Calidad debes seleccionar las palabras claves que tengan mayor relevancia para las personas que conforman el segmento del mercado al que te estás dirigiendo.

2. La relevancia del *copy* en tu anuncio

Las palabras clave no son suficientes para asegurar un alto Nivel de Calidad Google. Tienes que tomar en cuenta que las personas que requieren de tus servicios realmente van a leer lo que dicen tus anuncios. Muchos negocios olvidan esto y en sus anuncios utilizan el mismo *copy* (texto creativo que acompaña a un anuncio publicitario) una y otra vez (solo cambiando el orden de las palabas clave) sin importar a qué segmento se están dirigiendo.

Tú por ningún motivo debes hacer esto.

«¿Entonces qué debo hacer?»

Debes crear un *copy* de alta calidad distinto por cada uno de los públicos a los que quieras dirigirte[113].

«¿Y qué debe decir ese *copy*?».

Ese *copy* debe exponer directamente la razón por la cual tu negocio es la mejor opción para las necesidades de tus clientes.

«Si mi negocio quiere captar al mercado latino que habla español, ¿mis *copys* deben estar en español?».

Sí, cuando tu campaña está dirigida hacia personas latinas que prefieren hablar en español, todos tus *copys* tienen que estar en español.

«¿Y qué debo hacer con la gente que busca mis servicios en inglés?».

[113] Morgan, M. (10 de enero de 2019). Cómo escribir el copy de los mejores Google Ads (Mejores Prácticas). *Unbounce.* https://unbounce.com/ppc/write-best-google-ads-copy/.

Piensa que muchas veces las personas que buscan tus servicios están realizando esa búsqueda en inglés porque asumen que no van a obtener resultados si buscaran en español, pero al ver que tus anuncios mencionan que tu negocio ofrece servicios en español, les llamará la atención y te convertirás en su primera opción.

La experimentación es importante. Una vez que hayas identificado las palabras clave que tienen la mayor relevancia para tus potenciales clientes, intenta diferentes formas de resaltar por qué los servicios que tu negocio ofrece son la opción ideal. El tiempo que inviertas en generar buenos *copys* lo verás recompensado directamente en una mayor densidad de clics y una mejor Nivel de Calidad.

3. Tu CTR debe ser tu prioridad

No importa si eres nuevo en Google Ads o tienes una larga experiencia usándolos. En cualquier caso, siempre vas a sentir que tu CTR podría ser mejor. Pero cuando un negocio alcanza un CTR confiable que le aporta regularmente nuevos clientes, entonces ya no sienten la necesidad de seguir mejorando y se enfocan en otros objetivos.

Tú no debes cometer este error.

Mejorar el CTR de tus Google Ads debe ser una prioridad permanente en tu negocio, pues esto no solo significará más clics, sino también un CPC más bajo. Y esta combinación resultará en un ROI mucho mejor[114]; es decir, en una ganancia mucho más alta.

4. No permitas que tu página arruine los esfuerzos

Cuando un usuario hace clic en un anuncio, no debes dirigirlo a la página de inicio de tu sitio, donde recibirá información genérica, como si fuera un usuario cualquiera. Piensa que si ya dio clic en tu anuncio es porque el servicio concreto que le ofreces le llamó atención, así que espera llegar directamente a un lugar donde pueda contratar ese

---

[114] 5 *hacks* para aumentar los clics en tus Google Ads con *copys*. *Neil Patel*. https://neilpatel.com/blog/increase-clicks-google-adwords-ads/.

servicio. Si en vez de eso, lo que encuentra es una página con muchas opciones, se sentirá decepcionado y muy posiblemente saldrá de ahí. En cambio, si el anuncio lo lleva a una página donde inmediatamente pueda encontrar información específica sobre el servicio que ofrece tu anuncio, es mucho más probable que te contrate. Por ejemplo, si tu anuncio ofrece la reparación inmediata de una bomba de agua y al dar clic, el potencial cliente llega a una página genérica sobre todos tus servicios de plomería, vas a perderlo. Lo que necesitas hacer es que el clic en tu anuncio lleve directamente a tu servicio concreto de reparación urgente de bombas de agua.

Así que si observas que tienes un impresionante CTR en tus Google Ads, pero no has tenido nuevos clientes, es probable que se deba a que la página a la que llevan está echando a perder todos tus esfuerzos.

«¿Cómo puedo mejorar mis páginas de destino?».

Formas inteligentes de mejorar tus páginas de destino incluyen mantener tiempos de carga inferiores a dos segundos, optimizarlas para los usuarios móviles, además de incluir una fotografía tuya, de tu personal o de ambos[115]. Es importante que les muestres a tus potenciales clientes que en tu negocio hay personas reales que tienen verdaderos deseos de ayudar.

5. El desempeño histórico de tu cuenta

La reputación lo es todo para tu negocio. Deseas que la gente te reconozca como un negocio que da resultados y hace que sus clientes se sientan cómodos. Un negocio que escucha los problemas de la gente que se le acerca y les da respuestas útiles y empáticas.

La reputación es igualmente importante para tu Nivel de Calidad.

Entre mejores sean tus anuncios, mejor será tu Nivel de Calidad. Google identificará que tu negocio entiende cómo crear excelen-

---

[115] Holmes, P. (23 de enero de 2020). Lo que Debes Hacer y lo que No Debes Hacer para Crear la Mejor Experiencia de Página de Llegada. *Instapage.* https://instapage. com/blog/adwords-landing-page-experience.

tes anuncios que hagan sentir cómoda a la gente que se acerca, y te recompensará por eso.

6. Trabaja con expertos que entiendan el mercado al que te diriges

Seguramente tu experiencia te ha demostrado que no puedes cubrirlo todo. Si tu especialidad es dirigir la logística de tu negocio de mudanzas, no vas a tener tiempo ni energía para también dirigir la parte del *marketing*. Simplemente no puedes estar en todas partes. Y es que no es factible dominar todas las áreas que están involucradas en tu negocio. Por eso, con respecto al *marketing*, no tienes que hacerlo tú, es mucho mejor si trabajas de la mano de una agencia que se dedica a eso, sobre todo si te quieres dirigir hacia un mercado tan complejo y específico como lo es el latino en Estados Unidos.

Deja que tus competidores cometan el error de trazar ellos mismos sus campañas de Google Ads mientras tienen que cumplir también con las otras partes de su negocio. O bien, déjalos que cometan el otro error común: contratar a una agencia de *marketing* que les garantiza el éxito con cualquier mercado.

En cualquiera de estos dos escenarios, el resultado será el mismo: esos negocios están tirando a la basura el dinero que ganaron con tanto esfuerzo.

Si tu negocio quiere hacer *marketing* para el mercado latino, no solo debe hacer una campaña de Google Ads, sino contratar a una agencia especializada completamente en esas dos áreas: Google Ads y la población latina. Y de esta forma estarás garantizando que tu inversión te reditúe en que tu negocio comience a generar clientes de manera consistente y los ingresos crezcan exponencialmente.

Usa Google Ads para catapultar tu negocio

Como te has dado cuenta, los Google Ads son las herramientas más poderosas para hacer que un negocio crezca, especialmente aquellos negocios enfocados en captar a las personas del mercado latino.

Es simple: no existe mejor manera de tener éxito en una campaña de *marketing*.

Capítulo 6
Palabras Claves, la clave de tu éxito
Investigación y segmentación en torno a las Palabras Clave en Google Ads

Google Ads es la herramienta más eficaz para que tu negocio genere nuevos clientes. No importa cuál sea el giro de tu negocio ni el mercado al que te diriges: Google Ads es capaz de adaptarse a cualquiera de tus necesidades para hacer que tu negocio crezca.

Sin embargo, para tener éxito con Google Ads, debes entender dos fundamentos relacionados con las Palabras Clave: investigación y segmentación.

«Pero antes quisiera saber, ¿por qué Google Ads resulta tan importante si quiero generar nuevos clientes?».

Porque Google Ads lo cubre todo, desde poder establecer sobre bases sólidas tu presupuesto, hasta ofrecer resultados instantáneos.

«Entonces, ¿el crecimiento de mi negocio con Google Ads está garantizado?».

A pesar de que Google Ads es una plataforma amigable, efectiva y de un enorme potencial, debes saber utilizarla. No vas a tener éxito si la usas mal, y este caso es el de muchos negocios que han intentado crecer infructuosamente a través de Google Ads. Y el problema se reduce a eso: a que no saben usar Google Ads y no se asesoran con gente que sí sabe.

Para que tu negocio crezca, debes entender en profundidad Google Ads: cuáles son sus características y particularidades. A continuación te explicamos los conceptos esenciales de esta herramienta para que puedas aprovechar al máximo todas sus posibilidades.

Ya sea que hayas luchado con Google Ads en el pasado, tengas la esperanza de obtener mejores resultados o literalmente nunca has escuchado acerca de Google Ads hasta ahora, vamos a profundizar en los conceptos esenciales que debes entender para aprovechar al máximo esta increíble herramienta y puedas hacer de Google Ads tu principal aliado para hacer crecer tu negocio.

Paso 1: Define con claridad cuáles son los servicios que deseas anunciar

Cualquier campaña de *marketing* que quieras hacer debe comenzar con tu audiencia. Por lo tanto, antes que cualquier otra cosa, debes tener identificado cuál es el segmento específico del mercado al que quieres dirigirte. Si comienzas una campaña de *marketing* sin haber identificado eso, te va a salir muy cara. Incluso un error aparentemente intrascendente (por ejemplo, equivocarte en la edad promedio de las personas que integran el mercado al que quieres dirigirte) puede tener graves consecuencias. Pues las distintas partes que integran una campaña de *marketing* están relacionadas y un error en una de ellas puede extenderse hacia las demás.

Si no tienes claro a qué mercado quieres dirigirte, no tiene caso que inviertas en Google Ads. Es decir, Google Ads solo van a ser efectivos si conoces perfectamente las características del segmento del mercado al que quieres dirigirte.

«Muy bien, yo tengo muy claro cuál es mi mercado, ¿con eso es suficiente para triunfar en Google Ads?».

No necesariamente. Para crear una campaña de *marketing* exitosa, debes saber utilizar las Palabras Clave y cómo realizar una segmentación que te permita llegar a potenciales nuevos clientes. Para ello, requieres una comprensión profunda de la personalidad de esos potenciales nuevos clientes que harán crecer tu negocio.[116]

¿Quién tiene más probabilidad de convertirse en mi cliente?

En realidad, en muchos negocios (como plomeros, electricistas o contratistas) cualquier persona podría convertirse en un nuevo cliente, pero no resulta realista hacer *marketing* eficaz para todo el mundo. Por ello, debes enfocar los Google Ads de tu negocio hacia al segmento específico del mercado al que pertenecen las personas con mayores probabilidades de convertirse en tus clientes.

De esta forma, vas a aumentar tu índice de conversiones, crecerá tu ROI y mejorará tu Nivel de Calidad de Google.[117]

«Tengo claro que quiero atraer para mi negocio al mercado latino, sobre todo a los segmentos Hispano y Latinoamericano, ¿qué tan más específico debo ser?».

Debes ser más específico que eso. Te recomendamos determinar rasgos concretos sobre la personalidades de los clientes potenciales que buscas atraer para tu negocio.[118]

«¿Cómo puedo conseguirlo?».

Una vez que determines con claridad la personalidad de tus posibles clientes, podrás optimizar tanto tus resultados en las bús-

---

[116] Kusinitz, S. (22 de julio de 2018). La Definición de la Personalidad de un Comprador [en menos de 100 Palabras]. *HubSpot.* https://blog.hubspot.com/marketing/buyer-persona-definition-under-100-sr.

[117] Nivel de Calidad: Definición. *Google Ads Help.* https://support.google.com/google-ads/answer/140351.

[118] Fishman, N. (11 de diciembre de 2017). Lista de Verificación de 9 puntos para Crear Personalidades de Compradores para Servicios Legales. *Good 2B Social.* https://good2bsocial.com/checklist-buyer-personas-for-legal-services/.

quedas de Google como tus Display Ads (anuncios gráficos que también pueden ser videos y aparecen en páginas web, aplicaciones móviles y redes sociales propiedad de Google, como YouTube y Gmail). Y para determinar con claridad la personalidad de tus posibles nuevos clientes, debes partir de los siguientes aspectos:

- **Género:** Para muchos negocios, el género de sus potenciales clientes resulta irrelevante. Sin embargo, hay casos en los que esos posibles clientes se sentirían mucho más atraídos hacia campañas de *marketing* dirigidas a un género en particular. Si este es el caso de tu negocio, deberás tomarlo en cuenta para realizar tu campaña de *marketing*.

- **Rango de Edad.** ¿Quiénes son tus clientes? ¿*Millennials*?, ¿generación X?, ¿*baby boomers*? En cuanto entiendas con mayor claridad cuál es el rango de edad de tus clientes ideales, te será más fácil crear estrategias exitosas para poder atraerlos.

- **Etnicidad**. Como agencia de *marketing* especializada en ayudar a los negocios para atraer a nuevos clientes provenientes del mercado latino, te aseguramos que este aspecto es muy importante para tener éxito con Google Ads. Por ejemplo, aprendimos que entender las expectativas culturales que tienen las personas latinas sobre las empresas y negocios que buscan captar su interés es fundamental para ganar su confianza.[119]

- **Ubicación.** Vamos a analizar más detalladamente este aspecto a continuación, pues la ubicación encierra un enorme potencial para mejorar tus anuncios. Por ahora, es suficiente decir que tu negocio, sin importar que su área de cobertura sea local, estatal o nacional, debe saber exactamente dónde viven sus potenciales clientes.

---

[119] Fragkouli, N. y Levy, L. (20 de junio de 2020). La Evolución del Consumo de Medios entre los Latinos-Estadounidenses y su efecto sobre la Mercadotecnia de Firmas Legales. *Nanato Media.* https://nanatomedia.com/blog/the-evolution-of-media-consumption-amongst-us-hispanics-and-its-effect-on-law-firm-marketing/.

- **El comportamiento de tus posibles clientes cuando se trata de comprar**. Tienes que conocer cómo se han comportado tus potenciales clientes antes de llegar a tu anuncio.[120] Hay una parte que resulta obvia. Si tu negocio es de plomería, ese posible cliente llegó a ti seguramente porque se le estropeó la llave de su regadera. Pero lo interesante es saber qué ocurre después. ¿Qué busca esa persona en Google?, ¿qué dispositivo utiliza para realizar esa búsqueda?, ¿qué términos utiliza para buscar? Conocer las respuestas a estas preguntas te dará una gran cantidad de información valiosa para determinar la personalidad de tus posibles clientes.

Sé realista sobre las características de tus clientes

Tu cliente ideal tiene millones de dólares y siempre está dispuesto a contratar tus servicios. Es absurdo esperar que esto sea verdad, por ello debes ser realista con respecto a las características de tus clientes.

De hecho, el mismo giro de tu negocio quizá a veces propicia que te contraten clientes ideales (millonarios entusiastas). Si te dedicas a la construcción, es posible que a veces te lleguen proyectos de grandes presupuestos que impliquen, por ejemplo, reparar desde sus cimientos un fraccionamiento de varias casas. Sí, esto es posible y quizá te ocurra algunas veces. Sin embargo, lo que no es realista es pensar que te va a ocurrir siempre.

Y por ello no debes centrarte exclusivamente en las características de tu cliente ideal, sino también contemplar las distintas personalidades de varios tipos de clientes.

---

[120] DiScipio, T. (5 de febrero de 2016). ¿Qué es la Trayectoria del Comprador? *Impact*. https://www.impactbnd.com/blog/what-is-the-buyers-journey.

Paso 2: Identifica las maneras en que tus clientes ideales buscan los servicios que necesitan

La mayoría de los negocios suelen identificar bien lo que sus clientes ideales podrían comprarles. Como te dijimos, muchos negocios solo centran sus esfuerzos en el perfil de sus clientes ideales y suelen conocer bien cuáles son sus necesidades.

Sin embargo, ese es solo el primer paso. No basta con entender la personalidad de tu cliente ideal y saber qué servicio desea.

«¿Qué debo saber además de eso?».

¡Necesitas identificar la manera en que ellos buscan estos servicios en Google! De otra manera, toda la información que tengas sobre sus personalidades no te será de mucha utilidad.

«¿Por qué?».

Piensa que si estás haciendo *marketing* en línea, la información que tengas solo va a servirte si sabes dónde ponerla, y para saber eso necesitas conocer cuál es el comportamiento de tu cliente ideal en los buscadores de Google; es decir, qué palabras utiliza para tratar de encontrar los servicios que tú ofreces.

Optimización para motores de búsqueda en español vs. PPC. ¿Cuál es mejor para tu negocio?

Desde que comenzó el *marketing* digital, el debate entre SEO (estrategia que sirve para optimizar tu presencia en los motores de búsqueda) y PPC ha sido feroz. Los que defienden una de estas opciones pueden enumerar un millón de razones por las cuales su método es superior, y los que defienden la otra tendrán un millón de razones más para exponer por qué su método es mejor.

Por supuesto, también hay personas que recomiendan usar ambos. Utilizar SEO para generar tráfico orgánico puede ser una forma excelente de obtener prospectos de nuevos clientes futuros, y en apariencia es una manera gratuita de conseguirlos. Sin embargo, en realidad sí estás pagando por ellos (pagas por crear todo el contenido que tienes que generar para atraerlos). Además, cuando hablas de SEO, es muy importante que tomes en cuenta una palabra: «futuro», pues necesitas esperar meses antes de que comiences a ver algún tipo de ganancia.

Por otro lado, una campaña de PPC bien hecha puede comenzar a generarte nuevos clientes para tu negocio de inmediato.[121] Y en este caso tienes que poner atención a las palabras «bien hecha», y es que una estrategia PPC puede ser muy compleja en manos novatas. Pero para quienes saben usar PPC o se asocian con una agencia especializada, una campaña bien trazarla puede traducirse en nuevos clientes casi al día siguiente.

Este panorama nos permite realizar una distinción mucho más clara y directa para que puedas decidirte entre SEO y PPC. Esta distinción tiene que ver con el tiempo de urgencia que tienen tus posibles clientes. Si tus posibles clientes pueden esperar por un largo periodo antes de contratar tus servicios, usa SEO. Si tus clientes necesitan acercarse a ti de manera rápida o urgente, usa PPC.

Y resulta una decisión vital, pues si eliges el método incorrecto, tu campaña de *marketing* será un fracaso.

Por ejemplo, tienes un negocio de plomería y un posible cliente necesita un servicio integral de instalación de aire acondicionado, por lo tanto, es una persona dispuesta a investigar con calma varios aspectos de la contratación. Desde presupuestos hasta las condiciones del contrato, pasando por los tiempos de instalación y los diversos tipos de ventajas que existen. Y si tu negocio tiene un área especializada en la instalación de amplias instalaciones de aire acondicionado, sin duda puedes ir posicionando poco a poco distintos contenidos en torno a tu servicio a través de una estrategia de SEO y usar las cuatro etapas de tu embudo del mar-

---

[121] Fragkouli, N. y Levy, L. Gestión de Campañas en Inglés y Español de Pago por Clic (PPC). *Nanato Media*. https://nanatomedia.com/bilingual-services/google-ads/.

keting tradicional para demostrarles que tu negocio es la mejor opción para cuando estén listos para la contratación.[122]

Pero hasta en ese caso, aún podrías usar el PPC si relacionas tus palabras clave con preguntas comunes que realizan tus posibles clientes (por ejemplo: «¿Cuánto cuesta instalar un nuevo sistema de aire acondicionado para una casa?») y después ofrecer libros electrónicos gratuitos sobre este tema desde tu página de destino.

Pero bueno, es comprensible que, si estás dispuesto a esperar meses para cerrar un contrato, elijas utilizar SEO.

Pero nosotros sabemos que quizá la mayoría de los servicios que tu negocio ofrece están relacionados con la inmediatez o incluso la urgencia. Por ejemplo, si alguien tiene una fuga o se rompe su calefacción en pleno invierno con temperaturas gélidas, necesita que tu negocio de plomería los pueda ayudar de manera inmediata. Y tu negocio debe hacerles saber que son capaces de satisfacer sus necesidades con urgencia y eficacia.

En un escenario así, ¿crees que tu cliente va a tener tiempo de ojear contenidos o leer libros electrónicos?

¡Claro que no! Lo que necesita es dar clic en un anuncio que esté arriba en las búsquedas de Google y le permita llamar inmediatamente a un negocio que le resuelva su problema de manera inmediata.

Y para que tu negocio sea ese negocio, el mejor camino posible para conseguirlo es PPC.

«¿Entonces las páginas optimizadas con palabras clave no sirven para nada?».

Sirven para aportar tráfico a tu página y para explicarles a tus clientes potenciales cuáles son los servicios que tu negocio ofrece

---

[122] El Embudo de la Mercadotecnia Digital Moderna: Explicado. *Blue Corona*. (31 de julio de 2019). https://www.bluecorona.com/blog/new-digital-marketing-funnel-strategies/.

detalladamente, y quizá después de varios meses esa gente que ha leído tus contenidos se convierta en tu cliente.

Pero si requieres satisfacer las necesidades de clientes que requieren contratarte inmediatamente, la solución son anuncios PPC, que sirven para llevar a esa gente hacia la página de contacto indicada para que puedan ponerse en contacto contigo en ese mismo momento.[123]

Cómo identificar las Palabras Clave correctas para realizar una campaña de Google Ads exitosa

Las Palabras Clave son un factor del *marketing* que parece sencillo, pero no lo es. Si se hace mal, te puede causar problemas innecesarios.[124]

La parte sencilla es que si tu negocio es de plomería, tus palabras claves quizá puedan ser «servicios de plomería» (y especificar tu área de cobertura).

Pero el asunto es más complicado:

Muchos negocios deciden enfocar sus palabras claves en preguntas que sus clientes ideales se harían. Por ejemplo, si tu negocio es de plomería, esas preguntas podrían ser:

«¿Cómo cambiar la instalación hidráulica de una casa?».

«¿Cuáles son los mejores sistemas de calefacción?».

«¿Cuánto cuesta instalar un sistema de aire acondicionado?».

Sin duda todas estas preguntas están dirigidas a clientes ideales y engloban presupuestos elevados, pero si te das cuenta, son preguntas que no tienen ningún sentido de urgencia ni de seguridad

[123] Fragkouli, N. y Levy, L. (18 de junio de 2020). Por qué Dirigir el Tráfico de PPC de su Bufete de Abogados a las Páginas de Destino. *Nanato Media*. https://nanatomedia. com/blog/why-drive-your-law-firms-ppc-traffic-to-landing-pages/.

[124] ¿Qué son las Palabras Clave? *MOZ*. https://moz.com/learn/seo/what-are-keywords.

comercial; es decir, son búsquedas que podrían realizarse en un mes, en varios meses, en un año… o nunca. Son búsquedas que en su mismo planteamiento está implícito que las escribió gente que no necesita de tus servicios de manera inmediata y que antes de contratarte va a ponerse a investigar ampliamente.

«¿Entonces son Palabras Clave que no funcionan?».

Son palabras clave que funcionan para generar tráfico y para conseguir lectores para tu blog, pero ¡no para generar clientes de manera inmediata! Así que si lo que deseas es invertir en una campaña de *marketing* y ver resultados al día siguiente, ese tipo de Palabras Clave no van a funcionarte.

Y como sabemos que tu negocio tiene que pagar facturas, te recomendamos ampliamente que priorices las Palabras Clave de alta intención[125], pues lo que deseas es conseguir clientes. Generar material educativo gratuito lo puedes hacer una vez que tengas el presupuesto para hacerlo con el ROI que te van a dar tus campañas de PPC.

«¿Y cómo puedo medir qué tanto mis Palabras Clave están funcionando?».

Gracias al Planeador de Palabras Clave de Google[126], una plataforma gratuita que te muestra qué tan popular es una Palabra Clave, cuántos clics está generando y cuánto debes invertir en ella.

Y si no tienes muy claro por dónde pueden ir tus palabras clave, te recomendamos utilizar la función de Autocompletar de Google para obtener ideas de cuáles podrían ser tus Palabras Clave[127] de acuerdo a las necesidades específicas de los servicios que ofreces.

«¿Cómo funciona?».

---

[125] Intención de la Palabra Clave — El Secreto de atraer el Tráfico correcto. *WordStream.* https://www.wordstream.com/keyword-intent.

[126] Elegir las palabras clave correctas. *Google Ads.* https://ads.google.com/home/tools/keyword-planner/.

[127] Hollingsworth, S. (4 de mayo de 2018). Google Autocomplete: Una Guía Completa para la SEO. *Search Engine Journal.* https://www.searchenginejournal.com/google-autocomplete-a-complete-seo-guide/251407/.

Simplemente empiezas a escribir palabras clave relevantes en el explorador y Google te sugiere de manera automática otras opciones relacionadas que sean más populares.

En este sentido, las Tendencias de Google también son algo muy útil.[128] Mientras que el Planeador de Palabras Clave de Google te muestra los datos de volumen de búsqueda absolutos, las Tendencias de Google te muestran la relativa popularidad de los términos de búsqueda, aunque únicamente te muestra los datos para los términos que son de verdad populares. Es decir, si buscas un término específico para, digamos, un tipo de panel solar, seguramente no obtendrás muchos resultados, a menos de que por algún motivo ese término esté siendo tendencia en ese momento.

También tienes la opción de comprar diversas herramientas especializadas para la investigación de Palabras Clave pagadas, pero por lo pronto te sugerimos que comiences con las herramientas gratuitas que te hemos mencionado.[129] Practica con ellas y cuando sientas que ya dominas el uso de Palabras Claves para atraer a usuarios de alta intención, te será mucho más fácil utilizar herramientas más especializadas.

No olvides incorporar Palabras Clave Negativas en tu campaña

Finalmente, no olvides las Palabras Clave por las cuales NO quieres que se busque a tu negocio, de tal forma que cuando alguien escriba en el buscador esas Palabras Clave Negativas[130] que tú has

[128] Churick, N. (30 de diciembre de 2019). Cómo utilizar Google Trends para buscar Palabras Clave: 7 Formas Efectivas. *Ahrefs*. https://ahrefs.com/blog/how-to-use-google-trends-for-keyword-research/.

[129] Dean, B. (10 de enero de 2020). Las 15 MEJORES Herramientas de Búsqueda de Palabras Clave para SEO [Revisiones de 2021]. *Back Linko*. https://backlinko.com/keyword-research-tools.

[130] Fragkouli, N. y Levy, L. (30 de mayo de 2020). El Papel de las Palabras Clave Negativas en las Campañas de PPC para Firmas Legales. *Nanato Media*. https://nanatomedia.com/blog/the-role-of-negative-keywords-in-ppc-campaigns-for-law-firms/.

establecido, Google se encargará de NO mostrar tu anuncio en esos resultados.

«¿Por ejemplo?».

Tu negocio ofrece servicios de fumigación comerciales, pero no residenciales. En ese caso, tus Palabras Clave deben ser «fumigación comercia»" y tus Palabras Clave Negativas «fumigación residencial». Así vas a ahorrar esfuerzo y dinero, pues te aseguras de que no lleguen a ti clientes que no buscan el servicio específico que tú ofreces.

Utilizar las Palabras Clave Negativas precisas es una herramienta muy potente para enfocar tu campaña de *marketing* en usuarios que están buscando exactamente los servicios que tu negocio ofrece y, sobre todo, que los necesitan urgentemente, por lo que al dar clic en tu anuncio ya están completamente dispuestos a contratarte.

Paso 3: Modo de Predictibilidad para campañas de Google Display

Si has llegado hasta esta parte del libro, seguramente ya tienes un panorama bastante claro sobre lo que ocurre con Google Ads y todo lo que ya sabes te va a servir para hacer que tu negocio crezca a través de una campaña de *marketing* digital.

Sin embargo, aún es posible profundizar a través de Google Display Ads[131], herramienta que funciona con el mismo principio que Google Ads. Pone tus anuncios frente a potenciales nuevos clientes, pero va más allá. ¡Esos nuevos clientes no sabían que se iban a convertir en tus nuevos clientes!

«¿Cómo puede lograrse algo así?».

Anticipando las necesidades de esos potenciales clientes. Por ejemplo, si tu negocio ofrece servicios de remodelación, va a interesarte que tus anuncios sean vistos por personas que acaban

---

[131] Fragkouli, N. y Levy, L. (23 de mayo de 2020). La Guía simplificada para Google Display Ads para un negocio. *Nanato Media.* https://nanatomedia.com/blog/the-straightforward-guide-to-google-display-ads-for-law-firms/.

de comprar una casa o personas que recientemente han buscado materiales de construcción. Google Display Ads te permite justamente eso, dirigirte a gente que no buscó directamente tu anuncio, pero al ver tu anuncio se le genera la curiosidad de saber lo que tomaría remodelar la casa que acaba de comprar, y así podrías obtener un nuevo cliente sin que él mismo supiera que iba a ser tu nuevo cliente.

Esto es posible debido a un procedimiento de *marketing* conocido como segmentación por contenido, que resulta especialmente eficaz para hacer que tu negocio crezca[132], pues te permite segmentar a los usuarios de acuerdo a sus conductas de búsqueda (qué palabras utilizaron en sus preguntas de búsqueda en Google), lugares que han visitado (qué ubicaciones buscaron en Google Maps), o sitios web específicos de la Red de Display que hayan visitado.

Selecciona con cuidado los sitios en los que vas a anunciarte para los clientes latinos

Una forma eficaz para que tus Display Ads lleguen directamente a posibles nuevos clientes es colocarlos en sus sitios web favoritos. Y esta estrategia resulta especialmente efectiva cuando esos posibles nuevos clientes provienen del mercado latino.

Para ello puedes utilizar la Segmentación por Emplazamiento, que Google define como: «uno de los métodos disponibles para proporcionar anuncios a los sitios web», que en el caso del mercado latino tienden a ser sitios en español o incluso en páginas web específicas.[133] Por lo tanto, debes asegurarte de que tu anuncio también esté escrito en español para así generar una excelente primera impresión entre las personas latinas.[134]

---

[132] Orientar tus Anuncios. *Google Ads Help.* https://support.google.com/google-ads/answer/1704368.

[133] Acerca de la Orientación de Colocación. *AdSense Help.* https://support.google.com/adsense/answer/32856.

[134] Fragkouli, N. y Levy, L. (12 de junio de 2020). El Valor de la Transcreación en la Mercadotecnia Digital Legal Latina. *Nanato Media.* https://nanatomedia.com/blog/the-value-of-transcreation-in-hispanic-legal-digital-marketing/.

La Galería de anuncios en Google Ads Editor es una herramienta que te permite personalizar tu Display Ad o incluso diseñar uno propio.[135] Piensa que mientras más claro les quede a tus potenciales clientes que necesitan de tu servicio, tu negocio tendrá muchas más posibilidades de crecer a través del *marketing*.

Paso 4: Profundiza en tu mercado a través de la segmentación

Sin embargo, no te detengas con Display Ads. Aunque son muy poderosos, aún puedes hacer incluso más poderosa la campaña de Google Ads de tu negocio.

«¿Cómo?».

El secreto se llama «segmentación».[136]

«¿Para qué sirve?».

La segmentación es una herramienta que te permite ser hiperespecífico con tu audiencia, y este grado de especificidad hace que cuando llegue a tu anuncio cada posible cliente tenga la sensación de que te estás dirigiendo exclusivamente a él.

Y, como ya te hemos explicado, cuando un cliente latino se siente cómodo y bienvenido, no solo será tu cliente, sino que hablará bien de tu negocio a sus familiares y amigos, quienes posiblemente también se convertirán en tus clientes.

Estudia con atención la ubicación geográfica de tus clientes latinos

«¿Cómo puedo segmentar al mercado al que quiero dirigirme?».

La forma más importante para segmentar a tu mercado es tener muy clara cuál es su ubicación geográfica. Pero enfocarte

---

[135] Añade Gallery Ads en el Editor Google Ads. *Google Ads Editor Help.* https://support.google.com/google-ads/editor/answer/1052563.

[136] ¿Qué es la Segmentación de Mercado? *Lotame.* 11 de marzo de 2019. https://www.lotame.com/what-is-market-segmentation/.

en ciudades no sirve, es demasiado general. Debes enfocarte en códigos postales, pues suelen ser mucho más representativos de un grupo demográfico específico. Incluso en ciudades con grandes poblaciones latinas, el mercado latino tiende a congregarse en distintas ubicaciones dependiendo de su segmento específico.[137]

En caso de que existan desarrollos inmobiliarios recientes, también puedes enfocar tus anuncios en esas nuevas áreas. Por ejemplo, tienes una empresa de mudanza y de pronto percibes que en una zona que no tenías contemplada hay un edificio o una cuadra que va a ser remplazado por una nueva construcción. Puedes entonces concluir que los residentes actuales van a tener que mudarse en los próximos meses. Por lo tanto, agregar el código postal de esa área en tu campaña es una gran idea para captar nuevos clientes.

Otras maneras de segmentar a tu mercado

Las formas en que puedes segmentar eficazmente a tu mercado son innumerables.

Tienes que tomar en cuenta que la personalidad de un cliente no es algo estático: es posible que cambie eventualmente. Por eso te recomendamos revisar con regularidad las características de tus posibles clientes para identificar cualquier nueva distinción en su conducta que pudiera valer la pena tomar en cuenta para que tus campañas tengan resultados más exitosos.

«¿Pero qué otras formas tengo a mi disposición para segmentar a mi audiencia?».

- **Nivel de ingresos.** Si por ejemplo eres una empresa que instala mármol y azulejos artesanales en residencias de lujo, puedes elegir este rasgo como objetivo.

---

[137] Koebler, J. 11 Ciudades con la Mayoría de Latinos. *US News.* (18 de diciembre de 2019). https://www.usnews.com/news/slideshows/11-cities-with-the-most-hispanics.

- **Edad.** No te interesa que los niños vean tus anuncios, pues no se convertirán en tus clientes (por cuenta propia). Por ello, sin importar cuál sea tu tipo de negocio, necesitas usar esta opción de segmentación para mantener tus anuncios dirigidos a los adultos.

- **Idioma.** Insistimos, esto es muy importante para crear estrategias de *marketing* dirigidas hacia el mercado latino, así como campañas que anuncien servicios relacionados con la inmigración.

Una vez que empieces a ver resultados con estos tipos de segmentación, podrías lograr un éxito incluso mayor con otro tipo de segmentación: la segmentación por dispositivos. Por ejemplo, para los negocios que solicitan nuestra ayuda para captar nuevos clientes del mercado latino, solemos dirigir nuestras campañas a los dispositivos móviles, pues como ya te hemos dicho, las personas latinas aman usar sus dispositivos móviles, así que este tipo de segmentación hace que los resultados de tu campaña puedan ser inmediatos.

Paso 5: Prepárate para recibir a todos esos nuevos clientes

Lo creas o no, recibir muchos nuevos clientes puede representar un problema. Claro, es un buen problema, un problema positivo, un problema que cualquier negocio querría tener, pero tú tienes que estar preparado para resolverlo.

Por suerte, es un problema cuya solución es bastante fácil. Lo único que tienes que hacer es asegurarte de que tienes los suficientes recursos técnicos y humanos para darle seguimiento a todas las interacciones que tus anuncios provocan. De lo contrario, sería muy triste que perdieras clientes por el hecho de, por ejemplo, no tener suficiente personal para responder los correos o las llamadas que tu negocio ha comenzado a recibir.

Esto es especialmente importante para los negocios cuyos servicios ofrecen soluciones inmediatas a necesidades urgentes. Por ejemplo, si tu negocio es una veterinaria que presume atender las 24 horas, y un día recibes tres llamadas a las 4 de la mañana, tienes que tener la capacidad de atender y resolver las necesidades de esos tres clientes simultáneamente. Piensa que si no eres capaz de resolver su urgencia, se irán con la siguiente veterinaria que da servicio las 24 horas que haya aparecido en su búsqueda de Google.

Pero este ejemplo no solo aplica para una veterinaria. Sea cual sea tu negocio, es conveniente que cuentes con gente capaz de resolver necesidades urgentes en horarios poco comunes. Debes recordar que algunos de tus potenciales clientes tienen horarios de trabajo no muy habituales. Quizá varios trabajan en el tradicional lapso de nueve a cinco, pero muchos otros quizá tengan horarios nocturnos o comienzan su jornada de madrugada.

Aprovechar el poder de Google Ads lo antes posible

Google Ads puede llegar a tus potenciales clientes donde quiera que se encuentren. Ya sea en la parte alta de sus resultados de búsqueda, en su sitio web favorito o en su dispositivo móvil, tus anuncios van a llegar a ellos. Sin embargo, para que eso pueda ser posible, debes saber dónde viven físicamente, pues solo si conoces su ubicación correcta, la segmentación de tu anuncio producirá resultados exitosos.

 Si inviertes el tiempo suficiente para dominar las complejidades tanto de la búsqueda como de la segmentación de Palabras Clave, tus campañas de Google Ads te recompensarán cada semana con nuevos clientes que harán que tu negocio comience a crecer de manera inmediata y sostenida.

Capítulo 7
Cómo escribir anuncios que sí funcionen

Google Ads son la manera más eficaz de hacer *marketing* digital específicamente dirigido a la Red de Búsqueda.

«En mi negocio, Google Ads no han funcionado, ¿por qué?».

El problema podría ser que no estás utilizando las palabras clave correctas o que segmentaste mal el mercado al que deseas dirigirte.

«Pero yo he segmentado bien el mercado y utilizo las palabras clave correctas...».

Entonces el problema es que has ignorado un elemento que resulta vital para hacer *marketing* digital: el *copy*.

O quizá no lo has ignorado, pero tus referencias sobre un *copy* eficaz son de la vieja escuela, como letreros en paradas de camión, espectaculares en las autopistas o anuncios en el periódico.

Pero si has llegado hasta acá en el libro, es porque estás interesado en el *marketing* digital y te has dado cuenta que es la manera más eficaz de hacer que tu negocio crezca. Para que eso suceda debes tener claros dos conceptos que ya te hemos explicado a detalle:

Primero, debes entender tu mercado.[138]

---

[138] Fragkouli, N. y Levy, L. (20 de junio de 2020). Por qué cada firma legal se debe enfocar en los clientes latinos. *Nanato Media*. https://nanatomedia.com/blog/why-every-law-firm-must-focus-on-hispanic-clients/.

Segundo, debes segmentarlo y encontrar cuáles son las palabras clave ideales para dirigirte de manera personal y cálida a esas personas.[139]

«Ya entiendo a mi mercado, ya lo segmenté de manera correcta y ya he encontrado las palabras claves ideales. ¿Ahora qué debo hacer para que mi campaña de Google Ads dé resultados?».

Debes crear un buen *copy* para tus anuncios. Piensa que tus anuncios buscan crear conversiones, y esas conversiones se logran en gran medida creando un buen *copy*; es decir, un texto persuasivo y claro que llame su atención mientras da solución específica a su búsqueda.

«Estamos en una era digital, completamente tecnológica, ¿cómo puede tener tan importancia algo tan básico como el texto?».

Aunque pueda sonar sorprendente, nuestra experiencia nos permite asegurarte que es así:

Sin un buen *copy*, los dos pasos anteriores no sirven de nada Así que en este capítulo te guiaremos para que tus anuncios tengan los *copys* perfectos. Piensa que es la única manera de garantizar una campaña exitosa de Google Ads dirigida a la Red de Búsqueda que haga crecer a tu negocio.

La importancia de un *copy* efectivo para anunciar en línea tu negocio

Si lo comparas con otros aspectos del *marketing* digital dirigido hacia la Red de Búsqueda, desde elegir una estrategia de ofertas adecuada hasta redirigirte potencialmente a tu audiencia, quizá tienes la impresión de que escribir un *copy* efectivo para tu campaña es una tarea sencilla que puedes dejar para el final.[140]

---

[139] Fragkouli, N. y Levy, L. (26 de junio de 2020). Campañas para firmas legales: Investigación y segmentación de palabras clave en Google Ads. *Nanato Media.* https://nanatomedia.com/blog/law-firm-google-ads-keyword-research-and-segmentation/.

[140] Determinar una estrategia de ofertas con base en tus objetivos. Google Ads Help. https://support.google.com/google-ads/answer/2472725.
Smith, B. 23 de julio de 2019. La guía óptima para redirigir Google Ads. *AdEspresso.* https://adespresso.com/blog/google-ads-retargeting-guide/.

Sin embargo, esto no es verdad. Todo lo contrario, el *copy* resulta demasiado importante para tener una campaña de *marketing* digital exitosa. Piensa que puedes contar con imágenes increíbles, de alta calidad técnica y con videos profesionales, incluso puedes saber utilizar con gran habilidad todas las herramientas que a tu disposición pone Google, pero a pesar de todo esto, si tus textos son malos, de nada habrán servido todos los demás. Si tus *copys* no logran atraer a tus potenciales clientes hacia los servicios que tu negocio ofrece, todos tus otros esfuerzos habrán sido inútiles.

«¿Y si ocurre lo contrario?, ¿y si mi *copy* es bueno, pero el diseño, las imágenes y los videos son malos?».

Incluso si la parte visual de tu anuncio resulta promedio (es decir, que no destaca especialmente), si tienes un *copy* persuasivo y poderoso, es probable que tu anuncio pueda funcionar. Aunque lo ideal es que pongas atención a que todos los elementos que integran tus anuncios sean de buena calidad.

Lo que en este capítulo queremos resaltarte es que no puedes descuidar bajo ningún motivo el *copy* de tus anuncios. Por ello queremos alertarte sobre los ocho errores más comunes que los negocios suelen cometer cuando se trata de crear sus *copys*.

Ocho errores comunes que cometen los negocios con su *copy* para Google Ads

El copy es muy importante para cualquier campaña de *marketing*. Pero si tu negocio planea dirigirse hacia el mercado latino, es todavía más importante que le des prioridad al *copy* de tus anuncios.[141]

Nuestra experiencia asesorando negocios que habían fracasado en su intento por dirigirse hacia las personas latinas nos permiten determinar que muchas veces los motivos de sus fracasos se encuentran en que no le dieron importancia al *copy*.

[141] Fragkouli, N. y Levy, L. (20 de junio de 2020). Comenzar la estrategia de mercadotecnia de tu firma para latinos. *Nanato Media.* https://nanatomedia.com/blog/getting-started-with-your-law-firms-hispanic-marketing-strategy/.

Tú no puedes cometer esos errores. Tú tienes que crear *copys* eficaces y hacer crecer tu negocio. Por eso debes leer con atención cada uno y asegurarte de no caer en estas equivocaciones.

1. Usar el Traductor de Google para tus anuncios

¡Es una pésima idea!

Google es una herramienta muy poderosa, de eso no hay duda. Como te habrás dado cuenta, nosotros somos grandes promotores de Google Ads y todas sus plataformas que facilitan hacer *marketing* eficaz para cada segmento específico al que quieras dirigirte.

Sin embargo, cuando se trata de adaptar un contenido de forma seria a otro idioma, ¡no recomendamos utilizar el Traductor de Google!

«¿El Traductor de Google es tan malo?».

No, no es que sea malo. Cuando se trata de conocer el significado de una palabra o de realizar una traducción básica, resulta una herramienta muy útil (¡además puedes hacerlo en 100 idiomas distintos!).

Pero cuando se trata de un trabajo serio y más complejo, al Traductor de Google le falta profundidad:

> «La utilidad práctica del Traductor de Google y tecnologías similares es innegable y quizá sea algo bueno en general, pero carece profundamente de entendimiento. La traducción por máquinas nunca se enfoca en entender el lenguaje. En vez de eso, simplemente trata de decodificar para avanzar en la traducción sin profundizar en lo que es el entendimiento y el significado».[142]

[142] Hofstadter, D. (30 de enero de 2018). La superficialidad del Traductor Google. *The Atlantic.* https://www.theatlantic.com/technology/archive/2018/01/the-shallowness-of-google-translate/551570/.

Es decir, con Google nunca podrás generar un contenido escrito que parezca redactado por alguien que domina el idioma. Por ejemplo, si quieres dirigirte al mercado latino que prefiere hablar en inglés y para eso traduces tus mensajes de español a inglés a través de Google, el resultado nunca va a funcionar, pues tus potenciales clientes se darán cuenta inmediatamente de que tu negocio está fingiendo que habla el idioma de su preferencia, pero que en el fondo no lo habla. Y es que con frecuencia los dueños de negocios olvidan las sutilezas que integran el lenguaje, donde el significado de un grupo de palabras es mucho más que simplemente la suma de sus partes. Y para entenderlo se deben considerar factores importantes como:

- Gramática

- Cultura

- Contexto

El Traductor de Google simplemente no puede hacer esto por ti. Así que si para tus anuncios utilizas el Traductor de Google, tus posibles clientes van a sentir, como ya hemos dicho, que en tu negocio solo fingen hablar español, pero no lo hablan realmente. Así que asegúrate de transcrear tus anuncios en español si quieres escribirlos primero en inglés o si has encontrado algunos ejemplos escritos en inglés que te han agradado. Y si quieres «targetear» tu mercado en inglés, asegúrate de no usar el Traductor de Google para traducir tus anuncios ya escritos en español.

2. Escribir tu texto en *spanglish*

Otro error común que cometen los negocios cuando hacen *marketing* dirigido hacia el marcado latino consiste en usar el spanglish; es decir, una versión híbrida de inglés y español.[143]

«Para ser honesto, yo he hecho eso: utilizo el Traductor de Google para encontrar cuáles son las palabras indicadas en español

---

[143] Spanglish. *PBS.* https://www.pbs.org/speak/seatosea/americanvarieties/spanglish/book/.

para describir mis servicios, y luego uso el inglés para todo lo demás. Pero no es simplemente flojera. Si tomé la decisión de usar el *spanglish* es porque leí que la popularidad del *spanglish* está en aumento en Estados Unidos.[144] Pero mis campañas no han funcionado y no entiendo. ¿Cuál es el error en mi lógica?».

Esta vez, el problema es que no estás tomando en cuenta la forma en que Google «lee». Y es que, a pesar de todas sus fortalezas, Google no entiende el *spanglish*. De hecho, el *spanglish* ni siquiera se incluye en la lista de más de cien idiomas que puede entender el Traductor de Google.

Por lo tanto, cuando el algoritmo de Google trata de entender lo que dice el *copy* de tu anuncio para hacerlo visible, se queda en blanco ante el *spanglish* y comienza a realizar sus propias interpretaciones y esto es un escenario catastrófico cuando tu intención es dirigirte a segmentos específicos del mercado con una híper precisión.

Además, a Google tampoco le gusta que lo obligues a descifrar tus anuncios. Cuando Google no sabe a quién tratas de dirigirte o lo que tratas de anunciar, bajará tu Nivel de Calidad.[145] Después de eso, observarás un aumento en tu costo por clic (CPC), lo cual son pésimas noticias para tu presupuesto.[146]

Y la peor parte es que Google, al no saber bien a quién quieres dirigirte, terminará por ocultar tus anuncios, que nunca llegarán a tus potenciales clientes, pues Google va a preferir mostrar anuncios claros, escritos en un idioma que entiende, y no anuncios que no es capaz de descifrar.

«¿Pueden mostrarme un ejemplo de anuncio en spanglish destinado al fracaso?».

[144] Chesnut, V. (5 de abril de 2018). Lo ames o lo odies, el *spanglish* llegó para quedarse — y es un buen ejercicio para tu cerebro. *NBC News*. https://www.nbcnews.com/news/latino/love-it-or-hate-it-spanglish-here-stay-it-s-n859211.

[145] Nivel de Calidad: Definición. *Google Ads Help*. https://support.google.com/google-ads/answer/140351.

[146] Costo Por Clic (CPC): Aprende lo que significa Costo Por Clic para PPC. *WordStream*. https://www.wordstream.com/cost-per-click.

Sí, claro, mira:

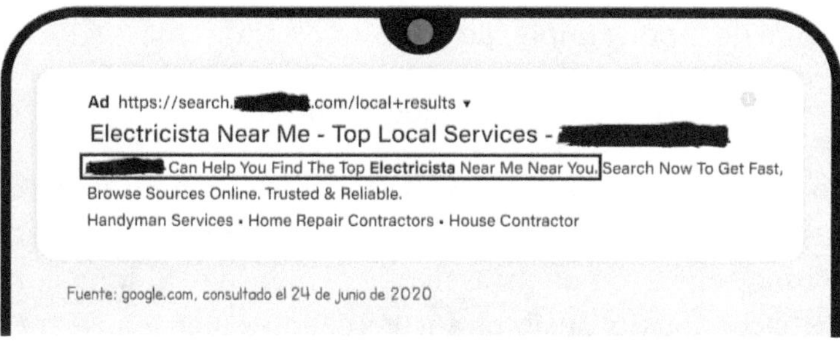

Fuente: google.com, consultado el 24 de junio de 2020

Un anuncio con un *copy* así nunca va a funcionar. Imagina que inviertes dinero en una campaña que tenga este tipo de anuncios, que nunca van a ser vistos por tus clientes potenciales y, si llegan a verlos, nunca van a darles clic. Y es que aunque una persona habla en *spanglish*, no quiere que un negocio le hable así, pues el *spanglish* no se considera un idioma formal, ni siquiera entre las personas que lo usan a diario.[147] Es una forma de expresarse informal, y sin reglas definidas.

Usar el *spanglish* para promover los servicios de tu negocio casi siempre tendrá el efecto opuesto al que buscabas, pues estás transmitiendo una imagen de informalidad. Aunque tus potenciales clientes entiendan tu mensaje, se preguntarán por qué lo expresas de manera tan poco seria. Tu negocio parecerá amateur al lado de otro negocio que se haya preocupado por generar *copys* serios en un español dirigido específicamente al segmento del mercado latino al que quiere captar. Y piensa que nadie va a querer contratar a un amateur. Por lo tanto, si usas *spanglish*, tu Nivel de Calidad caerá, perderás dinero y Google terminará por no mostrar tus anuncios.

3. Escribir en un tono inconsistente

Cuando se habla de tono, ¿de qué estamos hablando? En el mundo del *marketing*, el tono puede ser uno de esos términos vagos y

---

[147] Bierly, R. (2 de mayo de 2019). *Spanglish*: La validez del *spanglish* como idioma. *Panoramas*. https://www.panoramas.pitt.edu/opinion-and-interviews/spanglish-validity-spanglish-language.

confusos en torno al *copy* que nunca terminan por quedar claros. Sin embargo, Joanne Wiebe hizo un gran trabajo al describir qué es el tono de modo simple, pero efectivo:

«El tono toma un enunciado y le inyecta vida... o lo mata».[148]

Por lo tanto, el tono va mucho más allá de las palabras concretas que uses en tu anuncio, pues consigue que esos anuncios transmitan una sensación que trasciende al mensaje. El tono correcto puede hacer que tus posibles nuevos clientes piensen: «Este es un negocio en el que puedo confiar, es un negocio que me da tranquilidad y que me hace sentir que van a satisfacer mis necesidades». Pero si el tono es incorrecto, hará que tus posibles nuevos clientes piensen: «Aunque sus palabras suenan bien, algo no me convence; su anuncio no me transmite tranquilidad ni confianza».

Wiebe continúa su explicación sobre el tono:

«Saber los adjetivos que usan tus clientes con más frecuencia para describirte puede ayudar a encontrar tu tono. ¿Cuál puede ser este? Casi cualquier tono es simplemente un adjetivo que cobra vida. Tu tono puede ser *nerd*, romántico, patriótico, alegre, chocante, genial, contento, tonto, divertido, formal o coqueto. Todos estos son simples adjetivos, pero pueden cobrar vida (y adquirir el tono correcto) si logras combinar en un *copy* dicción y sintaxis. Tu tono puede ser cualquier cosa, pero si lo haces mal (y desafortunadamente es lo más común), lo más seguro es que tu tono sea una cosa: ABURRIDO».[149]

«¿Entonces qué hago para mi negocio?, ¿cómo puedo encontrar el tono correcto de mis *copys*?».

Para un negocio, el tono tiene que partir de una idea muy clara: debe ser profesional. Por lo tanto, *nerd*, romántico, condescen-

---

[148] Wiebe, J. Tono de voz 101: Cómo escribir un texto con el que se puedan conectar las personas. *Copyhackers.* https://copyhackers.com/2013/01/copywriting-tone-how-to/.
[149] *Ibid.*

diente o cualquiera de estas otras opciones simplemente no son adecuadas para establecer el tono de un negocio.

«¿Eso quiere decir que debo de hablarles de usted a mis potenciales clientes?».

Profesional no necesariamente significa formal. Es decir, es posible lograr establecer un mensaje de profesionalidad a través de un tono casual. De hecho, recomendamos normalmente utilizar el más casual «tú» en vez del más formal «usted». Y es que el tuteo hace que tus posibles nuevos clientes se sientan cómodos y familiarizados con tu negocio de manera inmediata, sin necesidad de haber hablado por teléfono o ir a tu tienda.

«¿Entonces siempre debo hablarles de tú a mis potenciales clientes?».

Normalmente sí. Aunque también nos hemos asociado con algunos negocios que obtuvieron mejores resultados hablándoles de «usted» a sus potenciales clientes. Y estos resultados positivos se deben a que esos negocios fueron consistentes en el «usted» en todas sus áreas. Es decir, se dirigen de «usted» a sus clientes en sus anuncios, al hablar con ellos por teléfono e incluso cuando se encuentra con ellos en persona.

La consistencia es la clave para que puedas encontrar el tono correcto para tus anuncios (una razón más para darte cuenta que el *spanglish* nunca es una buena idea). Una vez que conozcas cómo prefieren tus potenciales clientes que te dirijas hacia ellos, tienes que ser consistente. Es decir, si decides utilizar «tú», siempre debes usar «tú», o si decides usar «usted», siempre debes usar «usted».

4. Estructurar tus *copys* como si fueras un robot

Otro ejemplo de por qué los negocios pierden clics se debe a que sus anuncios dan la impresión de seguir una estructura robótica y no humana.

«¿Y cómo es un anuncio robótico?».

Muchas veces estos tipos de anuncios ocurren cuando los negocios resuelven el *copy* de sus anuncios a través de viñetas (símbolo que sirve para señalar los elementos que conforman una lista).

Sabemos perfectamente que en el mundo de la redacción tradicional crear viñetas eficaces se considera una forma de arte[150] (incluso hay redactores que se enfocan especialmente en esta habilidad). Sabemos que las viñetas sirven para captar atención y comunicar información importante de manera clara. Sabemos también que cadenas como Amazon utilizan las viñetas y les funcionan eficazmente para vender sus productos.

Lamentablemente, las viñetas no funcionan para Google Ads.

«¿Por qué?».

Porque no hay espacio suficiente ni tiempo. Piensa que en el *marketing* digital dirigido hacia Google Ads debes convencer a tus posibles clientes DE INMEDIATO para que sientan el interés de dar clic en tu anuncio.

Además, Google Ads no permite la tradicional distribución de viñetas en lista, sino que te ofrece la posibilidad de un texto continuo. Si a pesar de esto, un negocio insiste en utilizar viñetas para su Google Ad, este es el resultado:

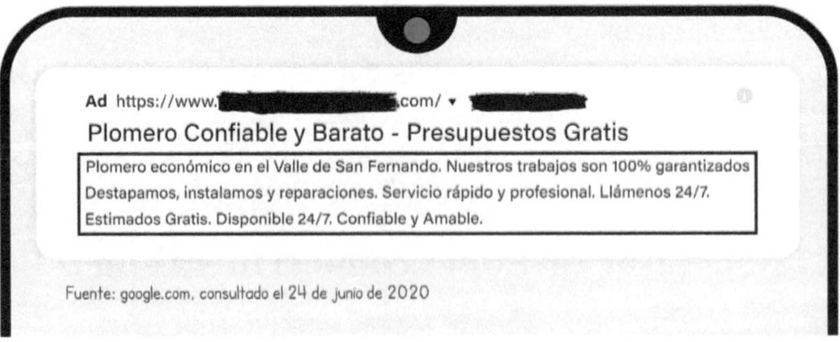

Fuente: google.com, consultado el 24 de junio de 2020

[150] Clark, B. (20 de agosto de 2019). Formas fáciles de escribir viñetas fascinantes. *Copyblogger.* https://copyblogger.com/little-known-ways-to-write-fascinating-bullet-points/.

Como puedes darte cuenta, aunque las frases sean correctas y explican las características de sus servicios, resulta plano y frío; es decir, robótico. Tus nuevos clientes necesitan sentir que en tu negocio trabajan seres humanos que empatizan con sus necesidades. Por lo tanto, cuando leen un *copy* así, que parece redactado por una máquina, nunca van a contratarte.

Es por eso que el *copy* en tu anuncio es tan importante. Debe informar sobre tus servicios con claridad en poco espacio y al mismo tiempo debe transmitir una sensación de calidez. Debe establecer un tono profundamente humano que haga sentir al nuevo cliente no que está ante un anuncio, sino ante una invitación personalizada.

Quizá esto te puede quedar más claro si piensas en un menú. Las viñetas equivaldrían a enumerar simplemente la lista de platillos sin ningún tipo de explicación. ¿Eso le sirve a un cliente? Por supuesto que no. Lo que el cliente quiere saber son los ingredientes y procesos de preparación. Y eso es lo que un *copy* bien hecho debe ofrecerles.

Como puedes ver, adoptar el formato de lista (viñetas) en lugar de aportar respuestas únicamente genera más preguntas y esto deriva en el quinto error que muchos negocios cometen con sus Google Ads.

5. Plantear una pregunta con tus anuncios

Debes evitar que los copys de tus anuncios planteen preguntas. En el *marketing* tradicional, esta estrategia era muy común: abrir dudas para captar la atención de potenciales clientes, pues partían de la premisa de que plantear una pregunta provocativa genera interés. En el *marketing* digital específicamente dirigido a la Red de Búsqueda, este procedimiento pocas veces funciona; de hecho, puede resultar contraproducente, y es que formular preguntas en los encabezados puede desplomar tus índices de conversión, en especial si los comparas con los que podrías obtener estableciendo un tono más directo y personal.[151]

[151] Wiebe, J. La cuestión de hacer preguntas. *Copyhackers.* https://copyhackers.com/2015/09/asking-questions/.

«¿Pero por qué es tan problemático usar preguntas en mis Google Ads dirigidos hacia la Red de Búsqueda?».

 La respuesta es simple. Cuando tus potenciales clientes buscan algo, no quieren preguntas, sino lo contrario: buscan respuestas. Incluso redactores con experiencia cometen este error. Y es que puede resultar atractivo hacer un anuncio como: «¿Necesitas que alguien repare tu fuga de agua urgentemente?», y en teoría puede sonar bien, pero piensa que eso es obvio: la persona que ha buscado tus servicios de plomería ya sabe que necesita un plomero que repare su fuga de manera urgente, así que resulta redundante que tu anuncio replique lo obvio. En cambio, el texto de tu anuncio puede utilizar el espacio para realizar una declaración afirmativa mucho más atractiva y poderosa.

«¿Cómo?».

Ofreciendo respuestas en vez de hacer preguntas. Y lo que debes responder es por qué eres el negocio ideal para resolver sus necesidades.

Si tu *copy* es capaz de ofrecer esa respuesta, tu anuncio será eficaz y provocará que la persona interesada le dé clic con la intención de convertirse en tu nuevo cliente. Y de esta forma tu anuncio servirá para hacer crecer tu negocio de manera consistente.

6. Ser demasiado breve

La brevedad sin duda implica ingenio, pero reducir el texto de tus anuncios a los mínimos caracteres posibles puede disminuir las posibilidades de atraer nuevos clientes. Así que ser demasiado breve es el sexto error en la redacción de un *copy* que los negocios comenten.

Algunos de los errores que te hemos explicado tienen una explicación. Por ejemplo, sonar como robot resulta poco inteligente, pero al menos las viñetas permiten dar información, o usar *spanglish* puede parecer una buena idea para generar empatía con los potenciales clientes.

Sin embargo, usar únicamente la mitad —o incluso menos— del espacio disponible para tu Google Ad resulta absurdo. ¿Cuál es la idea de hacer algo así?

Los anuncios que tienen poco texto pueden resultar efectivos en publicaciones de blogs. Es por eso que algunos escritores piensan que el mismo procedimiento podría funcionar bien para Google Ads.[152]

Sin embargo, te podemos asegurar que eso no es así.

De hecho, durante los últimos años, Google se ha esforzado para ofrecer a los redactores más espacio para sus anuncios. El límite de caracteres de Google Ads ahora con los anuncios responsivos es de 1-3 títulos de hasta 30 caracteres cada uno y de 1-2 descripciones de hasta 90 caracteres dependiendo del espacio en la pagina de resultados del buscador.[153]

Esto es mucho espacio... así que, ¡úsalo!

¿En verdad ser breve es tan malo?

Pon atención en el siguiente anuncio.

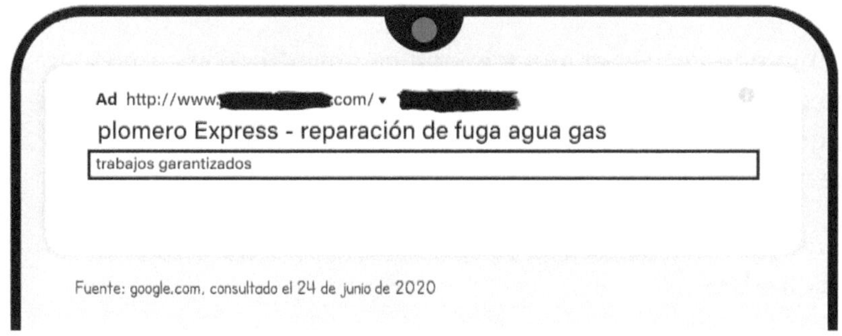

Fuente: google.com, consultado el 24 de junio de 2020

---

[152] Luke, A. (24 de enero de 2019). Cómo escribir oraciones y párrafos cortos correctamente (y por qué esto importa). *ProBlogger.* https://problogger.com/short-sentences-and-paragraphs/.

[153] Irvine, M. (26 de septiembre de 2020). Google expande sus anuncios de búsqueda ¡DE NUEVO! Lo que debes saber. *WordStream.* https://www.wordstream.com/blog/ws/2021/03/11/responsive-search-ads-new-default-google-ads

¿Cuál es tu primera impresión? Lo obvio: Que ese negocio pudo haber utilizado todo el espacio que dejó sin usar para establecer un mensaje coloquial y cálido para atraer la atención de sus clientes. También podrían haber utilizado todo ese espacio disponible para explicar la excelencia en la calidad de los servicios que ofrecen. O bien podrían haber hecho ambas cosas: transmitir comodidad y perfección técnica.

«¿Hay alguna guía más específica para saber qué hacer con el espacio que dispongo en mis anuncios?».

Una de las mejores cosas que puedes hacer con el texto de tu anuncio es eliminar cualquier posible objeción que pudieran tener tus posibles clientes.

«¿Por ejemplo?».

Si identificas que en el segmento al que quieres dirigirte las personas tienden a ser sensibles con respecto al precio. Así que el espacio que tienes para el copy de tu anuncio puedes aprovecharlo para dejar claro que tus precios en la instalación de paneles solares son más accesibles que los de tus competidores, o bien, que ofreces posibilidades de financiamiento para la adquisición de tus servicios.

Como puedes ver, el anuncio que hemos utilizado como ejemplo no da ninguna de esa información, por lo tanto, seguramente será ignorado y tanto su Nivel de Calidad como sus conversiones se desplomarán.

7. Usar las extensiones de vínculos a sitios irrelevantes

Debes ser muy preciso con los vínculos que elijas para integrar en los anuncios que hagas para tu negocio. Los vínculos en tu anuncio no deben llevar a tu potencial cliente hacia tu página de llegada o a una página alternativa de tu sitio, pues esto únicamente aumentará el costo de tu anuncio y al mismo tiempo reduce tu Nivel de Calidad y conversiones.

Aquí puedes ver un ejemplo de lo que debes evitar.

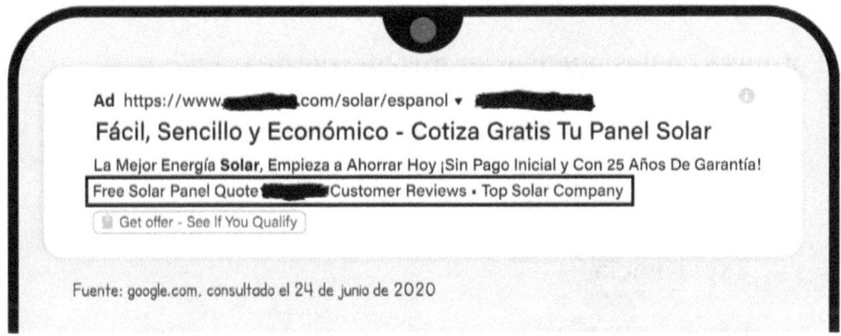

Fuente: google.com, consultado el 24 de junio de 2020

Estos vínculos resultan irrelevantes porque no respaldan el resto del anuncio, además están en inglés y no en español. Y para empeorar aún más las cosas, Google los va a resaltar ya que favorece las extensiones de anuncios de cualquier tipo. En lugar de ayudar al anuncio, estos vínculos estorban y confunden. El posible cliente no sentirá confianza y, si llega a dar clic, se preguntará: «¿Qué estoy haciendo aquí?», para luego irse de ahí inmediatamente. Lo que te recomendamos es usar ese tipo de extensiones, pero llevar a los usuarios a distintas secciones dentro de tu página de destino dedicada al servicio que promueves con ese anuncio en específico.

8. Usar ofertas de valor genéricas y CTA vagos

Por último, ¿tus anuncios explican claramente por qué tu negocio es mejor que todos los demás? ¿Proporcionan ofertas de valor concretas?[154]

En otras palabras, ¿tus anuncios resaltan por qué tu negocio es el ideal para tu posible cliente? Especializarte en ciertos servicios de plomería u ofrecer paneles solares de ciertas características no es una oferta de valor, como tampoco lo es que tu negocio opere en cierta ciudad. A menos que tu negocio sea único en su rama o área (por ejemplo, la única veterinaria de una colonia o la única empresa con acceso exclusivo a una marca reconocida de paneles

---

[154] Laja, P. (16 de mayo de 2019). Cómo crear una oferta de valor única (con ejemplos). *CXL*. https://cxl.com/blog/value-proposition-examples-how-to-create/.

solares), estas cosas resultan irrelevantes y no funcionan para hacer que tus anuncios destaquen.

«¿Entonces cuáles pueden ser mis ofertas de valor?»:

Tus ofertas de valor podrían ser cosas como:

- Consultas gratuitas

- Experiencia

- Disponibilidad

- Reconocimientos y menciones honoríficas

- Y para que aumente el poder de tu anuncio, puedes utilizar una combinación de todas estas opciones. Por ejemplo, podría ser una empresa de plomería que cuenta con un promedio de 5 estrellas en las reseñas que ha recibido en Google, una empresa de limpieza con disponibilidad las 24 horas, o un negocio de mudanzas que se distingue por haber brindado un servicio de excelencia durante 40 años en la misma colonia.

Y por encima de todo, tus anuncios deben ser personales. La oferta de valor más importante es ser personal. Piensa que no existen dos negocios iguales y eso te permite expresar la filosofía de tu negocio de manera directa y honesta. La honestidad resulta esencial para que un anuncio funcione. Nunca debes tratar de sonar como alguien más. Si consigues establecer un tono honesto y personal, tus anuncios serán exitosos.

Es por eso que en Nanato Media no empezamos a redactar los anuncios para los negocios con los que nos asociamos hasta entender profundamente cuáles son sus rasgos únicos y todo aquello que los distingue de otros negocios en el área.

«¿Y qué hago una vez que haya definido mi oferta de valor?».

Debes canalizar la atención que ha generado tu oferta de valor hacia una llamada a la acción (CTA).[155] Para la mayor parte de los negocios, esta llamada a la acción se trata de que puedan contactarte por teléfono (a veces de manera urgente) para contratar tus servicios, por eso es muy importante que en tu anuncio incluyas una extensión de llamada que lleva directo a tu número de contacto, pues así tu posible cliente solo tiene que dar un clic para hablar con tu negocio inmediatamente.

No decidas realizar campañas de Google Ads de bajo rendimiento

En relación resultados/costo, las campañas de Google Ads tienen fama de ser la forma más eficaz de anunciar los servicios de tu negocio.

Tristemente, a menudo se convierten en las más costosas por el simple hecho de que los anuncios no funcionan. Y muchas veces las palabras clave son las correctas y la segmentación del mercado también lo es. Y en teoría estos dos factores impulsarán tu ROI. Sin embargo, si estos factores no son impulsados por un copy de buena calidad, tus nuevos clientes nunca llegarán. Es por eso que el copy en un anuncio resulta vital en las aspiraciones de hacer crecer tu negocio por medio de *marketing* digital.

---

[155] McCaffrey, B. (30 de noviembre de 2018). Hook, Line, and Sinker: 7 consejos para lograr una llamada a la acción contundente. *WordStream*. https://www.wordstream.com/blog/ws/2014/10/09/call-to-action.

Capítulo 8
De usuario a cliente: el secreto de las páginas que convierten

Seguramente, al igual que casi todas las empresas, ya has creado una o dos páginas para tu negocio con la idea de atraer nuevos clientes. Sin embargo, la realidad es que las páginas de destino de la mayoría de los negocios no son muy confiables, y es probable que la de tu negocio tampoco lo sea. Es momento de cambiar eso. En este capítulo te explicaremos el gran potencial que tienen las páginas de destino y te enumeraremos los cinco factores más importantes para que tu página tenga éxito en su intención de generar nuevos clientes para tu negocio.

Lo primero que debes entender es que tener un sitio web para tu negocio no es opcional. O tienes un sitio web o tu negocio nunca será exitoso.

Aunque tener simplemente un sitio web no es suficiente. Tu sitio necesita estar bien hecho y contar con las páginas correctas. De lo contrario, tus potenciales clientes nunca llegarán a ellas, o peor aún, sí llegarán, pero quedarán decepcionados de lo que ahí encuentran y se irán sin haber contratado tus servicios.

Cada negocio necesita una página web personalizada de acuerdo a su giro y al tipo de servicios que ofrece. Sin embargo, todos los negocios, sin importar a qué se dediquen, necesitan lo mismo:

una página de destino eficaz, clara y bien hecha para mandar a sus posibles clientes provenientes de publicidad digital pagada.

A continuación te explicamos cómo crear tu página de destino ideal.

¿Qué son las páginas de destino?

Antes de explorar lo que se requiere para crear páginas de destino exitosas que hagan que los usuarios se conviertan en clientes para tu negocio, debemos establecer con claridad qué es una página de destino.

Pese a que las páginas de destino son un elemento de *marketing* digital sencillo (aunque muy eficaz), las personas suelen explicarlas con definiciones distintas. En su mayoría, estas definiciones giran en torno a alguna de estas dos categorías:

Cualquier página puede ser una página de destino

Si usas Google Analytics para analizar el tráfico de tu sitio web, es probable que conozcas el «Informe de Páginas de Destino» (Flujo de comportamiento > Contenido del sitio > Página de destino). Sin embargo, este informe sigue ofreciendo una definición muy amplia de qué son las páginas de destino.

De acuerdo con *Yoast*, una página de destino es:

> «La primera página de una sesión. Digamos que Sarah visita tu sitio. Ella inicia su sesión en tu sitio en la publicación X y después lee la publicación Y. En este caso, la publicación X es la página de destino. Puedes traducir esto como la primera página a la que llegan las personas cuando visitan tu sitio. Google Analytics te ofrece un informe de páginas de destino».[156]

---

[156] Van den Berg, A. (7 de noviembre de 2018). El poder de las páginas de destino en Google Analytics. *Yoast.* https://yoast.com/landing-page-google-analytics/

«¿Entonces cualquier página en mi sitio web se puede convertir en página de destino?».

Sí, las páginas de destino pueden ser cualquier página en tu sitio web, desde publicaciones hasta en el sitio web, o cualquier otra cosa. Siempre y cuando alguien llegue ahí, Google lo cuenta como página de destino.

Las páginas de destino tienen un objetivo concreto

En este libro, sin embargo, seremos mucho más específicos con nuestra definición. Después de todo, si páginas tan distintas como una publicación y un sitio web se pueden clasificar como páginas de destino, es imposible saber cómo mejorarlas, pues estas diferentes páginas tienen requisitos totalmente distintos.

Pero en asuntos de *marketing* digital, esta definición tan genérica no funciona, pues si se trata de generar nuevos clientes para tu negocio, debes tomar en cuenta que las páginas de destino se diseñaron para propósitos muy específicos.

Al respecto, nos gusta esta definición de una página de destino que hizo Unbounce:

> «En el *marketing* digital, una página de destino es una página web independiente creada específicamente para una campaña de mercadotecnia o publicidad. Es el lugar en que un visitante "aterriza" después de hacer clic en un vínculo de un correo electrónico, o anuncios de Google, Bing, YouTube, Facebook, Instagram, Twitter o lugares similares en la web. A diferencia de las páginas web, que usualmente tienen muchos objetivos y fomentan la exploración, las páginas de destino se diseñan con un único enfoque u objetivo, conocido como Llamada a la Acción (o CTA, por su abreviatura en inglés)».[157]

---

[157] ¿Qué es una página de destino? *Unbounce*. https://unbounce.com/landing-page-articles/what-is-a-landing-page/

Por ello, en este capítulo nos enfocaremos únicamente en las páginas web diseñadas específicamente para provocar una acción en los visitantes. Estas páginas de destino comúnmente se hospedan en subdominios y no están indexadas por Google. Por ejemplo, algo parecido a ayuda.tunegocio.com. Esto significa que el único tráfico que recibirá esa página es el que proceda exclusivamente de la campaña que has diseñado vinculada a esa página específica.

Tu negocio también puede obtener beneficios de otro tipo de páginas de su sitio, pero para que tu campaña sea exitosa necesitas necesariamente crear una página de destino específica como la que te acabamos de describir; es decir, una página diseñada únicamente con la idea de convertir a usuarios en clientes.

Por qué el sitio de tu negocio necesita páginas de destino

Sabemos que hacer *marketing* digital te interesa y sabemos que a través de una campaña de *marketing* digital esperas que tu negocio crezca al generar nuevos clientes de manera sostenida.

Para lograr esto, tienes que considerar muchos elementos del mundo digital. Algunos de estos elementos son prescindibles y otros son indispensables.

Tener páginas de destino en tu sitio es una de esas cosas indispensables.

Las páginas de destino son ideales para tener óptimos resultados PPC

Un sitio web que no genera tráfico regular resulta completamente inútil. Y esto no va a cambiar hasta que tú anuncies su existencia y la visibilices. Y si ya estás dispuesto a visibilizarla y anunciar su existencia, ¿por qué no vender tus servicios a través de ella?

«¿Cómo puedo atraer tráfico hacia mi página?».

En general, por medio de dos formas: A través del tráfico orgánico, o mediante tráfico pagado por medio de campañas de PPC (pago-por-clic).

«Pues de esas dos opciones, el tráfico orgánico, al ser gratuito, parece la indicada, ¿no?».

No es tan sencillo. Muchas personas a menudo piensan que tráfico orgánico es lo mismo que tráfico «gratuito», pero esto no es así, pues obtener tráfico orgánico suficiente y sostenido suele requerir mucho trabajo y en ocasiones varios años. Y la única forma de agilizar ese proceso es invirtiendo dinero en páginas específicas a través de palabras clave; es decir, invirtiendo constantemente.

En Nanato Media hemos hablado mucho sobre lo importante que es para los negocios utilizar el PPC.[158] En efecto, debes pagar, pero eso te da dos ventajas importantes: conoces por anticipado cuánto debes invertir y puedes tener una idea clara sobre tu ROI potencial. Dos ventajas que te garantizan obtener resultados mucho más rápidos. Es decir, con PPC controlas tu presupuesto, tienes una proyección realista sobre tus ganancias y los resultados los ves inmediatamente. Por lo tanto, para hacer crecer tu negocio, el tráfico PPC vence al tráfico orgánico bajo cualquier punto de vista[159], y es que el tráfico de PPC es una herramienta poderosamente genial[160].

Sin embargo, para que te dé resultados geniales, debes saber hacerlo bien. Conocemos casos de negocios que invierten mucho dinero en campañas de PPC para terminar dirigiendo sus anuncios

---

[158] Fragkouli, N. y Levy, L. (29 de junio de 2020). Por qué el PPC es una gran inversión para tu firma de lesiones personales. *Nanato Media.* https://nanatomedia.com/blog/why-ppc-is-a-great-investment-for-your-personal-injury-firm/

[159] Fragkouli, N. y Levy, L. (9 de abril de 2020). Por qué tu firma legal debe optar por el PPC antes que por la SEO. *Nanato Media.* https://nanatomedia.com/blog/why-your-law-firm-should-opt-for-ppc-before-seo/

[160] Morris, C. (19 de marzo de 2019). 7 beneficios poderosos de usar la publicidad por PPC. *SEJ.* https://www.searchenginejournal.com/ppc-guide/ppc-advertising-benefits/

hacia su sitio web. Esto es una pésima idea debido a lo que ya te hemos explicado: las páginas principales no convierten a usuarios en cliente, pero también es malo porque Google asigna un Nivel de Calidad a los anuncios por PPC, lo cual, en parte, determina cuánto deberás pagar por ellos.[161] Un factor determinante que influye en esta puntuación es la relevancia de la página de destino. Y en este aspecto, las páginas principales nunca serán tan relevantes para un anuncio como una página de destino diseñada específicamente para eso. Por lo tanto, que tus anuncios dirijan a los usuarios hacia tu sitio web no solo hace que no tengas clientes, sino que también te costará más dinero.

Las páginas de destino producen conversiones

En muchas industrias, las compañías deciden trazar una estrategia de marketing de embudo para asegurar que los usuarios que encuentran en línea se conviertan en sus clientes.[162] Como te explicamos en los capítulos anteriores, esta estrategia de embudo de conversión (asociada con el *marketing* tradicional) implica cuatro etapas distintas, pero cada etapa tiene necesidades de *marketing* específicas que exigen sus propios tiempos antes de tener éxito, y además es necesario coordinar el desarrollo de cada una de las cuatro etapas de tal manera que coincidan en un esfuerzo conjunto, lo cual resulta extremadamente complejo, porque no basta con que coincidan, sino además hay que refinar y reajustar la campaña de acuerdo a los resultados que vayan generando.

En otras palabras, una campaña de *marketing* basada en la estructura del embudo de conversión resulta cara y frustrante.

«Entonces, ¿qué hago?».

---

[161] Smith, B. (13 de septiembre de 2018). Todo acerca de la puntuación de calidad en las palabras del anuncio — y cómo mejorarlo rápido. *HootSuite*. https://blog.hootsuite.com/adwords-quality-score/

[162] El embudo de la mercadotecnia digital moderna: Explicado. *Blue Corona*. (31 de julio de 2019) https://www.bluecorona.com/blog/new-digital-marketing-funnel-strategies/.

Aléjate del *marketing* tradicional, de su estructura de embudo, y concentra tus esfuerzos en una campaña PPC. Una campaña bien hecha de PPC te permite enfocar tus esfuerzos, tanto creativos como financieros, en que los usuarios se conviertan en clientes inmediatamente. Y la manera más inmediata es que solo tengan que dar clic para estar hablando con tu negocio al instante.

Pero tienes que poner atención a que tu campaña PPC esté bien hecha, y para que esté bien hecha necesita tener anuncios que dirijan a una página de destino (no a tu sitio web) especialmente construida para convertir usuarios en clientes.

«Pero mi sitio web se ve asombrosa, ¿por qué no puedo dirigir hacia ella a mis posibles clientes?».

Aunque tu sitio web luzca asombrosa, no te va a servir de nada para producir conversiones.

«¿Por qué?».

Porque un sitio web es siempre genérico: está dirigido a cualquier posible mercado interesado en tus servicios. Es decir, no está segmentado a un grupo demográfico específico y por lo tanto su mensaje es despersonalizado y, como ya te hemos explicado, un mensaje despersonalizado jamás va a darte un nuevo cliente. Cuando buscas hacer *marketing* para todo el mundo, terminas haciendo *marketing* para nadie. [163]

«¿Entonces no necesito un sitio web?».

Claro que necesitas un sitio web, simplemente no lo necesitas para dirigir a los usuarios que dan clic en tus anuncios de campañas PPC.

Piensa que tus potenciales clientes son personas que muchas veces necesitan de tus servicios urgentemente (quizá su plomería

---

[163] Para comercializar con éxito, tu cliente no puede ser «Todos» (Op-Ed). *Business News Daily*. (4 de marzo de 2020). https://www.businessnewsdaily.com/5202-to-market-successfully-your-customer-cant-be-everyone.html.

está goteando o su calefacción se descompuso en un clima de 10 grados bajo cero). Así que cuando buscan tu anuncio, no quieren ver tu sitio web, quieren una página de destino que les permita inmediatamente hablar contigo para contratar tus servicios de manera urgente.

Como ya te has dado cuenta, las páginas de destino son el lugar donde los usuarios se convierten en clientes. De hecho, como ya te dijimos, ese es el único sentido de las páginas de destino: ser el lugar que reciba los clics de tu campaña PPC para producir consistentemente nuevos clientes para tu negocio.

Las páginas de destino te permiten generar llamadas telefónicas inmediatas

La mayoría de los negocios no se dan cuenta del poder que tiene una página de destino. Es necesario que tú sí te des cuenta: Una página de destino puede hacer la diferencia entre una exitosa campaña de *marketing* digital y una que fracasa.

Y es que una buena página de destino limita la navegación.[164] Por lo tanto, centran su atención en lo único que te interesa en este caso: que un usuario se convierta en cliente. Por lo tanto, no te interesa que navegue por otras partes de tu sitio (por lo tanto, evita colocar cualquier vínculo). Lo único que te interesa es que esa persona que ha llegado a tu página de destino pueda contactar inmediatamente contigo.

Para eso, muchos negocios optan por hacer que los usuarios llenen un formato web o les envíen un correo electrónico, o incluso les brindan la posibilidad de chatear en vivo a quien quiera asesoría. Estas tres acciones pueden ser muy eficaces. Sin embargo, en Nanato Media nos enfocamos en otra acción muy importante: que tus potenciales clientes puedan llamarte por teléfono.

---

[164] Muhammad, F. (25 de junio de 2020). Hecho: Los vínculos de navegación matan el índice de conversión de tu página de destino. *Instapage*. https://instapage.com/blog/landing-page-conversion-rate-optimization.

Lo que tú deseas son usuarios que se conviertan en clientes ese mismo día. Y eso es menos probable que te lo dé un formulario o un correo electrónico. Un cliente inmediato te va dar una página de destino que le permita que tu potencial cliente hablar con tu negocio en el mismo instante en que da un clic.

Cinco factores que influyen para crear una página de destino efectiva

No necesitas ser experto en *marketing* digital para entender lo que hacen las páginas de destino. Incluso si eres nuevo en esta área, podrías explicárselo a alguien más con lo que has leído al respecto hasta ahora.

Hasta cierto punto, esta es una de las ventajas de una página de destino: que resulta extremadamente fácil captar lo que son y esto las convierte en una herramienta muy útil para tu negocio, pues además persiguen un único objetivo: convertir a usuarios en clientes.

Sin embargo, existe el peligro de pensar que esto quiere decir que crear una página de destino efectiva para tu negocio es muy simple. Pensar así es un error que cometen muchos negocios que no terminan por entender por qué su Nivel de Calidad de Google es tan bajo y su CPC tan alto.[165]

«¿Cómo puedo asegurarme que a mi negocio no le ocurra esto?».

Construyendo tu página de destino siguiendo los siguientes cinco pasos.

1. Llamada a la Acción (CTA)

Cada página de destino necesita contar con una poderosa Llamada a la Acción (CTA)[166], que es donde debes indicarle a tu posible cliente qué es lo que deseas que haga.

---

[165] CPC (Costo por clic). *Sprout Social.* https://sproutsocial.com/glossary/cost-per-click/.

[166] Marrs, M. (25 de febrero de 2020). 17 mejores prácticas para botones de llamada a la acción súper efectivos. *WordStream.* https://www.wordstream.com/blog/ws/2015/02/20/call-to-action-buttons.

«Es obvio, quiero que contrate mis servicios».

Aunque pienses que es obvio, nunca debes darlo por hecho y la CTA te da la oportunidad de reforzar un mensaje que convierta a un usuario en tu nuevo cliente. Por ejemplo, muchos negocios simplemente publican una lista de números telefónicos en sus páginas de destino. Esto es un grave error. No puedes simplemente enlistar tus números de contacto. Tienes que tener un texto explicativo indicando los servicios específicos que ofreces. Piensa que una persona nunca va a llamarte a menos que sienta confianza hacia lo que ofreces, y una simple lista telefónica nunca le dará esa confianza.

Por otra parte, si una persona simplemente ve un teléfono, es posible que nunca te llame. Es necesario que en vez de un número diseñes un botón con la indicación: «¡Haga clic para llamar ahora!». Y este botón debe estar colocado en la barra superior de la página de destino para facilitar aún más que consigas esa llamada. De hecho, usa muchos de estos botones distribuidos en distintos lugares de tu página de destino. O todavía mejor: colocar un botón que va a flotar en la página hasta abajo y estar visible en todo momento sin importar si el usuario *scrollea* hacia arriba o abajo. Piensa que el potencial cliente debe ser capaz de mover su *mouse* a cualquier página de destino y dar con uno de esos botones para contactarte inmediatamente.

«Pero mi negocio es pequeño y no creo que estemos listos para lidiar con muchas llamadas...».

En este caso, el formato web te ofrece otras posibilidades para captar nuevos clientes, como por ejemplo, tener un formato de contacto, cuyo éxito va a depender de que establezcas las preguntas correctas y para poder hacerlo necesitas tener un buen conocimiento de las necesidades de tus posibles clientes y analizar si en verdad eres capaz de ayudarlos.

Por ejemplo, si tienes una empresa que instala paneles solares puedes preguntar a tu posible cliente si es dueño de la casa en donde vive.

Aunque es entendible que quieras conocer lo más posible sobre la personalidad de tu posible nuevo cliente, hacerle demasiadas preguntas o preguntas demasiado personales puede resultar contraproducente. Así que haz pocas preguntas que no resulten incómodas, pero al mismo tiempo esas preguntas deben ayudarte a saber si este cliente está buscando contratar servicios que tu negocio ofrece.

«¿Cuántos campos debo incluir en mi formulario?».

El número correcto de campos en tu formato debe ser tres.[167] Esto te dará un índice de conversión de al menos 25 %. Si incluyes entre tres y cinco campos, aún te podría aportar el 20 %, pero si incluyes seis o más, se reducirá a solo 15 %.

Por eso, reflexiona profundamente qué es lo te gustaría saber sobre tu posible nuevo cliente antes de hablar con él. Y haz tu mejor esfuerzo para mantener el número de preguntas solo en tres. Y entre más fáciles le resulten esas preguntas a tu posible cliente, más rápido te contactará.

2. Incluye una biografía corta

Es posible que, antes de contratarte, un posible cliente quiera saber un poco sobre ti y tu negocio. Por eso, una biografía eficaz sobre tu experiencia profesional y la trayectoria de tu negocio puede resultar muy útil.

«Pero yo ya tengo una semblanza larga y bien trabajada sobre mi carrera entera en mi sitio y no me ha funcionado...».

Lo que tú quieres conseguir es que un posible cliente pueda contratarte inmediatamente y debes tener en cuenta eso cuando hagas tu biografía en la página de destino. Tu posible cliente no quiere conocer la historia de tu vida, sino simplemente saber en pocas líneas por qué puede confiar en ti y por qué tu negocio es la mejor opción para satisfacer sus necesidades.

[167] Balkhi, S. (17 de noviembre de 2020). 14 mejores prácticas para un formato de conversión (respaldadas por investigación). *WP Forms*. https://wpforms.com/research-based-tips-to-improve-contact-form-conversions/.

«¿Entonces qué debo hacer para conseguir una biografía eficaz?».

Enumera los detalles más importantes. Concretamente, informa sobre cualquier distinción o experiencia que demuestre que los servicios que ofreces son de excelencia. Jamás caigas en la tentación de incluir tu visión personal sobre la industria a la que te dedicas ni las instituciones educativas en las que te formaste.

Ponte en los zapatos de tu posible cliente:

Si tú quisieras contratar un servicio de electricidad o instalar paneles solares en tu casa, ¿qué te interesaría saber del negocio que quieres contratar?, ¿si el dueño estudió en la Universidad de Houston o si es una empresa con 23 años de experiencia y brinda servicios las 24 horas?

Desde esta lógica, vas a poder redactar una biografía eficaz, que sea informativa, concreta y persuasiva.

Una vez que tengas tu biografía lista, asegúrate de añadir una fotografía profesional tuya. Saber quién eres les brindará confianza a los clientes potenciales que ya están dispuestos a llamar a tu negocio. Recuerda que mientras más humano sea tu mensaje, más éxito tendrá tu campaña de *marketing* digital.

3. Información relevante sobre tu área de cobertura

Otra excelente forma de demostrar de forma concreta y directa la experiencia que tiene tu negocio es hablar sobre las características de tu área de cobertura.

Por ejemplo, si tienes una empresa de paneles solares, puedes añadir una sección con un párrafo sobre los ahorros de promedio por hogar en esa ciudad y demostrar a tus posibles clientes que instalar paneles solares en su casa es una inversión que a largo plazo significará que ahorren mucho dinero.

Al proporcionar este tipo de contenido informativo de interés, vas a aumentar el poder de tu página, pues una persona que está interesada en esterilizar a su mascota va a encontrar en tu página más motivos para querer hacerlo y eso incrementará su deseo de llamarte inmediatamente para contratar tus servicios.

Además, si los usuarios de tu página de destino encuentran relevante la información que les das, Google va a recompensarte con un mejor Nivel de Calidad y esto significa que tu CPC será mucho más bajo, lo cual aumentará las ganancias que tu campaña genere.

4. Argumentar por qué tu negocio es la mejor opción

Para demostrarles a tus potenciales clientes que eres la mejor opción para satisfacer sus necesidades, no debes depender únicamente de tu biografía editada para tu página de destino.

También debes crear toda una sección exclusiva en donde demuestres por qué los servicios que tu negocio ofrece son de excelencia. Es en esta sección donde debes enumerar todo lo que has hecho, desde los reconocimientos profesionales hasta las distintas etapas por las que tu negocio ha atravesado a lo largo de su historia.

En este espacio, por ejemplo, resultaría ideal publicar las reseñas que tu negocio ha recibido en plataformas masivas como Google o Facebook, pues este tipo de retroalimentación puede marcar la diferencia que haga que un usuario decida convertirse en cliente.

Piensa que cuando una persona lee que a otras personas les ha ido bien contratando tus servicios, va a sentir una empatía automática por tu negocio y aumentarán las probabilidades de que te llame. Pero estos testimonios tienen que ser reales, por lo que puedes sacarlos directamente de tu página de Google Mi Negocio (GMN). Es una forma fácil y efectiva de demostrar que tu negocio es la opción ideal.[168]

___

[168] Involucrar a los clientes en Google gratuitamente. *Google My Business.* https://www.google.com/business/.

Si es el caso, a los negocios con los que trabamos siempre les pedimos que incluyan cualquier logotipo asociado con cualquier tipo de publicidad relacionada con eventos que patrocinen. Esto resulta especialmente efectivo si decides ejecutar campañas de marca.[169] Piensa que las personas se sienten atraídas cuando ven marcas que conocen, por lo que la inclusión de su logotipo es una forma sencilla de que te reconozcan por asociarte con una marca que admiran.

5. Mapas de calor y otras herramientas de análisis de conducta

Si tu página de destino no logra conversiones, es un problema que tienes que cambiar y puedes solucionar a través de los cuatro pasos que hasta aquí te hemos explicado.

Pero existe un problema que resulta más grave: Que tu página sí provoque esas conversiones, pero no realice pasos adicionales para potencializar esas conversiones a su máxima capacidad. Cuando perciben que su página les está dando ganancias, muchos negocios simplemente dan por hecho que funciona y se olvidan de eso. Lo grave de este problema es que no se dan cuenta de que están desperdiciando la oportunidad de generar ganancias extraordinarias.

«¿Cómo puedo monitorear esto?»

Por suerte, hay muchas formas fáciles para monitorear el éxito de tus páginas de destino y aprender cómo mejorarlas al mismo tiempo.

Una de nuestras herramientas favoritas para hacer esto son los Mapas de Calor:

> «Los Mapas de Calor visualizan los elementos más populares (calientes) e impopulares (fríos) de un sitio web usando colores en una escala que va del rojo al azul. Al

---

[169] Aumentar el conocimiento de marca. *Google Ads Help*. https://support.google.com/google-ads/answer/1722100.

agregar la conducta del usuario, los Mapas de Calor facilitan el análisis de datos y proporciona un entendimiento rápido sobre la forma en que las personas interactúan con una página de un sitio web individual. Dónde hacen clic, qué exploran o ignoran, lo cual ayuda a identificar las tendencias y permite optimizar los resultados para lograr una mayor participación».[170]

«¿Cómo hago para analizar el rendimiento de mi página a través de un Mapa de Calor?».

Solo tienes que hacer tu cuenta en un Mapa de Calor e instalar el código indicado en tu página de destino y automáticamente te ofrecerá información sobre cómo se desempeña tu sitio más allá de las conversiones. A pesar de lo impresionante que resulta este tipo de tecnología, es más impresionante aún lo fácil que es entenderla. Un Mapa de Calor te remite a indicadores visuales de caliente o frío que muestran el comportamiento que tienen los usuarios en tu página de destino. No hay nada más que necesites saber para comprender el comportamiento de tus potenciales clientes: simplemente leer un termómetro que va de rojo (caliente: muchísimo interés) a azul (frío: nada de interés).

En Nanato Media, nos encanta utilizar Crazy Egg para nuestro mapeo de calor.[171] Debido a que el informe de los Mapas de Calor nos muestra dónde enfocan su atención los posibles clientes, podemos utilizar esos resultados para identificar fácilmente el foco de esa atención y después eliminar cualquier distracción que pudiera perjudicar las conversiones de los negocios con los que trabajamos.

Es una manera de aplicar en tu página de destino las mejores prácticas y la teoría más eficaz para lograr las mayores conversiones posibles dentro del segmento del mercado al que te diriges.

---

[170] La guía completa para los mapas de calor del sitio web. *Hotjar.* (30 de julio de 2020). https://www.hotjar.com/heatmaps/.

[171] Funciones de Crazy Egg. *The Daily Egg.* https://www.crazyegg.com/blog/crazy-egg-features/.

Además de Crazy Egg, existen innumerables herramientas analíticas de la conducta de los usuarios en tu sitio[172]; entre todas estas, resultan especialmente interesantes las plataformas de grabación de sesiones:[173] un *software* que te permite estar virtualmente junto a los posibles clientes que visitan tu página de destino, así que los puedes observar en tiempo real mientras interactúan en tu sitio.

Incluso puedes retroceder y observar las grabaciones de sus comportamientos para identificar exactamente qué ocurre a medida que los distintos posibles clientes interactúan con tu página de destino. Al igual que con los Mapas de Destino, no necesitas un alto nivel de entendimiento de las estadísticas para comprender lo que observas y usarlo para aumentar las conversiones.

Entre más frecuentemente realices estas grabaciones, también serás capaz de mejorar tus páginas de destino para asegurar que más usuarios se conviertan en nuevos clientes y así crezca tu negocio.

6. Pruebas A/B

Las pruebas A/B consisten en ejecutar un experimento simultáneo entre dos o más variantes de una página de destino para ver cuál se desempeña mejor.

Te sorprendería cuánto puedes aumentar las conversiones simplemente cambiando imágenes o paletas de color.

Así pues, si identificas que la variante A te aporta más conversiones, puedes poner en pausa la variante B y comenzar a probar la variante C.

Incluso puedes seleccionar el porcentaje de tráfico que puedes enviar hacia cada variante.

---

[172] Las 14 mejores herramientas de *software* para rastrear a los visitantes de sitios Web (por categoría). *The Daily Egg.* (19 de abril de 2020). https://www.crazyegg.com/blog/website-visitor-tracking-software/.

[173] Gilliam Haije, E. . (15 de agosto de 2017). 11 herramientas de grabación de visitantes y reproducción de la sesión: Una descripción general. *Mopinion* https://mopinion.com/11-visitor-recording-and-session-replay-tools-an-overview/.

Por ejemplo, envía 70 % de tráfico a la variante A cuando ya sabes que funciona y 30 % a la variante C.

No puedes lanzar una página de destino y olvidarla. La idea es probar, probar y probar hasta dar con el resultado ideal.

En Nanato Media utilizamos Unbounce para realizar este ejercicio, y es una plataforma que recomendamos ampliamente.

Aunque toma en cuenta que, si tienes poco tráfico, no es recomendable que uses las pruebas A/B.

«¿Cuánto es poco tráfico?».

Generalmente necesitas tener 1000 conversiones por mes para obtener la cantidad de datos adecuada y aprovechar al máximo el sistema de pruebas A/B.

Capítulo 9
Cómo configurar tu Campaña de Búsqueda en Google Ads para triunfar

Hoy en día, todos los negocios tienen campañas de Google Ads, pero la mayoría no obtienen las ganancias que esperan de sus campañas. Algunos apenas generan suficientes para justificar su inversión y otros ni siquiera obtienen un ROI positivo.

«Sí, las campañas de Google Ads no han funcionado para mi negocio, ¿cuál es la clave para que comiencen a tener éxito?».

El principio es entender que necesitas trazar un plan eficaz para atraer nuevos clientes de manera consistente. Las recomendaciones de boca en boca no son suficientes, así que debes considerar las herramientas del siglo XXI. Entre estas herramientas, Google Ads es la que más posibilidades de éxito te ofrece.

Aún así, Google Ads no tiene el éxito garantizado. Para poder obtener grandes resultados, es necesario que sepas con claridad lo que debes hacer y cómo debes hacerlo.

Por suerte, nosotros lo sabemos, así que aquí te ofrecemos todo lo que necesitas dominar para hacer crecer tu negocio de manera exponencial a través de una campaña de Google Ads.

Cómo configurar una campaña exitosa de Google Ads

Si has llegado hasta aquí, quiere decir que sabes lo importante que es entender a tu mercado local y la importancia que tienen las palabras clave para dirigir tus Google Ads[174]. También sabes que debes redactar anuncios que provoquen conversiones y que para generar esas conversiones debes desarrollar páginas de destino optimizadas. Muy bien, ahora ha llegado el momento de hacer que tu campaña sea real y, sobre todo, exitosa.

«¿Cómo?».

A través de Google. Google te facilita enormemente tus posibilidades para configurar una campaña exitosa para tu negocio.[175]

«¿Qué debo hacer?».

1. Inicia sesión en tu cuenta de Google Ads.

2. Desde el menú de la página, haz clic en el ícono «Campañas», que aparece del lado izquierdo.

3. Haz clic en el botón «+» (símbolo de más) para crear un nuevo grupo.

Eso es todo lo que necesitas para comenzar a aprovechar la plataforma de publicidad en línea más poderosa.

«Muy bien, ¿pero ahora cómo me aseguro de que mi campaña tenga éxito?».

Debes seguir los siguientes pasos que hemos recopilado para ti de acuerdo a nuestra amplia experiencia haciendo campañas de *marketing* digital que han hecho crecer a los negocios con los que nos asociamos.

---

[174] Fragkouli, N. y Levy, L. (26 de junio de 2020). Campañas para firmas legales: Investigación y segmentación de palabras clave en Google Ads. *Nanato Media*. https://nanatomedia.com/blog/law-firm-google-ads-keyword-research-and-segmentation/.

[175] Crear una campaña. *Google Ads Help.* https://support.google.com/google-ads/answer/6324971.

Configura tu campaña de acuerdo a tu mercado local

Uno de los pasos más importantes para crear Google Ads efectivos para tu negocio es asegurar que los nuevos clientes a los que quieres dirigirte sean personas que viven dentro del mercado en el que tu negocio ha decidido actuar.[176] De otro modo, tus anuncios se mostrarán a incontables personas que nunca te podrían contratar (sin importar que tus servicios se adecuen a sus necesidades) por el simple hecho de que viven muy lejos del área de cobertura de tu negocio. Además, si tus anuncios se dirigen a personas que no van a contratarte, tus clics se desplomarán y se reducirá drásticamente tu Nivel de Calidad.[177] Como resultado de ello, terminarás pagando un CPC mucho más alto debido a tu CTR, lo cual significará un ROI mínimo o inexistente.[178]

«¿Cómo evito crear campañas que se dirijan a gente que vive fuera de mi mercado local?».

Muchos negocios crean campañas dirigidas hacia áreas ajenas a su mercado local sin saberlo. Y esto ocurre casi siempre por dos razones: porque utilizan palabras clave genéricas (no personalizadas) y porque no tienen implementadas listas adecuadas de palabras clave negativas. El presupuesto de este tipo de campañas se agota demasiado rápido, pues muchos de los clics que obtienen los generan personas que nunca se convertirán en nuevos clientes.

«¿Entonces nunca debo intentar captar nuevos clientes más allá de mi mercado local?».

Algunos negocios intentan buscar nuevos clientes más allá de su mercado local simplemente por la tentación de alcanzar un públi-

---

[176] Fragkouli, N. y Levy, L. (26 de junio de 2020). Lo que deben entender las firmas legales acerca de Google Ads. *Nanato Media*. https://nanatomedia.com/blog/what-law-firms-need-to-understand-about-google-ads/.

[177] Acerca de la Calificación de Calidad. *Google Ads Help*. https://support.google.com/google-ads/answer/7050591.

[178] CPC (Costo por Clic). *Sprout Social* https://sproutsocial.com/glossary/cost-per-click/. Clickthrough Rate (CTR): Definición. *Google Ads Help*. https://support.google.com/google-ads/answer/2615875.

co masivo. Y, para ser justos, hay que decir que Google Ads puede ser extremadamente eficaz para llegar a potenciales clientes que de otro modo nunca alcanzarías. Así que nuestra recomendación es que intentes ir más allá de tu mercado local ÚNICAMENTE si tu negocio cuenta tanto con un presupuesto alto como con un amplio personal. Si tu negocio no cuenta con un presupuesto alto ni con amplio personal, debes enfocarte por lo pronto solamente en tu mercado local, pues es la única manera en que puedes garantizar que tu campaña tenga éxito. Piensa que cada centavo de tu presupuesto cuenta y no te puedes dar el lujo de desperdiciarlo.

Por ejemplo, si tienes una empresa de mudanza y deseas anunciar tus servicios en una sola ciudad, quizá debas configurar una sola campaña compuesta por tres grupos de anuncios distintos: mudanzas para negocios, mudanza local y mudanzas entre estados. De esta forma, podrás sacar el mejor provecho a tu presupuesto. Este consejo coincide con las propias recomendaciones de Google acerca de los grupos de anuncios:

> «Cada grupo de anuncios debe tener al menos tres anuncios de calidad. De esta forma, el sistema puede optimizar tu rendimiento y verificar tus datos de rendimiento para descubrir los mensajes que impactan mejor a tu audiencia».[179]

«Pero mi negocio solo ofrece un único tipo de servicio, ¿aún así debo tener tres anuncios distintos?».

Sí, incluso si solo ofreces un único servicio, debes crear al menos tres anuncios de texto responsivos para obtener mejores resultados.

De esta forma podemos probar diversos textos en torno a un mismo servicio (por ejemplo, mudanzas de domicilios particulares) y así asegurarte que tus campañas PPC obtengan los mejores resultados posibles.

---

[179] Crear grupos de anuncios específicos con al menos 3 anuncios. *Google Ads Help*. https://support.google.com/google-ads/answer/7510328.

Toma en cuenta tu presupuesto
al priorizar tu mercado local

Tu presupuesto resulta clave para asegurar el éxito de tu negocio. Aunque suene obvio, no puedes olvidarlo. Debes tener en cuenta tu presupuesto en todas tus decisiones. Y, por supuesto, esto incluye tus campañas de *marketing* digital, pues el presupuesto para tus campañas de Google Ads jugará un papel crucial en que tengan éxito o fracasen.[180]

No puedes olvidarlo: pagas por cada clic, no por cada conversión. Por eso debes ser muy inteligente sobre cuáles son las palabras claves con las que vas a dirigirte a tus potenciales nuevos clientes (considerando su ubicación). También debes recordar que los costos de las palabras clave son distintos dependiendo de varios factores (que analizaremos más adelante), y este es otro motivo para que seas razonable y prudente con tu presupuesto cuando diseñes campañas de Google Ads para tu negocio.

Retomando el ejemplo anterior, digamos que tu negocio se dedica a tres tipos principales de mudanzas: para negocios, locales y entre estados.

En este caso, te recomendamos generar una misma campaña compuesta por tres grupos de anuncios, uno destinado a cada tipo de mudanza en que tu negocio se especializa. De la misma manera, te recomendamos que traces cinco variantes distintas de anuncios para cada grupo. De esta manera, la campaña de tu negocio ejecutará quince anuncios diferentes.

Si ejecutas una campaña con grupos de anuncios para cada área de especialización de tu negocio, estás asegurándote de segmentar de manera eficaz las necesidades de cada uno de tus posibles clientes y ofrecerles anuncios personalizados de acuerdo a sus intereses. De esta forma es mucho más probable que terminen

---

[180] Finn, A. (28 de agosto de 2019). La guía completa y digerible para los presupuestos de Google Ads. *WordStream.* https://www.wordstream.com/blog/ws/2016/09/14/adwords-budget-guide.

por contactarte y, por lo tanto, habrás utilizado tu presupuesto de manera eficaz. Y puedes estar seguro de que Google va a ayudarte a sacarle el mayor provecho. Por ejemplo, si una semana hay más demanda de mudanzas en domicilio privado, Google hará automáticamente que los clics relacionados a ese tipo de mudanza tengan prioridad. Cuando tu presupuesto diario se haya agotado, Google mismo hará que tus anuncios para los otros tipos de mudanzas no aparezcan, de tal manera que no te hagan perder dinero.

«En Nanato Medio, ¿qué recomiendan?».

En Nanato Media, siempre recomendamos a los negocios con los que nos asociamos que ejecuten anuncios de PPC dirigidos hacia nuevos clientes del mercado latino.[181]

Y para que este tipo de anuncios dirigidos hacia el mercado latino sean lo más eficaces posibles, tu negocio debe no solo asegurarse de que estén en español, sino que estén escritos en el español personalizado del segmento al que quieres llegar.

Depender solo de un texto en inglés significa descuidar a los prospectos que únicamente hablan español. Muchos prospectos latinos que hablan inglés también ignorarán los anuncios en inglés debido a que lo consideran como una señal de que ese negocio no entiende su cultura.

«¿Entonces no debo anunciarme en inglés?».

Debes priorizar el español, aunque puedes incluir configuraciones de idioma en inglés para alcanzar a personas pertenecientes al grupo Americanizado que podrían buscar tus servicios en español, pero utilizan sus navegadores web en inglés, o que prefieren que te dirijas a ellas en inglés, aunque se identifiquen plenamente con la cultura latina.

En resumen, cuando configures tus grupos de anuncios de Google Ads, debes cuidar profundamente tu presupuesto y determinar

---

[181] Fragkouli, N. y Levy, L. (23 de marzo de 2020). Por qué las firmas legales deben ejecutar Google Ads en español. *Nanato Media*. https://nanatomedia.com/blog/why-law-firms-must-run-spanish-google-ads/.

con claridad cuáles son los objetivos de la campaña. Aunque es importante que inviertas suficiente, también es importante que comiences a pequeña escala. Y los anuncios PPC son la más poderosa herramienta de *marketing* digital para recompensar tus esfuerzos.

Toma en cuenta que para lograr el ROI más alto posible, tu negocio debe enfocar su campaña en el segmento correcto de tu mercado local. Además, toma en cuenta que generalmente los clics en español en Google cuestan menos que los clics en inglés, y esto te va a permitir reinvertir las utilidades de tus campañas y generar más clientes nuevos.

Entender los tipos de concordancia de palabras clave y los distintos tipos de anuncios

Si has llegado hasta acá para conocer sobre las Campañas de Búsqueda de Google Ads, es muy probable que ya estés consciente del importante papel que juegan las palabras clave.[182] De hecho, quizá ya seleccionaste las que consideras que son más importantes para las campañas de tu negocio.

Todo esto está muy bien , pero existe un aspecto a considerar cuando se trata de seleccionar las palabras clave que muchos negocios suelen no tomar en cuenta. Es un aspecto cuya importancia resulta extraordinaria, al grado que muchos negocios que no lo toman en cuenta terminan por concluir que las campañas PPC no sirven. Pero esto no es verdad. Una campaña de PPC es la mejor manera de hacer crecer tu negocio, siempre y cuando no olvides este aspecto tan importante cuando se trata de elegir las palabras clave.

Y este aspecto es algo conocido como concordancia de palabras clave, que Google describe así:

---

[182] Palabras clave: ¿Qué son las palabras clave y por qué importan para los PPC? *WordStream*. https://www.wordstream.com/keyword.

«Los tipos de concordancia de palabras clave ayudan a controlar las búsquedas en Google que impulsarán la visibilidad de tu anuncio. Así que puedes usar amplias concordancias para mostrar tu anuncio a una mayor audiencia; o bien, puedes usar concordancias exactas para dirigirte hacia grupos de clientes específicos».[183]

Las consecuencias de las palabras clave de concordancia amplia

Los dueños de negocios que usan Google Ads por primera vez usualmente tienden a elegir Palabras clave de Concordancia Amplia.[184] Esta opción significa que tu anuncio será mostrado de acuerdo a una palabra clave específica (y a sus distintas variantes y palabras relacionadas). Por ejemplo, seleccionas la palabra clave «electrecista profesional» para uno de tus anuncios. Si eliges la opción de Concordancia Amplia, Google también mostrará tu anuncio para palabras clave tales como «cursos de electricidad» o «especializaciones en servicios eléctricos». Podría ser incluso más amplio y mostrar tu anuncio a personas que buscaron simplemente: «¿en dónde estudiar electricidad?» o «secretos del oficio de electricista».

Un consejo: nunca orientes tus palabras clave de esta manera, pues estarás desperdiciando tus clics con personas que no quieren contratar tus servicios de electricidad, sino estudiar para ser electricista. Así que debes ser específico. Nunca puedes olvidar que tienes un negocio y si estás invirtiendo en una campaña de *marketing* es para conseguir nuevos clientes. Y lo que tú quieres es que la gente que dé clic en tus anuncios esté dispuesta a contratar tus servicios inmediatamente, y esto van a dártelo palabras clave mucho más específicas, como «servicios eléctricos 24 horas» o «servicios urgentes de electricidad» (que debes acompa-

---

[183] Acerca de las Opciones de Coincidencia del teclado. *Google Ads Help*. https://support.google.com/google-ads/answer/7478529.

[184] Coincidencia Amplia: Definición. *Google Ads Help*. https://support.google.com/google-ads/answer/2407779.

ñar con tu número telefónico con una extensión de llamada que añade números de teléfono a los anuncios). Este tipo de anuncios están destinados al éxito, pues permiten que quienes lleguen a ellos sean personas interesadas en contratarte inmediatamente.

Así que tú no puedes cometer el error de elegir palabras clave de concordancia amplia, pues todos esos clics que nunca se convierten en clientes no solo desperdiciarán tu presupuesto, sino que perjudicarán tu Nivel de Calidad de Google. Y lo peor de todo es que resulta muy difícil que mejores la calidad de tus anuncios cuando no eres capaz de atraer nuevos clientes.[185]

Los otros dos tipos de concordancia que debes aprovechar para tus campañas de anuncios

«Si no me conviene centrarme únicamente en palabras claves de concordancia amplia, ¿qué otras opciones tengo para mis anuncios?».

Existen dos tipos más de palabras clave de concordancia que a continuación te explicamos:

Concordancia de frase. En los anuncios de concordancia de frase[186] , el significado de la palabra clave no tiene que ser exacto; puede incluso simplemente estar implícito. Es decir, la concordancia de frase es un tipo de concordancia más flexible que la exacta (que a continuación veremos), pero más específica que la amplia. Con la concordancia de frase, tu negocio puede alcanzar más clientes sin por ello dejar de enfocarse en los usuarios que tienen un interés real en el tipo de servicios que tu negocio ofrece.

Concordancia exacta. Como su nombre lo sugiere, esta es la opción más restrictiva. Durante años, cuando seleccionabas la opción «concordancia exacta», Google únicamente mostraba tu anuncio a los usuarios que escribían

---

[185] Mejora tu calidad de anuncio. *Google Ads Help*. https://support.google.com/google-ads/answer/2404196.

[186] Coincidencia de Frases: Definición. *Google Ads Help*. https://support.google.com/google-ads/answer/2407784.

las palabras clave o las frases exactas que definiste.[187] Esto cambió recientemente, así que ahora Google también puede mostrar tus anuncios si en la búsqueda se utilizan sinónimos, variaciones similares o la versión plural de tus palabras clave específicas.

Si inviertes en estos dos tipos de concordancias, podrás ir viendo cuál funciona mejor para cada tipo de anuncio e ir adecuando tu campaña de acuerdo a la que te esté generando más nuevos clientes. Aunque recuerda, debes ser paciente y darle el tiempo suficiente a tus campañas para que Google pueda recopilar y entregar todos los datos sobre ellas. Y una vez que esté disponible, esta información debes analizarla a través de una plataforma CRM (Gestión de Relación con el Cliente) .[188] (Si no cuentas con una, es momento de que la adquieras).

Si eres nuevo en trabajar con Google Ads, puede ser tentadora la idea de amontonar palabras clave en cada grupo de anuncios, incluso si eso no resulta necesariamente importante[189] (usualmente, te recomendamos no usar más de 18 palabras por cada grupo de anuncios).

«Entonces, ¿qué me recomiendan?».

Nuestra recomendación es que tu lista de palabras clave sea inteligente y corta. Piensa que conforme tu campaña avance, podrás ir ajustando las palabras clave que te funcionan de acuerdo a los resultados obtenidos. Además, mientras más concisa y bien pensada sea tu lista, es más fácil que consigas una alta puntuación en el Nivel de Calidad de Google. Es también recomendable que verifiques regularmente esta puntuación, pues así podrás darte cuenta de que entre más fácil sea de administrar tu lista de palabras clave[190], más fácil te será también obtener grandes resultados.

---

[187] Palabas clave de Coincidencia Exacta: Todo lo que necesitas saber. *WordStream.* https://www.wordstream.com/exact-match.

[188] ¿Qué es un CRM? *HubSpot.* https://www.hubspot.com/growth-stack/what-is-crm.

[189] Palabras clave irrelevante. *Google Search Central.* (12 de enero de 2021). https://support.google.com/webmasters/answer/66358.

[190] Revisa tu Puntuación de Calidad. *Google Ads Help.* https://support.google.com/google-ads/answer/2454010.

Las seis extensiones de anuncio que necesitas para hacer crecer tu negocio

Estas dos últimas secciones que vas a leer a continuación tienen una gran importancia, pues te explicamos conceptos que muchos dueños de negocios que se asocian con nosotros para sus campañas de Google Ads ni siquiera sabían que existían. El primero de estos conceptos se llama extensiones para Google Ads[191] y hemos mencionado brevemente algunas de ellas anteriormente en este libro. A continuación te describiremos seis tipos de extensiones cuyo uso correcto garantizará el éxito de tu campaña.

1. El poder de las extensiones de llamada

Para los negocios, la extensión más esencial es la extensión de llamada[192] (no confundir con los anuncios de llamada[193]). Lo grandioso de estas extensiones es que te van a facilitar que tus potenciales nuevos clientes te contacten y hablen contigo directamente, sin necesidad de que visiten la página destino de tu negocio ni llenar algún formato con anticipación. Si tus potenciales clientes tienen una necesidad urgente de hablar con tu negocio, este tipo de extensión se convertirá en una poderosísima herramienta para tu anuncio. Además, cuando se trata del mercado latino, esta extensión aún se vuelve más necesaria, pues son personas que tienden a llamar en busca del servicio que necesitan. Es decir, si una persona latina necesita un servicio de reparación de ventanas lo antes posible (y el anuncio que ve en la página de resultados de Google satisface su interés) es muy probable que se anime a llamar dando clic al teléfono que le aparece en el anuncio. Ese teléfono debe ser el de tu negocio. Y las extensiones de llamada son la herramienta para que lo sea.

---

[191] Selecciona las extensiones para usar. *Google Ads Help.* https://support.google.com/google-ads/answer/7332837.

[192] Utiliza extensiones de llamada. *Google Ads Help.* https://support.google.com/google-ads/answer/2404182.

[193] 10 formas de triunfar con campañas Google de solo llamada. *WordStream.* (28 de agosto de 2019). https://support.google.com/google-ads/answer/7159344?hl=es&ref_topic=3119124

2. Extensiones de ubicación

Las extensiones de ubicación son otro recurso que siempre recomendamos a los negocios con los que trabajamos.[194]

Permiten que tus potenciales nuevos clientes encuentren fácilmente tu negocio para acudir y hablar contigo en persona. Todo lo que necesitan es hacer clic en la extensión y tu dirección aparece de inmediato.

Segundo, y más importante, las extensiones de ubicación despliegan de inmediato a tus potenciales nuevos clientes la prueba de que tu negocio es legítimo y está cerca de ellos. Muchas personas sienten inmediata confianza hacia los negocios que tienen anuncios donde inmediatamente se ve dónde trabajan. Además, que las oficinas de tu negocio sean visibles te ofrecerá una doble oportunidad para que le den clic a tu anuncio, incluso si este no se despliega en la parte superior del buscador.

3. Extensiones de texto destacado

Uno de los desafíos más importante para cualquier negocio es demostrar que destaca sobre todos los demás. Esto no siempre es fácil, en especial cuando estás compitiendo contra negocios que, al igual que tú, están invirtiendo en campañas de Google Ads.

Por este motivo, nos encantan las extensiones de texto destacado[195], pues te permiten especificar las ventajas exclusivas que tu negocio ofrece a los nuevos clientes que te eligen para contratar tus servicios.

Por ejemplo, las extensiones de texto destacado te van a permitir decir en tu anuncio que tienes 40 años de experiencia, que ofreces servicio 24 horas durante los siete días de la semana o que ofreces un tipo de paneles solares que nadie más ofrece en tu zona.

---

[194] Acerca de las Extensiones de ubicación. *Google Ads Help*. https://support.google.com/google-ads/answer/2404182.

[195] Acerca de las Extensiones de desafío. *Google Ads Help*. https://support.google.com/google-ads/answer/6079510.

Además de aportarle más interés a tus Google Ads, este tipo de extensión es una forma fantástica para descubrir qué les importa más a tus prospectos. Por ejemplo, podrías descubrir que mencionar tus años de experiencia no te aporta tantos clics como hablar de tus horarios o las especializaciones dentro de los servicios que ofreces.

4. Extensiones de vínculos a sitios

Como mencionamos en capítulos anteriores, las extensiones de vínculos a sitios son grandes aliadas para hacer que tu negocio cada vez crezca más[196], pues es una forma de hacerlo destacar entre la competencia al permitirte enlazar información más específica, como vínculos a otras páginas de destino que construiste para una campaña específica.[197] De esta manera, puedes enfocar distintos segmentos dentro de una campaña con diversas páginas de destino para asegurar que la gente interesada en los servicios que ofreces tenga a su disposición la información necesaria para que termine convirtiéndose en tu cliente. Si solo usas una página de destino, puedes crear vínculos a las diferentes secciones dentro de esta misma página de destino.

Solo tienes que recordar que no debes crear vínculos hacia páginas genéricas en tu sitio. Esto complicaría monitorear el rendimiento de tu campaña.

5. Extensiones de fragmentos estructurados

Harás un enorme favor a tus campañas si les añades extensiones de fragmentos estructurados.[198] Estas extensiones te permiten resaltar los servicios que ofrece tu negocio para que no haya confusiones sobre lo que haces.

---

[196] Acerca de las Extensiones Sitelink. *Google Ads Help.* https://support.google.com/google-ads/answer/2375416.

[197] Fragkouli, N. y Levy, L. (18 de junio de 2020). Por qué impulsar el tráfico de PPC de tu negocio hacia páginas de llegada. *Nanato Media.* https://nanatomedia.com/blog/why-drive-your-law-firms-ppc-traffic-to-landing-pages/.

[198] Acerca de las Extensiones Snippet estructuradas. *Google Ads Help.* https://support.google.com/google-ads/answer/6280012.

Por ejemplo, si ofreces un negocio de jardinería, podrías incluir distintos tipos de servicios que ofreces, como podar césped, tala de arboles, diseño de jardines o sistema de riego.

6. Extensiones de imagen

La extensión de imagen te permite agregar a tu anuncio imágenes atractivas de alta calidad para hacer que tu anuncio tenga más relevancia y seduzca a tu posible nuevo cliente a través de un gancho visual.

Estas son los seis tipos de extensiones que te recomendamos tomar en cuenta durante la elaboración de tus anuncios. Existen varios más, aunque no te ofrecen los mismos beneficios y su administración puede resultar complicada.

No olvides la importancia de una programación de anuncios efectiva

Si sigues los pasos que hasta aquí te hemos descrito, tu campaña de *marketing* va por buen camino y todo parece indicar que comenzará a hacerte ganar dinero. Sin embargo, no debes celebrar antes de tiempo. Debes concluir con todos los pasos para garantizar el éxito de tus anuncios y el último paso muchas veces pasa desapercibido para los negocios.

«¿Y cuál es este último paso?».

Uno muy sencillo: debes saber cuándo programar tus Google Ads.[199]

«Eso yo lo tengo claro, siempre. 24 horas al día durante los siete días de la semana».

Sí, al principio, programarlos a toda hora puede ser una buena estrategia, pues estarás explorando el comportamiento de tus posibles clientes. Pero debes tomar este enfoque solo como una prue-

---

[199] Glazer, A. La mejor hora para ejecutar Google Ads: Cómo optimizar tus campañas publicitarias para una hora del día. *Whole Whale.* https://www.wholewhale.com/tips/best-time-to-run-google-ads/.

ba. Luego debes analizar los resultados y determinar a qué hora tus posibles nuevos clientes están más activos con sus búsquedas. Y debes reprogramar el horario de tus anuncios en consecuencia.

Como ya te lo comentamos, es ampliamente recomendable que potencialices tus anuncios con extensiones de llamada para que tus posibles nuevos clientes se puedan comunicar contigo de manera inmediata. Si haces esto, también te recomendamos que solo programes tus extensiones de llamada en tus anuncios durante los días y en los horarios en que tu personal está disponible para responder el teléfono (y es ideal que responda las llamadas sin que el teléfono suene más de dos veces). Piensa en que tus potenciales clientes muchas veces quieren contratar tus servicios con urgencia, y tú debes poder responder eficazmente a esa necesidad.

Considera que dependiendo de qué industria sea, puedes mostrar tus anuncios cuando tu competencia no lo hace y así conseguir mejores CPC y posiblemente obtener mejores resultados. Es por eso que te recomendamos experimentar con el horario para descubrir si existen oportunidades en horas en las que jamás hubieras pensado que resulta factible obtener nuevos clientes.

Capítulo 10
Tácticas avanzadas para lograr un máximo rendimiento en Google Ads

Antes de gastar más en una campaña de Google Ads, debes asegurarte de que la campaña que ya tienes en marcha rinda todo lo que puede rendir. En este capítulo te explicaremos seis tácticas avanzadas que te permitirán justamente eso: que tus campañas alcancen su máximo rendimiento y se traduzcan en que tu negocio reciba nuevos clientes constantemente.

Sin duda, la mejor forma de generar nuevos clientes para tu negocio es a través de una campaña de Google Ads. Sin embargo, incluso negocios que han usado exitosamente Google Ads para crecer no han sido capaces de sacar el máximo rendimiento de sus campañas. Es decir, a pesar de que crecen, están perdiendo la posibilidad de crecer aún más... Y crecer aún más es posible, si se sabe cómo sacar el máximo potencial de Google Ads.

En Nanato Media nos sentimos orgullosos de que uno de los muchos factores que nos distinguen de la multitud es que dominamos cada detalle de Google Ads y sabemos cómo sacarle el máximo potencial. Cuando creamos campañas para nuestros socios, trascendemos lo básico y utilizamos nuestros conocimientos a profundidad para potencializar el éxito de los anuncios que diseñamos.

Y nuestra amplia experiencia nos permite ofrecerte estas seis estrategias avanzadas para garantizar que tus campañas de Google Ads no solo sean exitosas, sino que rindan siempre a su máximo potencial.

1. Crear una estrategia personalizada de oferta para objetivos de publicidad únicos

Al asociarnos con un negocio para crear su campaña de *marketing* digital, a menudo nos dicen que ya intentaron el PPC pero «no funciona».

Esta afirmación nos sorprende, pues nuestra experiencia nos demuestra que el PPC es una herramienta increíble para hacer crecer un negocio.[200]

Por lo tanto, la conclusión lógica es que si el PPC no les ha funcionado a esos negocios, es porque no lo han sabido utilizar. Muchos de estos negocios resolvieron bien la mayoría de los retos iniciales que implica una campaña de PPC; es decir, establecer una cuenta, seleccionar las palabras clave, escribir un buen *copy*, etc...

Sin embargo, lo que finalmente hundió estas campañas de PPC fue que no tenían establecida una estrategia de ofertas efectiva. La estrategia correcta de ofertas para Google Ads va mucho más allá que únicamente proteger tu presupuesto.[201] Aunque, sin duda, proteger tu presupuesto es importante, resulta más importante asegurar que tus anuncios cuenten con todos los recursos necesarios que los lleven a rendir en todo su potencial.

El primer paso para lanzar una campaña de Google Ads exitosa para tu negocio es tener en cuenta cuáles son sus objetivos.

«Pero, sin duda. el objetivo es muy obvio: generar más nuevos clientes que hagan crecer mi negocio, ¿no?».

[200] Fragkouli, N. y Levy, L. (29 de junio de 2020). Por qué PPC es una gran inversión para tu firma de daños personales. *Nanato Media.* https://nanatomedia.com/blog/why-ppc-is-a-great-investment-for-your-personal-injury-firm/.

[201] https://nanatomedia.com/blog/law-firm-digital-marketing-on-a-budget/

Sí, claro. El objetivo final es justamente ese. Sin embargo, para llegar ahí existen objetivos anteriores y más específicos que forman parte del proceso que garantizarán el éxito final de tus campañas. Específicamente hablando de Google Ads, uno de estos objetivos específicos es determinar cuál será la estrategia de ofertas para tu campaña. Y debes hacer esta elección entre tres opciones:

- Clics

- Impresiones

- Conversiones

Solo después de seleccionar uno de estos objetivos puedes diseñar una estrategia de ofertas efectiva para que tus campañas produzcan un éxito continuo.

Considera tus opciones para ofertas en Google Ads

En lo que se refiere a ofertas, Google Ads te permite tres opciones principales:

- Oferta de CPC manual. Como lo sugiere su nombre, en este método de ofertas, puedes establecer tu máximo costo por clic (CPC) propio y establecer una oferta para cada palabra clave que tengas como objetivo.[202]

- Ofertas automáticas. Así describe Google a este tipo de ofertas. «Eliminan el trabajo pesado y las conjeturas de la configuración de las ofertas para satisfacer sus objetivos de rendimiento».[203] Tú seleccionas tus objetivos y Google genera automáticamente las ofertas con base en tu selección de la estrategia, que puede ser Maximizar clics, porcenta-

---

[202] Ofertas de CPC manual. *Google Ads Help*. https://support.google.com/google-ads/answer/2390250.

Costo por clic (CPC): Aprende qué significa costo por clic para PPC. *WordStream*. https://www.wordstream.com/cost-per-clic.

[203] Acerca de las ofertas automatizadas. *Google Ads Help*. https://support.google.com/google-ads/answer/2979071.

je de impresiones objetivo, CPA objetivo, ROAS objetivo, Maximizar conversiones y Maximizar valor de conversión.

- Ofertas inteligentes. Google considera que las estrategias de ofertas inteligentes son «un subconjunto de estrategias de ofertas automáticas que utilizan el aprendizaje automático para realizar optimizaciones a fin de obtener más conversiones».[204] Esta estrategia de ofertas avanzada utiliza aprendizaje de inteligencia artificial para optimizar tus ofertas de manera que maximicen las conversiones y a través de tu cartera de ofertas».[205] Esta estrategia también incluye cuatro subconjuntos propios:

  o CPA objetivo[206]

  o ROAS objetivo[207]

  o Maximizar conversiones[208]

  o Maximizar valor de conversión[209]

Como puedes ver, a Google Ads no le faltan opciones en lo que se refiere a estrategias de ofertas.

Sin embargo, para muchos negocios, esta diversidad representa más bien un problema, pues no saben cuál de estas tres estrategias les conviene más utilizar. Todas resultan atractivas y elegir mal puede significar un error muy costoso.

---

[204] Ofertas inteligentes: Definición. *Google Ads Help*. https://support.google.com/google-ads/answer/7066642.

[205] Acerca de las Ofertas CPA objetivo *Google Ads Help*. https://support.google.com/google-ads/answer/7066642.

[206] Acerca Ofertas CPA objetivo. *Google Ads Help*. https://support.google.com/google-ads/answer/6268632.

[207] Acerca de las Ofertas de ROAS objetivo. *Google Ads Help*. https://support.google.com/google-ads/answer/6268637.

[208] Acerca Maximizar las ofertas de conversiones. *Google Ads Help*. https://support.google.com/google-ads/answer/7381968.

[209] Acerca Maximizar las ofertas del valor de conversión. *Google Ads Help*. https://support.google.com/google-ads/answer/7684216.

¿Cuál estrategia resulta mejor para tu negocio?

A la larga, muchos negocios terminan renunciando a Google Ads porque nunca logran entender qué opción de oferta les resulta mejor. Sin embargo, tú no tendrás este problema, pues tienes este libro y tienes a Nanato Media a tu lado y, por lo tanto, tienes nuestra experiencia ayudando a que muchos negocios crezcan a través de las campañas de *marketing* de Google Ads que desarrollamos para ellos.

Nuestra respuesta a la pregunta de qué estrategia utilizar suele resultar sorprendente. Y nuestra respuesta es que lo mejor suele ser utilizar una estrategia de oferta de CPC manual para una campaña de Google Ads.

«¿De verdad?, ¿ustedes recomiendan una estrategia de oferta de CPC manual?».

Quiźa no suena tan impresionante como las otras opciones (automáticas e inteligentes). Y es que de entrada cualquier cosa que implique inteligencia artificial parecería ser la mejor opción, ¿no?

Pues no, en realidad usualmente sucede lo contrario (hay excepciones donde recomendamos utilizar ofertas no manuales y las veremos más adelante).

Si eres completamente nuevo en Google Ads y no tienes tiempo para intentar entender su funcionamiento, entonces probablemente tu mejor opción es seleccionar las estrategias de ofertas automáticas o inteligentes.

Sin embargo, hay un problema con esta elección, y ese problema es que no obtendrás un ROI en el que puedas confiar. Incluso con la ayuda de la inteligencia artificial, Google no puede saber tanto sobre tu mercado local como tú mismo. Aunque los algoritmos de Google son extremadamente poderosos, siempre van a cometer errores cuando realicen ofertas sobre las palabras clave correctas. Y estos pequeños errores se traducen en pérdidas; es decir, si estos errores no se cometieran, tu presupuesto tendría mayor rendimiento.

Por eso, un enfoque así para tu negocio no resulta eficaz. Lo que tu negocio necesita es generar nuevos clientes de forma regular. Por lo tanto, no puedes arriesgarte a simplemente utilizar Google Ads para tantear a un posible mercado a través de estrategias de ofertas (automáticas e inteligentes) que no te permiten controlar los factores más importantes de tu campaña.

Es por eso que a nuestros socios les recomendamos elegir las estrategias de ofertas manuales.

Entre más control tengas, más fácil será reducir tu costo por adquisición (CPA).[210] En lugar de lanzar una amplia red con ofertas automáticas, puedes seleccionar tú mismo los tipos de posibles nuevos clientes que verán tus anuncios. Esta elección va a mejorar tu ROI, y lo que es más importante, te garantiza que puedas dormir por las noches con la garantía de saber que tu negocio va a seguir generando nuevos clientes.

Esto es posible debido a que una estrategia de ofertas manual te permite seleccionar la máxima cantidad que deseas pagar por clic por una palabra clave determinada. Google puede tratar de hacer esto por ti, y para ello dispone de una tecnología muy impresionante. Muchos dueños de negocio piensan que esto significa que, por lo tanto, la inteligencia artificial de Google va a hacer por sí sola que obtengan la mayor ganancia posible de sus campañas.

Sin embargo, la verdad es que el conocimiento que tú tienes sobre tu mercado local es una ventaja que ni siquiera la inteligencia artificial de Google puede superar. Tú puedes determinar —mejor que nadie más— qué mejoras hacer a las palabras clave de tus anuncios para que tus campañas generen nuevos clientes de manera constante.

---

[210] ¿Qué es el Costo por Adquisición (CPA)? (Actualizado para 2019). *Big Commerce.* https://www.bigcommerce.com/ecommerce-answers/what-is-cost-per-acquisition-cpa-what-is-benchmark-retailers/.

No renuncies a la ventaja que te ofrecen las ofertas manuales. De lo contrario, tus campañas de Google Ads se verán afectadas por las ofertas automáticas e inteligentes, donde la falta de control te hará perder dinero.

Por qué las estrategias de ofertas de CPC manuales son esenciales para las palabras clave de alto impacto

«Yo sé de negocios a los que les ha ido muy bien con estrategias de ofertas automáticas e inteligentes...».

Es verdad, pero estos casos están relacionados con el tipo de industrias en la que operan esos negocios. Existen industrias con baja competencia y por lo tanto los costos por clic son bajos. En estos casos, una estrategia de oferta automática o inteligente puede funcionar. Pero si tu negocio pertenece a una industria competitiva, no puedes darte el lujo de perder control sobre tu campaña. Y este control solo te lo puede dar una estrategia de oferta manual.

Por ejemplo, si tu negocio es un servicio de limpieza doméstica o un taller mecánico, estás en industrias altamente competitivas. Por lo tanto, los CPC pueden ser altos. En estos casos, resulta vital que tu estrategia de ofertas sea manual, pues necesitarás control completo sobre tus ofertas para poder destacar. Si utilizas cualquier otra estrategia, casi con toda seguridad tu campaña va a fracasar.

Digamos que tienes un taller mecánico y el objetivo de tu campaña es que tu anuncio aparezca en la parte de arriba del Buscador Google cuando un posible cliente consulta tus palabras clave relacionadas sobre el tipo de servicios que ofreces. Pensemos que, en este caso, una frase de palabras claves especialmente poderosa puede ser «taller mecánico urgente 24 horas». Y ese anuncio puedes hacerlo más poderoso mediante una extensión de llamada que les permita a tus posibles clientes llamarte inmediatamente.[211] En este caso, la oferta manual te permitirá elevar la oferta de esas palabras claves específicas («taller mecánico urgente 24 horas») hasta conseguir que tu anuncio sea el primero en aparecer cuando alguien busque esas palabras clave específicas.

«¿Y hay forma de que pueda predecir el comportamiento que tendrá mi anuncio?».

Al respecto, siempre les recomendamos a nuestros socios que utilicen la herramienta de vista previa y diagnóstico de anuncios de Google que es muy útil, pues entre otras cosas:

> «... muestra una vista previa de una página de resultados de búsqueda de Google tal y como aparecería cuando se busca un término específico. Esto le permite ver qué anuncios y extensiones se muestran cuando se realiza una búsqueda con su palabra clave. Una vez que ingrese un término de búsqueda y otros criterios, como el idioma y el lugar, la herramienta le indicará si el anuncio es apto para mostrarse en ese contexto».[212]

En otras palabras, esta herramienta es una especie de bola de cristal que puede predecir el futuro de tu anuncio. Por lo tanto, te mostrará un panorama sobre qué podrías esperar de tu inversión y te permitirá que tu estrategia de ofertas manuales sea más poderosa.

También resulta necesario que tu anuncio pueda tener un rendimiento excepcional incluso no siendo el primero en aparecer en el buscador. Si eres la segunda o tercera opción de Google, aún tienes la posibilidad de obtener un ROI muy alto, siempre y cuando tu Google Ad tiene un *copy* excepcional que atraiga clics.[213]

---

[211] Utilizar extensiones de llamadas. *Google Ads Help*. https://support.google.com/google-ads/answer/7159346.

[212] Herramienta de previsualización de anuncios y diagnóstico. *Google Ads Help*. https://support.google.com/google-ads/answer/148778.

[213] Smith, B. (29 de enero de 2018). 6 consejos para escribir textos con palabras publicitarias que puedan llamar la atención de cualquiera. *AdEspresso*. https://adespresso.com/blog/adwords-copywriting-tips/.

Pero si tu *copy* no está resultando tan atrayente, es preciso que tu anuncio sea el primero en aparecer en el buscador y para conseguirlo las ofertas manuales son una excepcional herramienta, pues por medio de ellas vas a poder ser la primera opción en los buscadores cuando alguien escriba tus palabras clave.

Siempre les decimos a nuestros socios que resulta mucho mejor gastar su presupuesto diario para ganar un único clic si este se convierte en un cliente que gastarlo en un millón de clics que no producirán una sola conversión. Esto puede parecer obvio, pero es fácil caer en la tentación de guiarse por cifras voluminosas (aunque inútiles) y perder de vista lo verdaderamente importante (las conversiones).

Antes de avanzar a la siguiente sección, te daremos un consejo muy importante sobre *marketing* dirigido hacia el mercado latino. Se trata de algo que recomendamos para hacer crecer cualquier tipo de negocio.[214]

Es fundamental recordar que los latinos, especialmente aquellos que hablan predominantemente español, tienen la tendencia de llamar inmediatamente cuando ven un anuncio en línea que les interesa. Desean hablar con alguien de inmediato, por lo cual es una buena idea usar extensiones de llamada siempre que dirijas tus anuncios Google Ads a los latinos.[215]

Sin embargo, incluso con la ayuda de las extensiones de llamada, tu objetivo aún debe ser alcanzar la parte superior en las búsquedas de Google. Piensa que, a la larga, una combinación de un *copy* excelente, la extensión idónea del anuncio y un Nivel de calidad alto, así como el tipo de oferta correcta es todo lo que necesitas para generar consistentemente nuevos clientes que hagan crecer tu negocio.[216]

---

[214] Fragkouli, N. y Levy, L. (20 de junio de 2020). Por qué cada firma legal se debe enfocar en los clientes latinos. *Nanato Media.* https://nanatomedia.com/blog/why-every-law-firm-must-focus-on-hispanic-clients/.

[215] Swan, G. (22 de junio de 2020). Extensiones de llamada Google: Cómo configurar y rastrear. *Tinuiti.* https://tinuiti.com/blog/paid-search/google-call-extensions/.

[216] Acerca de la puntuación de calidad. *Google Ads Help.* https://support.google.com/google-ads/answer/7050591.

Alto volumen como objetivo, campañas con CPC bajo

Quizá tu negocio pertenece a una industria sin mucha competencia donde las palabras clave que necesitas para generar nuevos clientes vienen con un CPC bajo. Si este es tu caso, simplemente debes asegurarte de configurar el límite máximo de oferta de costo por clic para que se mantenga dentro de tu presupuesto.[217] De otra manera, los gastos se dispararán sin tu control y terminarás perdiendo mucho dinero que no habías considerado invertir.

Piensa que tu estrategia debe de estar directamente relacionada con tus objetivos finales. Aunque automatices tus ofertas y dejes gran parte de tu campaña bajo el control de Google, este hecho no cambia. Aunque el giro de un negocio sea el mismo, algunas cuentas se comportan de manera distinta a otras.

Nuestra experiencia nos dice que el CPA Objetivo para un negocio puede resultar extremadamente efectivo para un negocio y fallar completamente para otro negocio que ofrece el mismo tipo de servicios.

Si no te importa asignar cierto presupuesto a la experimentación, podría valer la pena probar el CPA Objetivo para ver qué resultados obtienen.

También te debes asegurar de que el seguimiento de conversiones para tu cuenta de Google Ads esté activado y después comenzar con una estrategia para maximizar clics.[218] Esto te ayudará a dar cierto impulso inicial a tu campaña y después podrías cambiar el enfoque y optar por la opción de Maximizar conversiones.

Como puedes darte cuenta, no existe una estrategia única de Google Ads que funcione bien para todos los negocios. Existen demasiadas variables involucradas, desde tus competidores hasta el comportamiento de tu mercado local.

---

[217] Máxima oferta de CPC: Definición. *Google Ads Help*. https://support.google.com/google-ads/answer/6326.

[218] Establecer el rastreo de conversión para tu sitio web. *Google Ads Help*. https://support.google.com/google-ads/answer/6095821.

Si te asocias con expertos como nosotros, casi siempre la oferta de CPC manual será tu mejor opción. De otro modo, debes estar preparado para experimentar mucho (y perder dinero durante el proceso) hasta dar con la estrategia idónea para hacer crecer tu negocio.

2. Dar seguimiento a tus conversiones

Anteriormente mencionamos lo importante que es dar seguimiento a tus conversiones[219] para tener éxito con Google Ads. Esto debes considerarlo si decides utilizar una estrategia de ofertas manual para tus campañas.

Además de que resulta muy fácil hacerlo, rastrear tus conversiones te permitirá conocer las acciones que ejecutan tus posibles clientes después de haber interactuado con tu anuncio. Claro, lo ideal es que tu anuncio los lleve a llamar a tu negocio inmediatamente. Pero eso igual puede ocurrir a través de acciones especificas de llamada para marcar tu número telefónico en tu página de destino. Cualquiera de los dos te da el resultado deseado siempre y cuando tus campañas generen las conversiones requeridas para tu negocio. Rastrear las conversiones te permitirá descubrir de qué forma los usuarios se acercan con tu página destino, lo cual te llevará a irla perfeccionando. El rastreo de las conversiones también te dará información relevante sobre factores que han contribuido en que tus nuevos clientes te hayan contactado, como los siguientes:

- Palabras clave

- Anuncios

- Grupos de anuncios

Toda esta información será la base sobre la cual podrás mejorar constantemente tus campañas de Google Ads de tal manera que tus ganancias se incrementen de forma constante.

---

[219] Diferentes formas de rastrear las conversiones. *Google Ads Help*. https://support.google.com/google-ads/answer/1722054.

Si planeas utilizar estrategias de ofertas inteligentes como la opción de Maximizar conversiones, entonces es fundamental que inviertas tiempo para configurar el seguimiento de conversiones.[220] De otro modo, no podrás esperar que tu campaña sea efectiva debido a que se basa en conversiones que se reportan en tu cuenta de Google Ads.

Para obtener incluso mejores resultados para tus campañas, también recomendamos que utilices las métricas de conversión de Google en conjunto con otras que resulten importantes para tu negocio. Por ejemplo, puedes compararlas con la cantidad de usuarios que llegan a tu anuncio y realmente se convierten en nuevos clientes.

Al mantener una estrecha vigilancia sobre tus conversiones, serás capaz de saber cosas tan útiles como cuántos de tus nuevos clientes llegaron a tu anuncio usando qué tipo de dispositivo. De esta forma, ninguna conversión se queda sin rastrear, lo cual te permite que todo el proceso sea en sí mismo un continuo aprendizaje encaminado a impulsar el crecimiento de tu negocio.

3. Manejar tus campañas con secuencias de comandos

Como habrás notado, las estrategias de ofertas son un tema complejo, incluso si decides contratar externamente gran parte de la carga pesada con Google.

Vale la pena mencionar que una solución potencial para esta gran complejidad es usar la secuencia de comandos, herramienta que te permite automatizar el proceso de ofertas, pero te dejan todavía un gran espacio de control y flexibilidad. Estas secuencias están creadas con código JavaScript y, al incorporarlas en tu cuenta, te ofrecen la posibilidad de automatizar acciones como crear, editar o eliminar elementos, para ahorrar tiempo y gestionarla de manera más sencilla. El resultado se potencializa y lograrás ofertas más efectivas y campañas de Google Ads que producirán mayor rendimiento.

[220] Acerca del rastro de conversión. *Google Ads Help*. https://support.google.com/google-ads/answer/1722022.

Al igual que muchos otros consejos que hemos mencionado, encontrar las secuencias de comandos de Google Ads idóneos para tu negocio probablemente requerirá cierta experimentación.[221] En Nanato Media, usamos Secuencias de Comandos Avanzadas de Google Apps para automatizar la administración de los Google Ads[222] de nuestros clientes.

4. Utiliza la franja horaria para hacer el mejor uso de su tiempo (y ofertas)

La División del día es una de nuestras tácticas de PPC favoritas.[223] La utilizamos para programar los anuncios de nuestros socios durante ciertas horas del día o ciertos días de la semana, dependiendo de nuestros datos sobre a qué horas y qué días sus anuncios tienen mayores posibilidades de generar nuevos clientes.

Cada negocio es diferente, pero casi siempre usamos esta estrategia horaria para programar los anuncios de nuestros socios. Nuestra experiencia nos indica que casi todos los mercados tienen una hora pico o días específicos donde las búsquedas, impresiones y clics aumentan.

«¿Cómo puedo saber esto?».

Lo primero que necesitas es que tus campañas de Google Ads ya lleven algunos meses funcionando (como mínimo tres), pues esto te permitirá saber con mayor certeza cuándo está más activo tu mercado. Si tus campañas no llevan suficiente tiempo funcionando, cualquier intento por entender el comportamiento de los anuncios resultará poco fiable.

Una vez que tus campañas ya llevan por lo menos tres meses funcionando, debes entrar a tu cuenta de Google Ads y navegar hasta

---

[221] 5 guiones de redacción para anuncios para ofertas más inteligentes. *WordStream*. (31 de julio de 2019). https://www.wordstream.com/blog/ws/2018/01/05/adwords-bidding-scripts.

[222] Muchas Google Apps, una plataforma en la nube. *Google Apps Script*. https://www.optmyzr.com/scripts/category/enhanced-scripts/

[223] Dayparting: ¿Qué es Dayparting? *WordStream*. https://www.wordstream.com/dayparting.

la pestaña Dimensiones, analiza los informes y configura tus ofertas de acuerdo a tu análisis.[224]

Si optas por una estrategia de ofertas manual, puedes usar las secuencias de comandos de división de horarios, que te permitirán establecer ajustes en las horas de tus ofertas para cada campaña en Google Ads.[225] Este es el enfoque que nosotros solemos adoptar cuando trabajamos con nuestros socios.

Al ejecutar automáticamente esta secuencia cada hora, siempre se realizarán los ajustes deseados a tu oferta y estarán listos para el siguiente par de horas.

El único problema de este procedimiento es que, para ejecutar eficazmente esta clase de estrategia, necesitas conocimientos avanzados y años de experiencia con Google Ads.

Si no los tienes, esperamos que encuentres a alguna agencia experta que sí los tenga (Por ejemplo, Nanato Media).[226]

5. Utiliza secuencias de presupuesto para optimizar tu inversión

Si hablamos del poder de las secuencias, otra serie de comandos que nos encanta utilizar en Nanato Media son las Secuencias de presupuesto.[227]

Este tipo de secuencias verifican automáticamente si algún elemento de tu estrategia de *marketing* (por ejemplo, palabra clave, anuncio, grupo de anuncios o campaña) excede el presupuesto que tu negocio ha destinado a ese fin.

---

[224] Demers, T. Guía de generación de informes de Google AdWords: Pestaña de dimensiones de AdWords consejos y tutoriales. *WordStream.* (11 de junio de 2020). https://www.wordstream.com/blog/ws/2011/10/11/google-adwords-dimensions-tab-guide.

[225] Vallaeys, F. División por hora en el nivel de la campaña para AdWords. *Optmyzr AdWords Scripts.* https://www.optmyzr.com/scripts/hourly-campaign-level-dayparting-for-adwords/.

[226] Fragkouli, N. y Levy, L. Acerca de nosotros. *Nanato Media,* https://nanatomedia.com/about-us/.

[227] Mualim, M. Acerca de: Presupuestos flexibles https://developers.google.com/google-ads/scripts/docs/solutions/flexible-budgets

Esto es particularmente útil si asignaste diferentes cantidades a cada una de tus campañas y deseas la tranquilidad de saber que ninguna de ellas excederá tu presupuesto.

Otra razón para utilizar las secuencias de presupuesto es que te permiten ofertar (sin que esto implique gastar más) en torno a palabras clave dentro de grupos de anuncios específicos cuyo comportamiento está siendo irregular. Te recomendamos esta opción especialmente cuando una palabra clave ya te ha generado conversiones con anterioridad o viene con un CPC barato pero sus probabilidades de volver a tener éxito no son tan claras. Esta lógica aplica con palabras clave cortas genéricas, la clase de frases que usualmente consisten de dos palabras.

Puedes configurar una secuencia de presupuesto para una palabra clave específica. De esta forma, la secuencia puede detener automáticamente un gasto adicional si el rendimiento de esta palabra clave comienza a ser inconstante. De tal forma, te ahorrará presupuesto que podrás utilizar en otras palabras claves.

Otra forma de secuencia de presupuesto que realmente recomendamos a nuestros socios es «Alcanzar el gasto mensual objetivo». Esta opción te permite configurar tu gasto mensual a partir de una secuencia que cambia el presupuesto de cada una de tus campañas diariamente, poniendo una oferta más agresiva en ciertos días si no has gastado tu presupuesto asignado, lo que te ofrece más oportunidad de ganar subastas en ciertos días y generar más conversiones. Con este enfoque, puedes ejecutar tus anuncios con un presupuesto de, por ejemplo, $100 un día y uno de $400 al día siguiente. Una vez dicho esto, debes tomar en cuenta que todos los beneficios que ofrece una secuencia de comandos de presupuesto únicamente están disponibles para las campañas que eligen una Estrategia de ofertas de CPC manuales.

6. Estropea la diversión de tus competidores con *software* de prevención de fraudes

Finalmente, debemos hablar sobre lo importante que es poner atención a la prevención de fraudes para tus campañas de Google Ads.

Se trata de un asunto crucial.

Mientras estás leyendo esto, es probable que uno de tus competidores esté dando clic en alguno de tus anuncios. Y si lo hace no es para solicitar tus servicios. Al contrario, si lo hace es para hacerte perder dinero.

«¿Cómo es eso posible?».

Piensa que si ellos hacen clic en tu anuncio, al que le cobran ese clic es a ti.

Y si tus competidores hacen que todo su personal dé clics en tu anuncio para luego abandonar tu página de destino, van a terminar por agotar tu presupuesto y hacer que tus anuncios dejen de mostrarse ese día y, por lo tanto, te harán perder la oportunidad de que nuevos clientes con deseos de contratar tus servicios puedan contactarte. Y es peor, porque una vez que agotaron tu presupuesto, tus competidores van a aprovechar para visibilizar más sus anuncios y posiblemente ganar los contactos de los usuarios que buscaron dichos servicios en este día.

«¿Qué puedo hacer para que mis competidores no se aprovechen así de mí?».

No te vamos a endulzar la dura realidad. Si no te asocias con nosotros, no hay gran cosa que puedas hacer.

Nada va a detener a tus competidores de aumentar tus gastos generales mientras reducen tus conversiones.

«¿Y ustedes qué pueden hacer para impedir que esto ocurra?».

En Nanato Media usamos un sofisticado *software* de prevención de fraudes para asegurarnos de que no pagues por esos clics maliciosos.

¿Cómo funciona nuestro *software* de prevención de fraudes?

Para evitar que los competidores de nuestros socios arruinen sus campañas, usamos un *software* que puede bloquear la dirección IP de cualquier usuario después de su primer clic.

«¿Por cuánto tiempo la bloquean?».

Esto depende de varios factores. Por ejemplo, para nuestros socios que tienen talleres mecánicos, los bloqueos que hacemos suelen durar tres meses.

Después de todo, es muy improbable que alguien que dio clic en tu anuncio de servicios de cerrajería y no se convirtió en cliente vuelva a (supuestamente) perder sus llaves, volver a darle clic en tu anuncio y ahora sí convertirse en cliente.

«¿Y si mi competidor usa todas las computadoras de sus oficinas para arruinar mi campaña?».

Si notamos que hay demasiados clics que no se convierten desde diferentes direcciones IP del mismo rango, nos encargamos de realizar un bloqueo de rango para impedir que todos los dispositivos dentro de ese rango no vean tu anuncio y de esta manera evitar que se arruine tu campaña de anuncios.

Convertir Google Ads en un recurso confiable para obtener nuevos clientes de manera consistente

Las campañas de Google Ads tienen demasiado potencial para hacer crecer tu negocio. No debes tomarlo a la ligera. Y una de las mejores formas de asegurar este crecimiento es aplicar las seis tácticas que acabamos de explicarte. Si las aplicas bien a tus campañas, puedes estar seguro de que tus anuncios te brindarán nuevos clientes de manera consistente.

Capítulo 11
Alcanza mayor visibilidad en el ecosistema de Google aprovechando a la red Display y YouTube

¿Qué pensarías si te decimos que una de las formas más efectivas de hacer *marketing* digital para tu negocio suele ser ignorada? ¿Demasiado bueno para ser verdad? No lo es. Google Display Ads es una poderosa herramienta de *marketing* que puede generar para tu negocio nuevos clientes de manera consistente. Sin embargo, pocos negocios la utilizan.

Internet permite hacer *marketing* digital desde muchos lugares por medio de distintas estrategias. Si a ello le sumas que tienes que cumplir asociadas con todas las responsabilidades que implican dirigir tu negocio, quizá la idea de además aprender las muchas posibilidades que ofrece el *marketing* para generar nuevos clientes resulta abrumadora.

Ante este escenario, la mayor parte de dueños de negocios optan por familiarizarse con dos estrategias (SEO y PPC) y no explorar nada más. Sin duda, ambas son estrategias poderosas (en las cuales nos especializamos para ayudar a nuestros socios), pero al ignorar los Google Display Ads, cualquier negocio está cometiendo un error costoso.

Más allá de la ventaja que existe en que tus competidores no suelen utilizarlo, Google Display Ads tiene otros beneficios que te permitirán captar nuevos clientes para tu negocio de manera sostenida. A continuación te los explicamos.

¿Qué son los Google Display Ads?

Como su nombre lo sugiere, Google Display Ads son anuncios que se muestran por todo Internet, desde publicaciones de blogs hasta videos en YouTube e incluso en *apps* móviles.[228] Esto es posible gracias a la gigantesca Red de Display de Google, que comprende más de dos millones de sitios web.

Esto quiere decir que ya has visto muchos Google Display Ads. Incluso es muy probable que hoy mismo los hayas visto quizá ya varias veces.

Al igual que los Google Ads de la Red de Búsqueda, los Google Display Ads se ejecutan con base en comportamientos registrados en Internet. Es decir, no se exhiben aleatoriamente; todo lo contrario, hay una razón por la cual ves anuncios en los sitios para los productos o servicios en los que demostraste interés en algún sitio recientemente.

Mientras que el Buscador Google y las campañas de anuncios se limitan a las Páginas de Resultados del Motor de Búsqueda (SERP), los Google Display Ads se pueden mostrar en cualquier propiedad o sitio Google dentro de la inmensa red de Google Display. Google utiliza *cookies* y datos de sus usuarios para rastrear lo que buscaron y los sitios web que visitaron. Posteriormente, utiliza esa información para decidir los anuncios que mostrará a los usuarios y en dónde lo hará.

---

[228] Alcance a más personas en más lugares en línea. *Google Ads.* https://ads.google.com/home/campaigns/display-ads/.

Por qué nos encantan los Google Display Ads para los negocios

Así es como Google explica el alcance de sus Display Ads:

> «La Red de Display de Google alcanza al 90 de los usuarios de Internet en todo el mundo gracias a millones de sitios web, nuevas páginas, blogs y sitios de Google, tales como Gmail y YouTube».

¿Lo has leído bien?

¡90 %!

Y esta es una razón por la que adoramos el poder de Google Display Ads para hacer crecer tu negocio.[229] Aunque otras redes son grandiosas, ninguna de ellas puede garantizar ni siquiera remotamente algo cercano a esta clase de alcance.

No puedes olvidarlo:

¡90 %!

Aunque hay más razones por las cuales recomendamos utilizar Google Display Ads a cada negocio con el que nos asociamos. Aquí te damos dos:

- **Marca.** Display Ads te permite exhibir visualmente lo que distingue a tu negocio de la competencia. Demostrar a los posibles nuevos clientes que tu negocio es profesional, amigable y diverso te aportará una enorme ventaja sobre los competidores que dependen únicamente de sus *copys* en los anuncios por PPC para lograr que los usuarios visiten sus páginas de destino.[230]

---

[229] Fragkouli, N. y Levy, L. (23 de mayo de 2020). La guía directa para Google Display Ads para firmas legales. *Nanato Media.* https://nanatomedia.com/blog/the-straightforward-guide-to-google-display-ads-for-law-firms/.

[230] Fragkouli, N. y Levy, L. (29 de junio de 2020). Por qué PPC es una gran inversión para tu firma de lesiones personales. *Nanato Media.* https://nanatomedia.com/blog/why-ppc-is-a-great-investment-for-your-personal-injury-firm/.

- **Mantenerse en la mente.** El escenario ideal es que el anuncio de tu negocio aparezca frente a un posible nuevo cliente en el momento en el que ese nuevo cliente desea alguno de los servicios que ofreces. Por eso en capítulos anteriores hemos insistido tanto en la importancia que los anuncios PPC tienen para nuestros socios. Sin embargo, los Display Ads te permiten mantenerte siempre en la mente de los posibles nuevos clientes de tu mercado; es decir que, cuando alguno de ellos (o alguien que conozcan) necesita alguno de esos servicios que ofreces, piensen inmediatamente en tu negocio. De esta manera, ya tienen tu nombre en su mente antes siquiera de que realicen una búsqueda en Google.

En resumen, Google Display Ads te permite entrar en el radar de tus posibles nuevos clientes antes de que estos lleguen a ti a través de SEO o PPC. Al mismo tiempo, su variedad de opciones de oferta y formatos de presentar los anuncios no te obliga a dirigirte hacia una red necesariamente amplia. En una campaña de Display, puedes determinar cómo, cuándo y dónde se muestran tus anuncios.

Los dos tipos de campañas de Google Display

La mayoría de los negocios con los que hemos trabajado que intentaron previamente hacer *marketing* con Google Display Ads fracasaron en su intento de generar nuevos clientes de manera consistente. A pesar de que Google Ads Network alcanza más de dos millones de sitios, estos negocios terminaron perdiendo dinero en su intento por aprovechar al máximo ese inmenso mercado potencial. Además del hecho de que estas campañas no fueron trazadas por publicistas profesionales, la razón principal de su fracaso se debe a que no supieron entender las características de los dos tipos diferentes de campaña que ofrece Google Display Ads.

Campañas Inteligentes de la Red de Display

Las campañas inteligentes de la Red Display te brinda varias ofertas automáticas[231] para las cuales debes ofrecer diversa información:

- Lo que dirán tus anuncios

- Las imágenes que deseas usar

- El presupuesto diario

- El Costo por Adquisición (CPA)

- Los objetivos de desempeño

Una vez que has proporcionado esta información, Google mezcla y combina tus anuncios a escala por medio de algoritmos inteligentes. Sin embargo, para poder lanzar campañas Inteligentes Display, es necesario que tus campañas Display hayan obtenido ya sea al menos cincuenta conversiones a través de Display o cien conversiones en Búsqueda durante los últimos treinta días. En ambos casos, también deberás configurar el seguimiento de conversiones en tu cuenta de Google Ads para darle seguimiento a estas mediciones y poder calificarlas.[232]

Aunque este nivel de funcionamiento automático puede parecer una muy buena opción para garantizar el éxito de una campaña, nosotros solemos recomendar Campañas Inteligentes Display únicamete a grandes negocios. Y es que si los anuncios de tu negocio están enfocados en un mercado local (y no nacional o que incluya varios estados), te conviene más invertir en nuestra siguiente opción.

---

[231] Acerca de campañas de Smart Display. *Google Ads Help*, https://support.google.com/google-ads/answer/7020281.

[232] Establecer el rastreo de conversión para tu sitio web. *Google Ads Help*. https://support.google.com/google-ads/answer/6095821.

Campañas Display Estándar

Las Campañas de anuncios Display estándar podrían parecer menos efectivas que las «inteligentes», pero en realidad es la versión que solemos recomendar a los negocios con los que nos asociamos.[233]

«¿Por qué?».

Porque te permiten ejercer un control completo sobre cada aspecto de tu campaña Google Display. Es decir, puedes elegir manualmente los objetivos, las ofertas y los formatos de tus anuncios.

En Nanato Media, nos dedicamos a diseñar campañas totalmente personalizadas de acuerdo a las características de cada negocio con el que nos asociamos. Los procedimientos automáticos pueden sonar muy impresionantes, pero para conseguir el mayor ROI posible es necesario que puedas controlar, probar y perfeccionar los factores que más influencia tienen sobre el éxito o fracaso de tus campañas.

«¿Y cómo puedo controlar eficazmente de manera manual los factores de mi campaña Google Display?».

Eso es exactamente lo que te enseñaremos a hacer en el resto de este capítulo.

Selecciona a quién te quieres dirigir y cómo lo harás con tus anuncios de Google Display

Antes de que empieces a generar ganancias impresionantes con tus anuncios Google Display, necesitas saber cómo dirigirte a tus posibles nuevos clientes.[234] Si no lo haces, sufrirás lo mismo que sufrieron muchos negocios antes de contactarnos: perder mucho dinero y tiempo sin obtener resultados. Esta es otra razón por

---

[233] Anuncios display estándar. *Google Ads Help*. https://support.google.com/display-specs/answer/187449.

[234] Establecer objetivos en la red Display. *Google Ads Help*. https://support.google.com/google-ads/answer/1209882.

la que generalmente no recomendamos utilizar las campañas Inteligentes Display. Por más sofisticado que sea, un algoritmo de Google nunca sabrá mejor que tú las características que tienen las personas que integran tu mercado ideal. Tú debes saber eso mejor que nadie, y todos los esfuerzos que realices para cada vez entender mejor a tu mercado van a reditar directamente en tus ganancias. Y es que seguramente tus competidores también apelan a campañas de Google Display para obtener nuevos clientes, pero es muy probable que estén utilizando la opción automática. Y ese es un error que tú puedes convertir en ventaja si utilizas la opción manual para ir dirigiendo tus campañas hacia tus mercados objetivo cada vez con mayor precisión.

«¿Cómo determino cuál de mis anuncios se exhibirá para qué mercado objetivo?».

Para ello necesitas poner atención especial a tu alcance de anuncios total[235]; es decir, el número de personas total al que te diriges con estos anuncios. Aunque también debes poner especial atención al tipo de personas específicas que conforman ese total.

Esa primera cifra (la del total de personas a las que te diriges con tus anuncios) seguramente será muy impresionante y te demostrará que tus anuncios han sido vistos por miles de personas que podrían convertirse en clientes para tu negocio. Pero piensa que para que esas personas en verdad sean posibles nuevos clientes, debe ser gente que tenga algún interés en el tipo de servicios que ofreces, aunque todavía no lo sepan. ¿De qué te sirve que tu anuncio sea visto por millones de personas que no tienen ningún interés en tus servicios? Perder dinero en campañas así de inútiles es lo mismo que tirar tu dinero. ¡Pero no tires tu dinero! En Nanato Media te vamos a enseñar a invertirlo correctamente para que generes de manera constante nuevos clientes que hagan crecer tu negocio.

---

[235] Acerca del alcance de los anuncios. *Google Ads Help*. https://support.google.com/google-ads/answer/1722045.

Al revisar específicamente quiénes están viendo tus Display Ads, también podrás determinar si tu campaña funciona con un solo grupo de anuncios o quizá resulta necesario lanzar un segundo grupo de anuncios para provocar mejores resultados. Una decisión así podría ser la clave entre una campaña exitosa y una mediocre o completamente fracasada.

Por ejemplo, muchos de los negocios con los que nos asociamos desean hacer *marketing* hacia nuevos clientes latinos[236] y acuden a nosotros debido a que, lamentablemente, no han tenido mucho éxito. Siempre que escuchamos esto, por lo general tenemos razón al suponer que el problema es que tratan de dirigirse a todas las personas que integran su mercado ideal a través de la misma campaña, sin que les importe que muchos de sus potenciales clientes latinos hablan español o por lo menos prefieren leer anuncios en español por razones culturales.

Existen diferentes formas en que podemos ayudar a clientes que cometen estos errores. Aunque casi siempre la solución es la misma: elegir el idioma correcto para su campaña suele ser suficiente para empezar a mejorar sus resultados.

Ahora que tienes un mejor entendimiento de cómo Google te permite dirigirte a tus clientes potenciales con Display Ads, veamos las tres opciones más importantes con las que cuentas para diseñar una campaña de este tipo.

Palabras clave objetivo asociadas con páginas, *apps* y videos

Las palabras clave objetivo representan la forma más común que tiene tu negocio para utilizar Google Display Ads de manera eficaz.[237]

---

[236] Fragkouli, N. y Levy, L. (20 de junio de 2020). Comenzar la estrategia de mercadotecnia latina para tu firma legal *Nanato Media*. https://nanatomedia.com/blog/getting-started-with-your-law-firms-hispanic-marketing-strategy/.

[237] Seleccionar palabras clave para las campañas de Display Network. *Google Ads Help.* https://support.google.com/google-ads/answer/2453986.

Sin embargo, las palabras clave objetivo para Display Ads funcionan de manera distinta a PPC en el buscador y SEO. De nuevo, esto se debe a que exhibes tus anuncios a usuarios basados en los sitios, *apps* o videos que visitan. No se muestran basados directamente en las palabras clave que ingresan en el motor de búsqueda de Google.

En vez de eso, seleccionas las palabras clave que deseas tener como objetivo y después Google busca en su red los sitios, *apps* y videos asociados con ellas. El resultado es muy similar: tus anuncios se muestran frente a grupos adecuados, pero Google realiza un procedimiento diferente para llegar ahí.

Un ejemplo:

Digamos que un pintor de casas desea hacer *marketing* para su negocio dirigido hacia personas que activamente deseen cambiar el color de sus paredes. En este caso, «tiendas de pintura para casa» o «ideas de colores para casas» serían palabras clave adecuadas, pues suena lógico suponer que es algo que buscaría en Google una persona interesada en pintar sus paredes.

Una vez que decidas dirigir estas palabras clave, Google buscará aquellos usuarios y después les mostrará tus Display Ads siempre que visiten uno de los más de dos millones de sitios que integran su red.

Otra cosa estupenda acerca de Google Display Ads es que tus campañas funcionarán mejor si tienes palabras clave objetivo con altos índices de impresión. Este tipo de palabras clave te garantizará alcanzar a la mayor cantidad de usuarios posible y al mismo tiempo también tendrá unos CPC muy bajos.

Además, las puedes usar para alcanzar nuevos clientes que aún se encuentran en las primeras etapas del embudo del *marketing* tradicional. Tomando en cuenta el ejemplo anterior, quizá estas personas no están listas para contratar un pintor para su casa hoy (pues quizá se muden a su nueva casa en una o dos semanas), pero debido a que buscan activamente sobre el tema, existe una buena probabilidad de que se conviertan eventualmente en tus nuevos clientes.

Además, siempre puedes utilizar el *remarketing* (como lo hemos mencionado en capítulos anteriores) para que tu campaña les muestre a estas personas tus anuncios constantemente, de tal forma que cuando por fin se muden a su nueva casa, tu negocio sea la primera opción que tengan en la cabeza.

Entendimiento de audiencia contra palabras clave de contenido

Cuando busques palabras clave para las campañas de tu negocio, es importante que entiendas tus dos opciones: Audiencia (predeterminada) y Contenido.[238]

Si seleccionas Audiencia, le indicas a Google que muestre tus Display Ads a quien le puedan interesar tus palabras clave objetivo, ya sea que estén o no en un sitio pertinente.

Si seleccionas Contenido, tus anuncios se mostrarán únicamente en los sitios, *apps* y videos que Google sabe que son contextualmente importantes para las palabras clave objetivo de tu campaña.

«¿Y ustedes qué opción suelen recomendar?».

Usualmente recomendamos que dirijas tus palabras clave basadas en Contenido. De otro modo, tus anuncios se mostrarán ante usuarios que no tienen ningún interés por los servicios que tu negocio ofrece en ese momento.

Por ejemplo, tienes un negocio de mudanza y ejecutas una campaña para ofrecer tus servicios especializados. Al elegir la opción Audiencia, tu negocio va a aparecer ante usuarios que simplemente se metieron a una página de noticias locales para checar

---

[238] Seleccionar las palabras clave para las campañas de Display Network. *Google Ads Help.* https://support.google.com/google-ads/answer/2453986.

el clima. Obviamente son personas que en algún momento necesitarán contratar un servicio de mudanzas, pero en ese momento únicamente desean saber cómo vestirse para salir a trabajar, así que no van a contratarte.

En cambio, con la opción Contenido, tu anuncio aparecerá a alguien que está visitando una página sobre consejos para contratar a una compañía de mudanza. Por lo tanto, las posibilidades de que esa persona dé clic en tu anuncio y posiblemente se convierta en cliente en ese momento son mucho más altas.

Sin embargo, si tienes un presupuesto bajo y tu interés es dar a conocer el nombre de tu negocio, configurar las palabras clave con la opción Audiencia puede ser una buena opción.

En este último ejemplo, siempre puedes crear un grupo de anuncios de talleres de carrocerías automotrices y después configurar las palabras clave objetivo para los nombres de marca del taller de carrocerías de autos en tu área de servicio o los términos de búsqueda relacionados con talleres de carrocerías de autos.

Palabras clave negativas

Las palabras clave negativas son tan importantes para los Display Ads como para los PPC.[239] Si no las usas en tu campaña, tus anuncios se mostrarán en sitios irrelevantes para tus intereses y por lo tanto te harán perder dinero.

Una vez dicho eso, las palabras clave negativas funcionan de forma un poco distinta con Display Ads.

Dependiendo de las otras palabras clave o métodos objetivos que utilices para un grupo de anuncios, algunos lugares donde tu anuncio aparezca pueden contener ocasionalmente sus palabras clave negativas.

---

[239] Acerca de las exclusiones de Contenido y las opciones de categorías de sitios. *Google Ads Help*. https://support.google.com/google-ads/answer/3306596.

Por otro lado, puedes evitar dirigirte hacia sitios no relacionados con el contenido de tus anuncios al implementar exclusiones de contenido y opciones de categorías de sitios.[240]

Objetivo demográfico

Finalmente, también puedes dirigirte hacia tus posibles nuevos clientes con base en la demografía.[241]

Esto puede incluir aspectos como edad, género, estado marital e ingreso familiar. Estos aspectos pueden resultar especialmente útiles para la campaña de un negocio. Por ejemplo, con el simple hecho de excluir a los niños, tu campaña puede ahorrarse mucho dinero que de otra manera podría perder si tu anuncio de mudanza se muestra a un menor de edad, que con toda seguridad no te va a poder contratar.

Seleccionar el mejor formato para los Display Ads de tu negocio

Tienes dos opciones para elegir el formato de tus anuncios de Google Display, ya sea crear anuncios responsivos o cargar tus propias imágenes.

Los anuncios responsivos se ajustan automáticamente en tamaño, aspecto y formato para caber en los espacios de anuncios disponibles.[242] Así, el mismo anuncio responsivo puede aparecer como un texto pequeño en un lugar y como un anuncio con una imagen grande en otro.

Para crear este tipo de anuncios, necesitas ingresar sus elementos (títulos, descripciones, imágenes y logotipos...).

---

[240] Configurar las exclusiones de Contenido y las opciones de categorías de sitios. *Google Ads Help*. https://support.google.com/google-ads/answer/7444288.

[241] Acerca del objetivo demográfico. *Google Ads Help*. https://support.google.com/google-ads/answer/2580383. https://support.google.com/google-ads/answer/7444288

[242] Crear un Display Ad responsivo. *Google Ads Help*. https://support.google.com/google-ads/answer/7005917.

En Nanato Media sabemos todo sobre ejercer absoluto control sobre una campaña, así que cuando decidas el formato de Display Ad para tu anuncio, te recomendamos que agregues *banners* a tus anuncios: diseñar y cargar tu propio anuncio de imagen (Banner Ads). Esta es una de las muchas ocasiones en las que te puede ayudar un equipo de diseño como el nuestro. Podemos diseñar las imágenes para tus anuncios con el propósito de asegurar que tu mensaje sea consistente, apegado al servicio que deseas vender y que mantenga la misma línea de tu página web.

Como mencionamos antes, siempre que estableces algún elemento automático en tus anuncios, pierdes cierta medida de control. Si te importa mucho la imagen de tu negocio, probablemente no te guste la manera en la que el formato responsivo muestra tus anuncios de texto en los sitios web de Display Network. Lamentablemente, no hay la opción de eliminar anuncios de texto, así que cargar tus propios anuncios es una buena opción para controlar la imagen de tu negocio. Correr los dos tipos de anuncios durante mínimo un mes te dará la oportunidad de poder evaluar los resultados y tomar decisiones óptimas para optimizar tus campañas.

Un grave error que debes evitar cometer a toda costa

Un grave error que debes evitar cometer a toda costa es optar por ejecutar tus anuncios de texto de las campañas de búsqueda tanto en la red de Búsqueda como en la red Display Network.

Ejecutar los anuncios de texto en Display Network no solo no funcionará, sino que será algo algo peor. Básicamente autorizas a Google para que use gran parte de tu presupuesto de estrategia central (Red de búsqueda) para campañas de Display. Esto impactará directamente al desempeño de tu campaña de búsqueda.

Tus campañas de Display debes ejecutarlas por separado usando los consejos que aportamos en esta sección. No puedes olvidar que si no ejerces control y permites un funcionamiento automático de Google Ads, vas a cometer este grave error al configurar tus campañas de búsqueda (está configurado de esta manera por predeterminación, así que debes desmarcar esta opción en las configuraciones de la red).

Perfeccionar la orientación de tus objetivos

Aunque tenemos realmente grandes cosas que decir acerca de la Google Display Network, no puedes aprovecharla plenamente con una estrategia donde lo único que haces es configurarla y luego olvidarte de ella. Hacer esto es una gran forma de perder tu dinero.

Por las mismas razones que no funcionan los procedimientos automáticos, debes poner mucha atención a tus campañas o rápidamente habrán fracasado.

La orientación de tus Display Ads es un ejemplo perfecto de lo que hablamos. Necesitas asegurarte de revisar tus campañas de Display para ver dónde se están mostrando tus anuncios exactamente. Aunque Google es muy poderoso, también puede cometer errores. O algo peor, puede repetir estos errores una y otra vez cobrándote en cada ocasión, a menos que intervengas y detengas esta fuga de dinero.

Si descubres que la orientación de un anuncio no ayuda para atraer nuevos clientes a tu negocio, debes redefinir la segmentación de esa campaña y no detenerla para así ayudar a que Google entienda mejor dónde tendrían mejor oportunidad de éxito tus anuncios.

Siempre recomendamos a los negocios con los que nos asociamos que utilicen la orientación de objetivos para revisar dónde realmente se están mostrando sus Display Ads.[243]

Al hacerlo, pueden decidir mejorar sus ofertas para dirigir su

---

[243] Configuraciones de objetivos en la Display Network. *Google Ads Help*. https://support.google.com/google-ads/answer/1209882.

exposición hacia donde ayude más y bloquear las orientaciones donde veas que no obtienen resultados. De cualquier modo, esto mejorará el ROI de tu campaña de *marketing*.

Usar el *remarketing* para catapultar el ROI de tus Display Ads

Al hablar de formas sencillas pero efectivas,en que puedes mejorar las ganancias que recibes sobre tu gasto en anuncios, nada se compara con el poder del remarketing.[244]

El *remarketing* hace exactamente lo que su nombre indica: volver a hacer *marketing*. Se trata de una estrategia que te permite continuar haciendo *marketing* para un mismo grupo de posibles clientes que ya mostraron interés en tus servicios. Y esa es la verdadera fuerza de esta estrategia, realizas *marketing* únicamente para posibles clientes que ya se interesaron por tu negocio. Una de las versiones más comunes del *remarketing* es volver a mostrar tus anuncios a un mismo usuario que ya visitó el sitio web o página de destino de tu negocio.

Pero existen formas más sofisticadas y efectivas para hacer *remarketing*. Por ejemplo, realizarlo a través de campañas distintas que muestren diferentes tipos de anuncios dependiendo de la página de destino que han visitado para mantener el mensaje relevante para el usuario.

En Nanato Media siempre nos aseguramos de que a los usuarios que visiten las páginas de destino de Google Ads de nuestros socios desde sus campañas de búsqueda también se les muestren sus Display Ads.[245]

Cuando se realiza exitosamente, el *remarketing* catapulta los re-

---

[244] ¿Cómo funciona la mercadotecnia renovada en Google? *WordStream*. https://www.wordstream.com/google-remarketing.

[245] Fragkouli, N. y Levy, L. (18 de junio de 2020). Por qué impulsar el tráfico de PPC de tu firma legal hacia las páginas de llegada. *Nanato Media*. https://nanatomedia.com/blog/why-drive-your-law-firms-ppc-traffic-to-landing-pages/.

sultados de las campañas y los índices de conversiones crecen drásticamente, al igual que las ganancias. Este fenómeno se explica porque la gente que ya visitó tu sitio y mostró interés por tus servicios tiene mucha más probabilidad de convertirse en tu cliente. Si no te han contratado aún, quizá se debe a que aún no necesitan de tu servicio, pero van a necesitarlo muy pronto. El *remarketing* te permite recordarles que existe tu negocio, de tal manera que cuando llegue el momento en que necesiten tus servicios, te tendrán a ti como primera opción en la cabeza.

Compara esto con simplemente anunciarte ante posibles clientes que no han demostrado interés en tus servicios. De esta forma tienes muy pocas opciones de que terminen siendo tus clientes.

Extensiones de formulario de clientes potenciales para Display Ads

En la mayoría de las cuentas de Google Ads se ofrecen extensiones de formulario para Display Ads.[246]

Esto es muy importante para convertir a posibles clientes que ya demostraron cierto interés, pero no desean interrumpir lo que están haciendo para ver tu anuncio. Con estos nuevos formularios, todavía se pueden convertir al enviarte fácilmente su información de contacto. Aunque hay que mencionar que para habilitar esta función es necesario tener, al menos, un anuncio de display responsivo para publicar formularios de clientes potenciales. Los formularios de clientes potenciales no son compatibles con los anuncios con imágenes cargadas.

Estos formularios te permitirán solicitar a tus prospectos:

- Nombre

- Correo electrónico

---

[246] Spalding, K. (5 de agosto de 2020). Incursionar en el intento de generar direcciones. *Google Ads & Commerce Blog.* https://blog.google/products/ads-commerce/generate-leads/.

- Número telefónico

- Código postal

- Ciudad

- Estado

- País

- Nombre del negocio

- Cargo

- Correo electrónico del trabajo

- Teléfono del trabajo

También puedes incluir preguntas relacionadas con el tipo de servicios que buscan.

El uso de las extensiones de formulario establece una gran diferencia para asegurar que gente que de otra manera ignoraría un Display Ad termine convirtiéndose en tu cliente porque sí está interesada en tus servicios y sin tener que dar otro clic. En el mismo sitio de la red de Display en donde vio tu anuncio, te puede contactar.

Te recomendamos comenzar a aprovechar Google Display Ads lo más pronto posible para hacer crecer tu negocio.

Utiliza Google Display Ads para obtener la máxima ventaja competitiva

Sabemos que Google Display Ads puede parecer intimidante. Implica muchos elementos que están en continua transformación y la mayoría de los negocios no están tan familiarizados con ellos como sí con PPC y SEO. Muchos no están familiarizados con ellos en absoluto.

Pero justamente por eso representan una enorme ventaja competitiva.

A pesar de que son asequibles, tienen un alcance casi ilimitado, pueden atraer posibles clientes antes de que ellos mismos sepan que te necesitan y son completamente personalizables.

Por todas estas ventajas, resulta increíble que la mayoría de los negocios decidan prescindir de ellos en sus campañas de *marketing*.

Tú no puedes cometer el mismo error.

Capítulo 12
Cómo sobresalir del montón en Facebook utilizando Facebook Ads

Si actualmente no haces *marketing* para tu negocio en Facebook, estás perdiendo clientes (a menos de que tus competidores estén cometiendo el mismo error, lo cual resulta improbable). No hay duda, Facebook representa una de las formas más rentables de hacer *marketing*, pues no solo te genera nuevos clientes, sino que también te permite aprender más sobre las características de tu mercado. A continuación te ofrecemos una guía práctica que te llevará a través de todo lo que necesitas saber para empezar a ejecutar exitosos Facebook Ads de inmediato.

«Yo tengo la imagen de que Facebook sirve para revivir antiguas amistades y debatir argumentos políticos con mis familiares… pero ¿también sirve para hacer *marketing*?».

Sí, Facebook es una herramienta absolutamente asombrosa para hacer *marketing*. Si tu negocio no la está utilizando, nuestra recomendación es contundente: debes hacerlo lo más pronto posible.

Por qué los Facebook Ads se han convertido en una herramienta esencial para los negocios

Facebook introdujo su plataforma de anuncios (Ads) hace aproximadamente 15 años.[247]

Desde entonces, se ha convertido en una herramienta de *marketing* consentida para incontables negocios provenientes de todas las industrias.

Y, aun así, escuchamos constantemente sobre dueños de negocios que nunca han ejecutado un sencillo Facebook Ad.

Antes de demostrarte de qué manera Nanato Media ha utilizado Facebook durante años para generar nuevos clientes de manera continua para nuestros socios, te vamos a explicar por qué resulta una herramienta tan poderosa..

Facebook es el rey de las redes sociales

71 % de los adultos estadounidenses utilizan Facebook.[248]

Esto no solo es mucho, se trata del mayor impacto de una red social tradicional (YouTube supera a Facebook con un 74 %, pero YouTube no puede considerarse una red social tradicional). Si lo comparamos con redes sociales tradicionales, como Instagram (38 % de las personas estadounidenses la usan) o Twitter (23 %), Facebook es sin duda la más popular, al grado de que si juntas Instagram y Twitter como una misma red, Facebook seguiría teniendo un 20 % más de popularidad.

Por sí mismas estas cifras ofrecen un fuerte argumento para sostener que invertir en Facebook Ads es una buena idea. Pero existen varios argumentos más.

---

[247] Facebook devela Facebook Ads. *Facebook Newsroom*. 6 de noviembre de 2007. https://about.fb.com/news/2007/11/facebook-unveils-facebook-ads/.

[248] .Sitios de redes sociales como caminos hacia las noticias. *Pew Research Center*. (16 de septiembre de 2019). https://www.journalism.org/2019/10/02/americans-are-wary-of-the-role-social-media-sites-play-in-delivering-the-news/pj_2019-09-25_social-media-and-news_0-08/.

Por qué Facebook es fantástico para hacer *marketing* dirigido hacia el mercado latino

En Nanato Media queremos enseñarte cómo tu negocio puede captar nuevos clientes de tu mercado latino local.[249] Al final de cuentas, nuestra agencia se especializa en *marketing* digital dirigido hacia personas latinas en Estados Unidos. Por lo tanto, ¿quién mejor que nosotros para asesorarte?

Nosotros.

Únicamente nosotros.

De acuerdo con un estudio realizado por el Proyecto de Internet del Pew Research Center, el 80 % de los adultos latinos del país usan redes sociales. Esta cifra resulta significativamente superior al 72 % de promedio para el resto del país.

Además, los usuarios latinos de redes sociales en Estados Unidos tienen más probabilidad de seguir marcas en plataformas tales como Facebook.

Otro estudio realizado por Unilever afirma que los consumidores latinos tienen el doble de probabilidad que el resto de los consumidores estadounidenses de compartir contenido en redes sociales y hacer clic en el contenido que otros les comparten.

Pero aún hay más:

Los consumidores latinos comparten contenido en redes sociales cinco veces más a menudo que los usuarios que no son latinos. El contenido compartido por los latinos también tiene un 35 % más de probabilidad de obtener clics que el contenido que comparten consumidores provenientes de otros mercados.

---

[249] Fragkouli, N. y Levy, L. (20 de junio de 2020). Por qué cada firma legal se debe enfocar en los clientes latinos. *Nanato Media.* https://nanatomedia.com/blog/why-every-law-firm-must-focus-on-hispanic-clients/.

Facebook vs. Google Ads

«¿Qué ocurre si ya estoy ejecutando Google Ads para mi negocio? ¿De todos modos necesito ejecutar Facebook Ads también?».

La respuesta es sí.

Ya lo sabes, nos encantan los Google Ads para hacer crecer un negocio y hemos invertido años en refinar el proceso para asegurar que nuestras estrategias sean lo más efectivas posibles.[250]

Así que definitivamente no aconsejamos a nadie que renuncie a Google Ads para sustituirlo por Facebook. No hay mejor publicidad que la que Google ofrece para dirigirse a usuarios de alta intención que ya decidieron que necesitan algo que tu negocio ofrece. Sin embargo, Facebook puede ser también sorprendentemente útil. Es decir, un gran complemento.

Por lo tanto, nuestro consejo es que utilices ambas herramientas tanto para generar nuevos clientes como para proteger tu presupuesto. Y es que los Facebook Ads son mucho más baratos en comparación con lo que necesitas pagar en Google para conseguir las palabras clave relacionadas con tus servicios.[251] Esto es especialmente relevante en negocios que deben invertir cientos de dólares por un solo clic, como lo son las firmas de abogados, ¡que ni siquiera garantizan que se transforme en conversión!

Claro, utilizar ambas herramientas significa trazar un plan más amplio, pero al mismo tiempo te permitirá ahorrar, por lo que se trata de una expansión completamente compensada.

«Sigo sin estar convencido de invertir en Facebook. Digo, todas las personas que conozco lo utilizan para buscar fotos de sus amigos

---

[250] Fragkouli, N. y Levy, L. (26 de junio de 2020). Lo que las firmas legales deben entender acerca de Google Ads. *Nanato Media.* https://nanatomedia.com/blog/what-law-firms-need-to-understand-about-google-ads/. https://nanatomedia.com/blog/why-every-law-firm-must-focus-on-hispanic-clients/

[251] Bowden, R. Google Ads vs. Facebook Ads: ¿Cuál es la mejor elección para tu negocio? *Agencia analítica.* https://agencyanalytics.com/blog/google-ads-vs-facebook-ads.

y postear actualizaciones de su día. ¿Cómo voy a confiar mi presupuesto para *marketing* en una red social de entretenimiento?».

Pues justamente eso hace que Facebook sea una herramienta poderosísima para encontrar nuevos clientes. Y a continuación te vamos a enseñar cómo utilizar una red social de entretenimiento para hacer crecer tu negocio.

Diez pasos esenciales para ejecutar Facebook Ads que sean exitosos para tu negocio

Una vez explicado esto, el tuyo no sería el primer negocio que ejecute publicidad en Facebook y se decepciona por los resultados. Quizá ya lo intentaste numerosas veces. Quizá incluso en cada una de esas veces buscaste un enfoque distinto esperando que cada nuevo intento por fin pudiera funcionar finalmente.

¿Todo esto te suena familiar? No estás solo. Durante años hemos trabajado con diversos negocios que, tras varias decepciones, han renunciado a la idea de invertir en Facebook Ads.

Como exitosa agencia especializada en *marketing* digital, debes confiar en nosotros si te aseguramos que los Facebook Ads sí funcionan. De hecho, funcionan bastante bien para hacer crecer un negocio. No exageramos al decir que Facebook se podría convertir en el canal más exitoso para generarle nuevos clientes a tu negocio.

Sin embargo, como ya sabes, el proceso no es tan sencillo y requiere de un método. Nosotros, al trazar campañas de Facebook para nuestros socios, siempre seguimos estos nueve pasos.

1. Promocionar tus publicaciones orgánicas

Quizá el paso más fácil para aumentar tu exposición a través de Facebook Ads es utilizar publicaciones de Facebook. Al hacerlo, tus posibilidades de llegar a tus clientes ideales aumentan. Y de esta forma reduces enormemente el tamaño de tu red antes mencionada.

Toma en cuenta que es necesario que cuentes con una página empresarial para que Facebook te permita impulsar tus publicaciones.[252]

Otro aspecto que lo hace amigable y efectivo con el usuario es que no necesitas entender al Administrador de Anuncios de Facebook para impulsar tus anuncios.[253] Es una gran forma de empezar a generar nuevos clientes, incluso si nunca antes has ejecutado un anuncio.

Literalmente, lo único que debes hacer es seleccionar las publicaciones de la página comercial de tu negocio que deseas promover. Después, simplemente haces clic en el botón «Impulsar Publicación» y, como lo indica el comando, se publicará frente a más personas. Al impulsarlo, disfrutarás de más reacciones, comentarios e intercambios. Esto significa que tu publicación puede llegar a muchas personas que potencialmente pueden interesarse en visitar la página de tu negocio.

Impulsar las publicaciones es algo que debes convertir en hábito incluso para el contenido regular que publicas para atraer a tus seguidores y fortalecer una comunidad. No olvides que impulsar tus publicaciones es un procedimiento barato y rentable que te permite construir un sólido público en Facebook para anunciar tus servicios.

«¿Me están diciendo que debo impulsar cada una de mis publicaciones?».

No. Esa sería una buena forma de agotar con rapidez tu presupuesto. Lo que te sugerimos es impulsar únicamente las publicaciones que estén específicamente dirigidas a posibles nuevos clientes. Es decir, publicaciones que den razones claras sobre por qué deberían convertirse en tus clientes. En estos anuncios debes proponer una contundente llamada a la acción y dirigirla hacia tu página de destino específica, que a su vez debe contar con un *copy* que provoque altos índices de conversión.

---

[252] Acerca de las Páginas Facebook. Facebook para Negocios https://www.facebook.com/business/help/461775097570076.

[253] Ads Manager. Facebook para Negocios. https://business.facebook.com/

Aunque generar nuevos clientes es el objetivo final, utilizar Facebook para hacer crecer tu negocio te resultará muy útil en otros aspectos.[254] No todas las publicaciones deben ser sobre los servicios que ofreces y tampoco todas deben tener el propósito de generar una acción en los usuarios.

Estos esfuerzos serán particularmente útiles si planeas hacer *marketing* para el mercado latino.[255] A las personas latinas les gusta ver evidencia de que tu negocio entiende su cultura. Por ello, para obtener mejores resultados debes experimentar con publicaciones de Facebook en español, lo cual es otra forma de demostrar que tu negocio comprende lo importante que es para ellos una parte tan vital de la cultura como lo es su idioma.[256]

2. Las Publicaciones Impulsadas de Facebook y Facebook Ads son cosas distintas

Podría parecer que las Publicaciones Impulsadas y Facebook Ads son básicamente lo mismo, pero existen algunas diferencias importantes que debes entender antes de trazar tus campañas.

Las Publicaciones Impulsadas persiguen dos objetivos:

- Generar interacciones

- Conseguir visitas a tu sitio web

El objetivo es aumentar la visibilidad y las interacciones de tus publicaciones en Facebook (es decir, conseguir me gusta, comentarios y que sean compartidas). Piensa que aparecer frente a ellos una y otra vez resulta una práctica fácil y barata para mantenerte en su mente. De esta forma, cuando necesiten algún servicio que tu negocio ofrece, sabrán exactamente a quién contactar.

---

[254] Jenblat, O. (31 de octubre de 2017). Construir tu marca con la mercadotecnia empresarial de Facebook. *Forbes.* https://www.forbes.com/sites/forbesagencycouncil/2017/10/31/build-your-brand-with-facebook-business-marketing/#4c0380943aca.

[255] Fragkouli, N. y Levy, L. (20 de junio de 2020). Comenzar con la estrategia de mercadotecnia latina para tu negocio. *Nanato Media.* https://nanatomedia.com/blog/getting-started-with-your-law-firms-hispanic-marketing-strategy/.

[256] Fragkouli, N. y Levy, L. Facebook Ads bilingües. *Nanato Media.* https://nanatomedia.com/bilingual-services/facebook-ads/.

En cambio, con Facebook Ads, te puedes dirigir a los siguientes objetivos:[257]

- Reconocimiento

- Consideración

- Conseguir conversiones

Para un mayor desglose, puedes perseguir estos objetivos al crear anuncios específicos para cualquiera de las siguientes metas:

- Reconocimiento de marca

- Alcance

- Tráfico

- Interacción

- Instalaciones de App

- Reproducciones de video

- Generación de clientes potenciales

- Mensajes

- Conversiones

- Ventas por catálogo

- Tráfico en el negocio

Facebook Ads Manager también te permite personalizar aún más tus anuncios dependiendo de las metas que elijas. Por ejemplo, puedes decidir que deseas añadir un botón de llamada a la acción en tu anuncio o usar objetivos de idioma y conducta para profundizar incluso más en tu mercado ideal.[258]

---

[257] Seleccionar el objetivo correcto. Facebook para Negocios. https://www.facebook.com/business/help/1438417719786914.

[258] Acerca de los anuncios de llamada a la acción. *Facebook para Negocios.* https://www.facebook.com/business/help/465446147173921.
Dirigir un anuncio. *Facebook para Negocios.* https://www.facebook.com/business/ads/ad-targeting.

3. Comenzar chats en Messenger

Desde que Facebook comenzó a combinar sus servicios de mensajería con Instagram, Messenger Ads ha adquirido una gran relevancia.

Pero ¿qué son exactamente los Facebook Messenger Ads?

Se trata de una opción de *marketing* digital que le permite a tu negocio establecer conversaciones personalizadas, directas y privadas con posibles nuevos clientes[259].

La gran potencia de este servicio es que puedes acercarte a tus posibles nuevos clientes de una manera sencilla y franca, como si fueran tus amigos. Este nivel de privacidad y confianza aumenta tus posibilidades de que sea muy alto el porcentaje de conversiones de posibles clientes en clientes reales.

Sin embargo, debes tener cuidado al trazar una campaña de Facebook Messenger Ads. Lo primero que debes saber es que por cuestiones de seguridad tu negocio no puede contactar al cliente directamente. Es el cliente el que debe contactar con tu negocio. Por ello es importante que diseñes un anuncio que ofrezca una bienvenida cálida y atractiva y genere en el posible cliente el interés de interactuar contigo[260].

Tras diseñar este anuncio de bienvenida, es necesario que desarrolles preguntas automatizadas específicas que te permitan definir con claridad quién es un cliente que en realidad necesita de tus servicios (y por lo tanto debes interactuar personalmente con él) y quién es una persona cuyo interés es meramente informativo (y por lo tanto no debes interactuar con ella, sino canalizarla hacia tu página web, donde encontrará la información que necesita).

---

[259] Las mejores prácticas para Messenger Ads. *Facebook para Negocios.* https://www.facebook.com/business/help/269324800441478?id=371525583593535

[260] Cómo generar Messenger Ads atractivos, *Facebook para Negocios.* (https://blog.hootsuite.com/facebook-messenger-ads/)

Por ejemplo, tienes un negocio de paneles solares y quieres generar clientes interesados en adquirir paneles solares domésticos para sus casas. Y de pronto tus anuncios de Facebook Messenger Ads comienzan a provocar mensajes de posibles clientes que se ponen en contacto contigo.

Si has configurado correctamente las preguntas automatizadas específicas, tú únicamente vas a interactuar personalmente con clientes que son dueños de la casa y están dispuestos a comprarte un panel solar doméstico.

En cambio, si la persona no es dueña de una casa y su interés por los paneles solares no es adquirir uno doméstico, sino simplemente informarse sobre el tema, tus preguntas automatizadas específicas lo canalizarán hacia tu página web.

En Nanato Media somos *fans* de este tipo de anuncios porque hemos visto que nuestros clientes obtienen grandes resultados a través de ellos.

4. Aprovechar el poder de Facebook Lead Ads

Una de nuestras formas favoritas de producir rápidamente resultados impresionantes para los negocios con los que nos asociamos es a través de Facebook Lead Ads[261], anuncios de Facebook para potenciales clientes que le permiten a tu negocio atraer y convertir nuevos clientes incluso en grupos de usuarios con poca experiencia en Facebook.

El funcionamiento de un Facebook Lead Ad es muy simple: cuando un posible cliente lo ve, basta con que le dé clic para que inmediatamente le aparezca un formato con la información de contacto prellenada con información tomada directamente de su perfil de Facebook.

«Pero ¿qué ocurre si esa información está desactualizada o es incorrecta?».

---

[261] Lead Ads. *Facebook para Negocios.* https://www.facebook.com/business/ads/lead-ads.

La manera en que ayudamos a nuestros socios a evitar ese problema es añadiendo una indicación en el formulario que solicite un «número telefónico preferido». Facebook te permite personalizar estos formatos y al incluir esta simple indicación adviertes a tu potencial cliente sobre la necesidad de renovar su número de contacto en caso de que sea necesario (esta sección se debe escribir manualmente).

También recomendamos enfáticamente que añadas una pregunta de filtro a tu Facebook Lead Ads.[262] Esto permite revisar de inmediato la respuesta que recibas para decidir si ese usuario es en realidad un posible cliente o no.

De otra forma, te arriesgas a invertir tiempo en llamar a uno de estos usuarios solo para saber que entendieron mal el servicio que tu negocio proporciona.

Estas preguntas son usualmente algo verdaderamente sencillo que solicita al prospecto cliente que responda preguntas que lo califiquen o descalifiquen como tu posible nuevo cliente. Por ejemplo, si tu negocio es la instalación de paneles solares, una pregunta ideal puede ser: «¿Es usted el dueño de la casa?». Y eso es todo lo que necesitas saber para asegurarte de que ese usuario tiene en verdad el potencial de convertirse en tu nuevo cliente.

Otra opción que recomendamos es añadir una Solicitud de Cita en tu formulario para tener una idea más clara sobre la seriedad de un posible cliente para realmente agendar una consulta contigo y cuándo estaría disponible para tenerla.[263]

De igual manera debes considerar añadir una sección de cierre.[264] Esta característica resulta muy útil para mantener el interés en los posibles nuevos clientes después de que enviaran su informa-

---

[262] Añade preguntas personalizadas a tu formato instantáneo. *Facebook para Negocios.* https://www.facebook.com/business/help/774623835981457.

[263] Utiliza la Solicitud de cita en tu formado instantáneo. *Facebook para Negocios.* https://www.facebook.com/business/help/374052383033400.

[264] Añade una sección de terminación a tu formado instantáneo. *Facebook para Negocios.* https://www.facebook.com/business/help/314132612401196.

ción. Puedes añadir en tu formulario uno de los siguientes botones para llamar a la acción:

- **Ver el sitio web.** Esto llevará a tu posible nuevo cliente a tu sitio web o a una página destino específica.

- **Descargar.** Permite que los posibles nuevos clientes descarguen contenido relacionado con el servicio que necesitan. Es una gran forma de transmitirle confianza a tu próximo cliente.

- **Llamada de negocios.** Este es el CTA que recomendamos debido a que facilita que los usuarios se conviertan en clientes en ese mismo momento, eliminando cualquier paso adicional.

Con Facebook Lead Ads puedes convertir el interés en interacción y convertir esa interacción en un nuevo cliente que haga crecer tu negocio.

5. Utilizar el Píxel de Facebook para reorientar con facilidad

Reorientar o *retargeting* (término al que nos hemos referido en capítulos anteriores) es una de las prácticas de *marketing* que realmente distinguen a los negocios que hacen las cosas bien sin más y los negocios que son tan exitosos que necesitan abrir una nueva sucursal.[265]

Esto se debe a que la mayoría de los usuarios no se convierten en nuevos clientes durante la primera vez que interactúan con alguno de tus elementos de *marketing* (por ejemplo, cuando visitan inicialmente tu sitio web). Sin embargo, por medio de *cookies* puedes continuar mostrando tus anuncios a estos posibles nuevos clientes (que ya mostraron genuino interés en tus servicios), incluso si navegan a otros lugares en Internet.

---

[265] Muhammad, F. (1 de julio de 2020). Redirigir 101: Todo lo que necesitas para alcanzar un ROI superior. *Instapage.* https://instapage.com/blog/what-is-retargeting.

No te preocupes. Es mucho más sencillo de lo que suena, pues Facebook ofrece una gran manera de reorientar a tus posibles nuevos clientes.

Y lo único que necesitas hacer es añadir el Píxel de Facebook a tu sitio web.[266]

Se trata de una pequeña pieza de código que permite rastrear a las personas que visitaron tu sitio web o página de destino desde Facebook Ads. De tal forma que puedes ejecutar campañas de reorientación que te ayuden a hacer que terminen contratando tus servicios incluso si ya salieron de tu sitio.

También puedes utilizar este recurso para crear públicos personalizadas para tus campañas de *marketing* con base en las acciones específicas que los visitantes realizaron cuando estaban en tu sitio web.[267] Al hacerlo, es posible trazar campañas aún más específicas que hablen directamente sobre las necesidades únicas de los integrantes de tu mercado local.

6. Crear públicos similares para encontrar más prospectos de alto valor

Sin embargo, esto no es lo único que el Píxel de Facebook puede hacer para tu campaña.

Mediante la reorientación puedes anunciarte continuamente ante los posibles nuevos clientes que de alguna forma encontraron tu sitio primero.

«Esto es grandioso; sin embargo, ¿qué hay de todos los otros nuevos clientes que pueden requerir de los servicios de mi negocio, pero que, por cualquier razón, no han encontrado todavía mi sitio web?».

---

[266] The Facebook Pixel. *Facebook para Negocios.* https://www.facebook.com/business/learn/facebook-ads-pixel.

[267] Audiencias personalizadas. *Facebook para Negocios.* https://www.facebook.com/business/m/custom-audience.

El Píxel de Facebook también puede ayudarte en esto, pues te permite crear públicos similares.[268] Como puedes adivinar, este es un público que tú elaboras con base en el *marketing* que ya hiciste de manera exitosa.

Para explotar esta herramienta de *marketing* tan potente, solo selecciona un Público de Origen[269] y Facebook analizará este Público de Origen para identificar las cualidades comunes entre sus usuarios.

Después, buscará usuarios de Facebook parecidos la próxima vez que ejecutes un anuncio.

Por ejemplo, digamos que instalaste el Píxel de Facebook en el sitio web de tu negocio. Y después de un tiempo descubres que tus usuarios con más alta conversión son mujeres de cuarenta a cuarenta y cinco años que viven en tu ciudad, tienen hijos y trabajos de tiempo completo.

Puedes entonces crear una audiencia parecida para encontrar incluso más de estas mujeres que ejecuten tus anuncios en la misma ciudad, en otra ciudad o incluso en otro estado.

7. Entender la segmentación específica de tu público

Por si todas estas potentes herramientas de Facebook Ads no fueran suficientes, todavía nos falta mostrar algunos de nuestros métodos favoritos para extraer las máximas capacidades de esta impresionante herramienta.

Como mencionamos, creemos que la comunidad latina en Estados Unidos es un mercado que ha sido menospreciado por los negocios y al mismo tiempo representa una gran oportunidad para aquellos negocios que deciden acercarse a las personas latinas.

---

[268] Acerca de las audiencias similares. *Facebook para Negocios.* https://www.facebook.com/business/help/164749007013531.

[269] Audiencia Fuente. *Facebook para Negocios.* https://www.facebook.com/business/help/475669712534537.

Algo que nos encanta acerca de investigar en Facebook Ads es cómo puedes mejorar tu ROI a través de métodos avanzados de segmentación de público.

Por ejemplo, podemos crear anuncios dirigidos a los usuarios de Facebook basados en intereses en común o en el idioma que hablan.[270] Una característica realmente útil cuando aprovechas esta herramienta es que Facebook responderá a tus designaciones indicándote la clase de alcance que puedes esperar. Si tu alcance es demasiado bajo, puedes simplemente eliminar una de las características de tu público e intentarlo de nuevo.

Por supuesto, para aprovechar al máximo esta poderosa opción, tienes que entender a tu mercado latino local. Entre mejor conozcas sus preferencias (por ejemplo, inglés o español), la clase de servicios que les interesa y la cultura que aprecian, harás un mejor trabajo para convertirlos en tus nuevos clientes.

8. Generar interés en públicos personalizados para convertir su intención

Uno de los aspectos más frustrantes del *marketing* es descubrir que estuviste muy cerca de convertir a un usuario en cliente, pero lo perdiste durante el paso final.

Lamentablemente, esta frustración es algo muy común.

En el comercio electrónico, un increíble 69,82 % de compradores en línea recorren el proceso de compra completo en la página de una compañía, solo para abandonar sus carritos de compra sin haberla finalizado.[271]

Así que no debe sorprenderte de perder algunos usuarios justo antes de que se conviertan en clientes.

---

[270] Mercadólogos para los latinos estadounidenses, nuevos segmentos para dirección basados en el idioma. *Facebook para Negocios*. (14 de abril de 2014). https://www.facebook.com/business/news/New-Language-Based-Targeting-Segments.

[271] 44 estadísticas del Índice de Abandono de Carritos. *Baymard Institute*. https://www.baymard.com/lists/cart-abandonment-rate.

La forma de combatir esto es interesar a los públicos personalizado de interacción.[272] Este tipo específico de públicos se dirige a usuarios que ya han interactuado con el contenido de tu negocio a través de alguno de tus servicios o *apps* de Facebook. Este tipo de interés incluye cualquier cosa, desde abrir uno de los formularios dirigidos para posibles nuevos clientes, hasta invertir tiempo en ver uno de tus videos promocionales.

Interesar a los públicos personalizados puede ser incluso una manera de crear las clases de públicos similares que describimos antes, los cuales están compuestos por personas que tienen verdadero interés en convertirse en tus clientes.

Facebook te proporciona cinco tipos de interés diferentes para crear esta clase de públicos personalizados:

- Experiencias instantáneas[273]

- Eventos[274]

- Página de Facebook[275]

- Perfil empresarial en Instagram[276]

- Formulario para clientes potenciales[277]

- Video[278]

---

[272] Acerca de interesar a las Audiencias personalizadas. *Facebook para Negocios.* https://www.facebook.com/business/help/1090330204367211.

[273] Crear una experiencia instantánea para interesar a una Audiencia Personalizada. *Facebook para Negocios,* https://www.facebook.com/help/1056178197835021.

[274] Acerca de las Audiencias Personalizadas y los Anuncios de Eventos. *Facebook para Negocios,* https://www.facebook.com/help/325746814515381.

[275] Crear una Audiencia Personalizada para Interesar en las páginas. *Facebook para Negocios,* https://www.facebook.com/help/221146184973131.

[276] Crear una Audiencia Personalizada para una cuenta de Instagram. *Facebook para Negocios,* https://www.facebook.com/help/214981095688584https://www.facebook.com/help/214981095688584.

[277] Crear una Audiencia Personalizada para un formato de prospectos. *Facebook para Negocios,* https://www.facebook.com/help/900802126698360.

[278] Crear el interés de una Audiencia Personalizada para espectadores de videos. *Facebook para Negocios,* https://www.facebook.com/help/1099865760056389.

Incluso puedes especificar qué tan lejos deseas que vaya Facebook para determinar a tu público personalizado cuando recopile información sobre usuarios que se interesaron en tu negocio.

9. Siempre debes mantener tus Facebook Ads nuevos e interesantes

La Fatiga de Anuncios es una experiencia muy real para los negocios que hacen *marketing* en Facebook.[279]

Sin duda, necesitas priorizar la rotación de tus anuncios y cargar nuevos anuncios regularmente. En Nanato Media generalmente recomendamos entre cuatro a cinco anuncios dentro de cada conjunto de anuncios en una campaña para tu negocio.

Y si puedes incorporar video, mucho mejor.

Lo grandioso acerca de usar videos en las redes sociales es que nadie en verdad espera que se vean profesionales. Los puedes elaborar usando tu teléfono para grabar, por ejemplo, el testimonio de un cliente sobre su experiencia contratando tus servicios. También puedes hacer que ellos se graben a sí mismos y te envíen su video para determinar si funciona. Después, solo añade un *copy* atractivo con una llamada a la acción relevante y estarás en buen camino para atraer posibles nuevos clientes.

No te preocupes. Puede sonar complejo, pero resulta bastante sencillo. También puedes utilizar una sola imagen o un carrusel de imágenes. Puedes utilizar fotos relevantes o personalizadas. La única regla esencial sobre el material visual para tus anuncios es que debe dar una idea clara sobre lo que ofreces, comunicar exactamente lo que haces y cómo beneficia a tus potenciales clientes. Para esta última parte, incorpora soluciones a los problemas que enfrentan tus clientes.[280]

---

[279] Lawrance, C. (23 de julio de 2018.) Cómo reconocer y superar la Fatiga de Anuncios de Facebook. *Social Media Examiner.* https://www.socialmediaexaminer.com/recognize-overcome-facebook-ad-fatigue/.

[280] Shewan, D. (1 de mayo de 2020). Problemas: Una guía para encontrar y resolver los problemas de tus clientes *WordStream.* https://www.wordstream.com/blog/ws/2018/02/28/pain-points.

Por ejemplo, si ejecutas una campaña para mostrar los ahorros en el consumo de energía que brinda tu nueva serie de paneles solares, querrás que tu anuncio muestre claramente a tus posibles nuevos clientes que sus gastos en torno a las facturas de energía en sus hogares se reducirán drásticamente.

Añade una imagen o video que llame su atención y con esto tendrás un anuncio que seguramente será exitoso.

10. Ejecuta tus anuncios para posibles clientes en Facebook e Instagram

Finalmente, te recomendamos que uses Ubicaciones Automáticas para ejecutar anuncios en Facebook e Instagram.[281] Como te explicamos al principio, Facebook sigue siendo el rey de la colina en lo relativo a redes sociales en gran medida.

Fácilmente puedes reutilizar los anuncios que funcionaron bien en Facebook para que sean perfectos también para Instagram.

Todo lo que necesitas es aprovechar las Ubicaciones Automáticas. El direccionamiento funciona igual en ambas plataformas, así que no necesitas una nueva curva de aprendizaje. Simplemente toma los anuncios que ya funcionan en Facebook y llévalos a otra plataforma de redes sociales.

Los más graves errores que los negocios comenten con Facebook Ads

Por ahora, tienes toda la información que necesitas para ejecutar Facebook Ads para tu negocio de manera exitosa.

¡Felicidades!

Pero espera un momento.

---

[281] Por qué recomendamos las Colocaciones Automáticas. *Facebook para Negocios.* https://www.facebook.com/business/help/196554084569964.

Hemos visto negocios que pasan por esta clase de capacitación y aun así fracasan en su deseo de hacer crecer su negocio a través del *marketing* digital.

Y usualmente fracasan porque tienen una filosofía de hacer algo y luego olvidarlo.

Simplemente desean publicar un anuncio y después sentarse a esperar a que suene su teléfono o el de su recepcionista.

Como verdaderos expertos en el *marketing* con Facebook, nosotros te garantizamos que nuestros procedimientos funcionan y por eso insistimos en que si deseas que tu negocio crezca con este tipo de campañas, debes trabajarlas. Esto significa que debes monitorear el desempeño de tus campañas y Ads con respecto a tus usuarios para así determinar si estás obteniendo un ROI que justifique la inversión que estás haciendo.

La Analítica de Facebook te ayudará mucho con esto, pues te facilita determinar lo que funciona y lo que no funciona en tiempo real.[282]

Para cada anuncio que ejecutes en Facebook, puedes ver valiosas perspectivas si acudes al Administrador de Anuncios (Ads Manager). Algunas de estas perspectivas incluyen:

- El número de personas que vieron tu anuncio.

- El número de personas que hicieron clic en tu anuncio.

- La cantidad que gastaste en tu anuncio.

Y sin embargo, aún debes dar otro paso adicional.

Una vez que tengas esta información, haz referencias cruzadas con los resultados que estás viendo hoy en día con tu negocio. Esto te dará una gran base para optimizar tus Facebook ads incluso más.

---

[282] Analítica que prioriza a las personas para un mundo de Omni-canal. *Facebook Analytics*. https://analytics.facebook.com/.

La forma más fácil de convertir Facebook en la herramienta referente para tu negocio

Ahora ya tienes un plan de acción para utilizar Facebook con el propósito de alcanzar, interesar y atraer a nuevos clientes.

Si trabajas con dedicación y constancia, no debes tardar mucho en obtener resultados.

Parte 4

MIDIENDO RESULTADOS

Capítulo 13
Cómo medir los resultados
de tus campañas

Para poder mejorar tus campañas es indispensable que sepas en qué posición están en realidad. Para que no pierdas el tiempo probando diferentes métricas de medición, te indicamos cuáles son las más importantes para Google y Facebook Ads. Cuando descubras qué es exactamente lo que debes medir en tus campañas, sabrás cómo mejorarlas.

Los anuncios de PPC son sin duda la mejor inversión que puedes hacer en *marketing* para tu negocio. Sin embargo, crear anuncios exitosos no es fácil.[283]

Y gracias a su complejidad, nosotros tenemos trabajo, pues por más desafiantes que sean, en Nanato Media nos especializamos en dominarlos.

Si en el pasado intentaste hacer crecer tu negocio a través de anuncios de PPC y no tuviste éxito, no te des por vencido. Te entendemos al 100 % y estamos aquí para ayudarte.

Los anuncios PPC definitivamente no son amigables con el usuario y siguen una lógica compleja: no es que puedas pagarle a al-

---

[283] Fragkouli, N. y Levy, L. (29 de junio de 2020). Por qué el PPC es una gran inversión para tu firma de lesiones personales. *Nanato Media.* https://nanatomedia.com/blog/why-ppc-is-a-great-investment-for-your-personal-injury-firm/.

guien para colocar el logo de tu negocio y número telefónico en un autobús, espectacular o bardas de un parque.

Por supuesto, que los anuncios PPC no sean sencillos explican en parte por qué ofrecen un ROI tan alto. Es decir, crear anuncios PPC exitosos requiere que domines el tema (o contrates a una agencia especializada), pero las ganancias que pueden generarte son espectaculares.

A continuación utilizaremos nuestros años de experiencia creando *marketing* de PCC para explicarte uno de los aspectos más importantes, pero también más descuidados, de las campañas exitosas. La medición de los resultados.

El arma secreta para alcanzar el mejor resultado posible en tus campañas

Es lógico pensar que medir los resultados de sus campañas de PPC es prioritario para el dueño de un negocio, pues de esa manera puede tener control directo sobre el dinero que ha invertido para eso. Quizá no es una actividad placentera, pero hacerla te dará grandes resultados. Podríamos compararla al ejercicio o a las dietas. A la mayoría de las personas no nos gusta, pero se siente increíble subirte a la báscula y ver que has perdido peso o comprar pantalones una talla de cintura más pequeña.

A pesar de esto, nuestra experiencia nos ha mostrado que muchas personas no miden los resultados de sus campañas PPC.

Muchos negocios acuden a nosotros para pedir ayuda a pesar de que sus campañas de PPC les estaban dando resultados. Pero estaban perdiendo la oportunidad de ganar mucho más por no saber cómo evaluar debidamente las oportunidades para optimizar sus campañas y mejorar

Esto sería equivalente a perder peso, pero no saber qué te hizo perderlo. Resultaría frustrante, ¿no?, pues si no entiendes cómo has tenido éxito, terminarás por perderlo y darte por vencido.

No puedes permitir que esto le ocurra a tu negocio.

Por eso debes darles la máxima importancia a las métricas que utilizas para medir los resultados de las campañas de PPC de tu negocio. Piensa que resultan vitales para garantizar el éxito de tu inversión en *marketing*.

Varios negocios con los que nos hemos asociado tenían problemas antes de acudir con nosotros. Estos negocios nos afirmaban que ellos sí medían constantemente los resultados de sus campañas. Pero descubrimos que este monitoreo lo estaban haciendo con las métricas equivocadas.

Para seguir con nuestro ejemplo de pérdida de peso, imagina que en vez de determinar el éxito de tu dieta midiéndote la cintura, presión sanguínea o índice de masa corporal, lo haces a través de la talla de tus zapatos o la longitud de tu cabello.

Como puedes imaginarte, tu dieta va a fracasar por el simple hecho de estarla monitoreando por medio de los métodos equivocados.

Lo mismo ocurre con las campañas de tu negocio. Si las mides con las métricas incorrectas, van a fracasar y perderás mucho dinero durante el proceso.

Aclara cuáles son tus objetivos de *marketing* únicos

Una vez dicho esto, debes entender algo cuya importancia es vital. No existe una estrategia genérica que haga que inmediatamente tu negocio crezca. Cada estrategia (al igual que cada dieta) es personalizada y está estructurada de acuerdo a las necesidades y características individuales de cada negocio.

Tu negocio es único y por lo tanto necesita su propia estrategia única. También necesita que analices constantemente la perspectiva completa de dicha estrategia para que puedas irla ajustando de acuerdo a las necesidades de tu mercado local conforme vayas dominando sus exigencias. Posteriormente podrás optimizar esta estrategia para obtener los mejores resultados posibles.

Cada campaña es diferente.

Cada mercado es diferente.

En resumen, no existen reglas mágicas para que tus campañas sean exitosas. La clave del éxito es usar la mejor información que tienes disponible para crear las campañas, conocer las métricas correctas para rastrear sus resultados y después optimizar, optimizar y optimizar.

¿Qué tan frecuentemente debes optimizar?

Nosotros optimizamos las campañas con las que trabajamos cada hora.

¿Qué objetivos persigues?

Antes de explicarte las métricas más importantes que debes utilizar para monitorear tus campañas de Google y Facebook Ads, hay un paso esencial que debes dar antes de lanzar una campaña en cualquier plataforma:

Debes entender cuáles son tus objetivos.

Cuando decimos que cada campaña es diferente, significa literalmente que cada aspecto es distinto. Y los objetivos no son la excepción.

Para la mayoría de los negocios, el objetivo es generar nuevos clientes en línea que contraten los servicios que se ofrecen.

Sin embargo, no es necesariamente el objetivo de todos.

Si tu objetivo es ganar nuevos clientes que hagan crecer tu negocio, grandioso; pero quizá deberías considerar que no sea tu único objetivo y abrir tus campañas PPC también hacia otros propósitos.

Por ejemplo, no es inusual que los negocios acudan con nosotros porque desean usar sus campañas de PPC para generar conocimientos sobre ellos mismos. Esto lo vemos mucho en firmas legales que se especializan en manejar demandas globales. Otros negocios se han anunciado durante años en la televisión y la radio, así que ahora desean proteger su marca contra sus competidores y su objetivo es proteger su marca. Por lo tanto, les interesa más compartir impresiones y la frecuencia en que sus anuncios aparecen hasta arriba cuando un usuario busca el nombre de su marca en Google.[284]

Cinco métricas para medir tus campañas de Google Ads

Muy bien, veamos ahora lo positivo.

Damos por hecho que vas tomar muy en serio todo lo que acabamos de decir. Si es así, ha llegado el momento de profundizar por fin en la parte divertida, que además resulta determinante para aumentar las ganancias que los Google Ads le generarán a tu negocio.

Estos son los cinco KPIs (Indicador de Rendimiento Clave) de PPC que te aconsejamos revises cada día.

1. Donde todo comienza. Clics

Empezaremos con lo obvio, pero por más evidente que te resulte, debes seguir leyendo, pues vamos a entrar en muchos detalles que resultan muy importantes.

Sin importar el tipo de campaña que ejecutes o el tipo exacto de resultado que quieras, cada conversión única comienza con un

---

[284] Fragkouli, N. y Levy, L. (6 de agosto de 2019). Cómo proteger el nombre de marca tu firma legal usando Google Ad. *Nanato Media*. https://nanatomedia.com/blog/how-to-protect-your-law-firms-brand-name-using-google-ads/.

clic. Por esta razón, no es sorprendente que los clics sean el primer indicador del éxito de una campaña de PPC. Lo obvio: si no consigue clics, tu campaña no será exitosa. Por lo tanto, te recomendamos seguir de cerca los clics que tus campañas están generando. Y este tipo de rastreo es necesario que lo hagas al menos una vez al día. Te lo repetimos: nosotros optimizamos cada hora. Así pues, si es posible, te aconsejamos que revises las clases de clics que obtiene tu anuncio lo más a menudo posible.

¿Por qué?

Porque si tienes anuncios que no están generando clics, ¿qué caso tiene mantenerlos activos? Suponiendo que el anuncio esté consiguiendo impresiones, esto significa que por alguna razón ese anuncio no está convenciendo a los usuarios para hacer clic y convertirse en sus clientes...

Esto no va a cambiar por dejar que el anuncio se ejecute más tiempo.

2. Cuánto te están costando estos clics. Costo por clic

La segunda métrica absolutamente esencial de Google Ads a la que debes poner constante atención es el costo por clic (CPC) de tu campaña[285]. Como probablemente adivinas, esto se refiere a cuánto gastas en promedio cuando un usuario hace clic en uno de tus anuncios.

Lo que debes evitar a toda costa es tener un CPC que represente una pérdida. Cubriremos esto con más detalle a continuación, pero no puedes estar seguro si de verdad obtienes una ganancia hasta que sepas cuál es el CPC en tu campaña.

Si eres nuevo en esto del PPC, no te debe sorprender creer que hiciste todo bien solo para darte cuenta muy pronto, cuando ya lanzaste tu campaña, de que necesitas ajustar tu CPC.

---

[285] .Costo por clic (CPC): Definición. *Google Ads Help*. https://support.google.com/google-ads/answer/116495.

Por ejemplo, quizá estableciste tu presupuesto y tus ofertas demasiado altos al principio y después descubres que en tu mercado y en el área de cobertura específica de tu negocio te están cobrando tan solo una fracción de tu oferta por cada una de tus palabras clave. Muy bien, esto definitivamente no sería algo malo. De hecho, es algo muy bueno. Pero en este caso, querrás hacer ajustes en consiguiente para aprovechar plenamente esta noticia tan buena.

Lamentablemente, un escenario mucho más común es cuando un negocio recibe resultados limitados por sus campañas de PPC debido a que sus CPC son demasiado altos. El presupuesto del negocio simplemente no alcanza para participar en un mercado tan competitivo donde esta clase de costosos CPC son quizá la norma.

Cuando un negocio está en esta situación, nuestra recomendación es que aumente su presupuesto, pues al gastar más, pueden pagar la clase de CPC que sean necesarias para obtener resultados impresionantes.

Pero esta no es la única solución al problema. Existe otra forma de solucionarlo mucho menos obvia y ejemplifica perfectamente por qué no puedes tomar un enfoque estándar para las campañas de PPC. Para muchos negocios, aumentar su presupuesto es la mejor solución para enfrentar el problema de CPC altos.

Sin embargo, para otros, lo correcto, aunque suene muy raro, es reducir sus ofertas. Al hacer esto, podrías descubrir que tu negocio puede asegurar más clics en un día determinado sin tener que aumentar la cantidad que gastas. ¡Esta es una verdadera solución de ganar ganar!

Pero debes tener cuidado. Esta estrategia inteligente no es siempre la decisión correcta.

«¿Cómo puedo saber cuál es la mejor opción para mi campaña?, ¿cómo puedo saber si aumentar el presupuesto o reducir mis ofertas?».

Monitoreando tus métricas. La información necesaria para tomar las decisiones correctas te la dará medir constantemente el comportamiento de tus campañas.

En este caso, el mayor riesgo es que tu negocio no aparezca arriba en las búsquedas. Recuerda que para muchos negocios el objetivo de su campaña de PPC es dar a conocer su marca, así que quedar en cualquier lado que no sea arriba en la primera página de Google es un terrible fracaso.

Por otro lado, si tu objetivo es generar nuevos clientes que contraten tus servicios, no te debe importar dónde aparezca tu anuncio siempre y cuando logres este objetivo. Tus campañas pueden estar marcadas como de presupuesto limitado, ¿pero qué te importa si te están produciendo ganancias?

A la larga, todo se trata de ensayo y error. Por eso, tener experiencia es una enorme ventaja al hacer *marketing* con PPC.

Si eres nuevo y te faltan años de experiencia en la ejecución de campañas de PPC para negocios, aquí tienes un consejo importante: cuando comiences, siempre ejecuta las ofertas manualmente.[286] Esto creará una memoria caché de datos históricos que podrás aprovechar después, pero también te irá dando experiencia.

Finalmente, recuerda una cosa: si algo no está roto, déjalo como está. Cuando una campaña de PPC está logrando resultados para tu negocio, lo peor que puedes hacer es modificarla demasiado u optimizarla de manera desmedida.

3. A dónde va tu dinero. Índice de conversión y costo por conversión

Si no lo tienes todavía, asegúrate de configurar un seguimiento de conversión dentro de tu Google Ads.[287]

---

[286] Proehl, A. (28 de marzo de 2019). Lo que necesitas saber acerca de los presupuestos y ofertas de PPC. *Search Engine Journal.* https://www.searchenginejournal.com/ppc-guide/budgets-bidding/

[287] Añade una etiqueta de rastreo de conversión para tu sitio web. *Google Ads Help.* https://support.google.com/google-ads/answer/6331314.

Una razón por la que siempre aconsejamos a nuestros socios que hagan esto es porque les permite de manera fácil hacer referencias cruzadas de sus clics con sus conversiones.

«¿Por qué desearía hacer esto?».

Porque te quieres asegurar de que los clics que recibes realmente se conviertan en nuevos clientes.

Pero no es la única razón. También necesitas saber a qué velocidad están ocurriendo dichas conversiones.

Puedes determinar tu porcentaje de conversiones en Google Ads al dividir el número de conversiones que recibió tu anuncio entre el número total de clics que obtuvo.[288]

No podría ser más sencillo.

Es muy importante que conozcas cuál es tu costo por conversión en Google Ads, pues te servirá como referencia. Aunque recuerda que este no es tu CPA real, debido a que probablemente quieres calcular este número con base en los usuarios que realmente se convirtieron en clientes.

¿No te queda del todo claro? No te preocupes. Lo explicaremos más adelante.

No te olvides tus palabras clave

Antes de continuar con nuestra cuarta métrica importante que debes monitorear para lograr exitosas campañas de PPC, existe otra categoría relacionada con el CPC que debemos cubrir: las palabras clave.

Debes revisar qué palabras clave realmente te están funcionando para lograr conversiones. Después, igual que te aconsejamos antes, debes poner en pausa las ofertas sobre cualquier palabra

---

[288] Índice de conversión: Definición. *Google Ads Help*. https://support.google.com/google-ads/answer/2684489.

clave que tenga bajo desempeño. Y si no quieres ponerla en pausa, por lo menos reduce la oferta hasta que descifres qué tipo de ajustes son necesarios para hacerla funcionar.

De otro modo, seguirás gastando mucho dinero en palabras clave que simplemente no convierten usuarios en nuevos clientes. En realidad, estas palabras son devoradoras de presupuesto y por lo tanto las debes identificar cuanto antes (por eso nuestra insistencia en las revisiones diarias). Piensa que si no las eliminas a tiempo, te harán perder mucho dinero.

4. Cuánto le gustan a Google tus esfuerzos. Nivel de calidad de palabras clave

Hablando de palabras clave, no necesitas invertir años para obtener experiencia con el PPC y apreciar que algunas son sencillamente mejores que otras. Por lo tanto, en tus campañas debes distinguir con claridad qué palabras clave te están dando resultados y cuáles no.

Y para hacerlo, el Nivel de calidad Google es la herramienta ideal. A menudo se necesitan muchos años para que la gente aprecie la importancia que esta herramienta tiene para el éxito o fracaso de una campaña.[289] Por lo tanto, es un asunto que no puedes ignorar.

Hemos hablado mucho acerca de cómo el Nivel de calidad afecta tus Google Ads, pues no podemos subestimar el papel que desempeña para que tus campañas hagan crecer tu negocio o bien. Si lo ignoras, te pueden hacer perder dinero.[290]

El Nivel de calidad te muestra un estimado de cuán importantes son tus anuncios, palabras clave y páginas de destino para las personas que ven tu anuncio. Tu Nivel de Calidad actual y sus puntuaciones se determinan en cuatro divisiones:

---

[289] Acerca de la Puntuación de Calidad. *Google Ads Help*. https://support.google.com/google-ads/answer/7050591.

[290] Fragkouli, N. y Levy, L. (26 de junio de 2020). Lo que necesitan entender las firmas legales acerca de Google Ads. *Nanato Media*. https://nanatomedia.com/blog/what-law-firms-need-to-understand-about-google-ads/.

- Nivel de calidad

- Experiencia del usuario en la Página Destino

- Relevancia del Anuncio

- Tasa de Clic esperada (CTR)

Con su Nivel de Calidad, Google tiene la intención de ofrecerte un panorama general de la calidad de tus anuncios.

El Nivel de Calidad consiste en una calificación entre el uno y el diez que se reporta para cada palabra clave en tu cuenta. Esta calificación te brinda un estimado de la calidad de tus anuncios y sus correspondientes páginas destino.

Desde el punto de vista de un anunciante, el Nivel de Calidad es extremadamente importante por muchas razones. Esta métrica determina si una palabra clave es elegible para entrar en una subasta, y también si tu anuncio aparecerá cuando un usuario realice búsquedas en la Red de Búsqueda de Google.

Además, el Nivel de Calidad, junto con la oferta de CPC, determina la clasificación del anuncio. Este aspecto es muy importante, en especial para los anunciantes con un presupuesto limitado. La fórmula para clasificar un anuncio para la Red de Búsqueda de Google es la siguiente:

Clasificación del Anuncio = Oferta de CPC x Puntuación de Calidad

En términos generales, el Nivel de Calidad tiene un impacto más alto sobre el rendimiento de una campaña. Si has integrado de manera consistente los Niveles de Calidad a lo largo de tu campaña, es probable que tengas una sólida experiencia de conversión para tus buscadores, descuentos en precios y una campaña bien organizada.

Qué debes hacer ante un bajo Nivel de Calidad

Si observas que estás ganando tres de diez o cinco de diez, sin duda necesitas repensar tu campaña y la organización del grupo de anuncios. Divide tus palabras clave en grupos de anuncios más pequeños y después vuelve a escribir tus anuncios para abordar las palabras clave específicas por las que ofertas en cada una.

«Pero ¿qué ocurre si el problema se encuentra en mi página de destino?».

Si tu página de destino reporta un promedio bajo incluso después de que ajustaste tus palabras clave, entonces probablemente necesitas revisarla con expertos como nosotros.

Quizá lo que necesita tu página de destino es una optimización del porcentaje de conversión (CRO).[291] Debes invertir en un *copy* relevante que corresponda a cada grupo de anuncios específico en tu campaña.

Si usas las páginas de tu sitio web como páginas destino, es momento de cambiar eso.

Si tus Niveles de Calidad marcan seis de diez, divídelos y prueba nuevos *copys* de anuncio que sean totalmente distintos a cualquier cosa que hayas intentado antes y observa si esto funciona para aumentar tu CTR.[292]

Monitorea esto cuidadosamente y elimina los anuncios que, de acuerdo con la información que hayas recopilado, no te estén funcionando.

---

[291] Optimización del índice de conversión. *MOZ.* https://moz.com/learn/seo/conversion-rate-optimization

[292] Finn, A. (17 de julio de 2020). 10X tus pruebas A/B con variaciones de Google Ads. *WordStream.* https://www.wordstream.com/blog/ws/2018/02/13/adwords-ad-variations.

5. Estadísticas de subasta. Todos los detalles necesarios

El informe de Estadísticas de Subasta te indica:[293]

- Porcentaje de impresiones

- Porcentaje de superposición

- Porcentaje de *ranking* superior

- Porcentaje de posición superior

- Porcentaje en parte superior de la página

- Porcentaje en la parte superior absoluta de la página

El informe te mostrará estas métricas de acuerdo al rango de fechas que selecciones. Esto te facilita comparar tu rendimiento con el de los negocios que participan en las mismas subastas que tú. Es decir, tus competidores directos.

Puedes generar un informe para una o más palabras clave, grupos de anuncios o campañas (siempre y cuando cumplan un mínimo de actividad para el periodo seleccionado), y después puedes ir segmentando tus resultados por hora y tipo de dispositivo.

Las estadísticas de subasta más importantes son tres tipos de porcentajes: de impresiones, en la parte superior de la página y absoluto en la parte superior de la página.

Veamos rápidamente lo que significa cada uno.

Porcentaje de impresiones

El porcentaje de impresiones es el porcentaje de impresiones que recibió tu anuncio en comparación con la cantidad total de impresiones que podría recibir.[294]

---

[293] Utiliza perspectivas de subasta para comparar el rendimiento. *Google Ads Help*. https://support.google.com/google-ads/answer/2579754.

[294] .Acerca de la Participación de impresiones. *Google Ads Help*. https://support.google.com/google-ads/answer/2497703.

Esta elegibilidad se basa en tus actuales configuraciones de objetivos, estados de aprobaciones y Nivel de Calidad de tus anuncios. El porcentaje de impresiones es una forma poderosa de entender si los anuncios de tu negocio podrían o no alcanzar a más personas si aumentas tus ofertas o tu presupuesto.

Porcentaje en la parte superior de la página

El porcentaje para la parte superior de la página indica la frecuencia con la que tu anuncio (o el de otro participante, según la fila que consulte) se mostró en la parte superior de la página, encima de los resultados orgánicos de la búsqueda.

Para elevar tu porcentaje en la parte superior de la página, necesitas aumentar tu Posición del Anuncio.[295] Esta posición es lo que determina el lugar que ocupa tu anuncio en una subasta, y esta depende de tus ofertas y puntuaciones de calidad. Para mejorarla, te debes enfocar en dos factores:

- Elevar tus ofertas de CPC máximas

- Mejorar tu Nivel de calidad

El objetivo es lograr que este índice se acerque lo más posible al 100 % para que los anuncios de tu campaña generen clics y conversiones.

Porcentaje en parte superior absoluto de la página

Ahora, el porcentaje en parte superior absoluto de la página indica la frecuencia con la que su anuncio (o el de otro participante, según la fila que consulte) se mostró en la parte superior absoluta de la página como el primer anuncio encima de los resultados de la búsqueda orgánica.

---

[295] Acerca de la posición del anuncio y la clasificación del anuncio. *Google Ads Help*. https://support.google.com/google-ads/answer/1722122.

Esta métrica es particularmente importante para las campañas de protección de marca en español, debido a que las personas latinas a menudo prefieren realizar una llamada.[296] Por lo tanto, entre más arriba se muestre tu anuncio, mayores oportunidades tendrás de conseguir ese deseado clic.

Observa que el porcentaje en la parte superior de la página y el porcentaje en parte superior absoluto de la página están disponibles únicamente para la Red de Búsqueda.

Cómo medir exitosamente los resultados de tus Facebook Ads

Aunque Google Ads es una herramienta de *marketing* esencial para cualquier negocio moderno, que además sabes de qué manera optimizar, no puedes ignorar Facebook Ads.[297] Esto es especialmente cierto si, igual que muchos de nuestros asociados, deseas hacer *marketing* hacia los latinos.[298]

1. El KPI (Índice de Rendimiento Clave) para el *marketing* de Facebook

Probablemente esto no es muy sorprendente, pero si ejecutas Facebook Ads, lo más importante debe ser conseguir nuevos clientes.

Para ver qué tan bien lo estás haciendo, entra a la página de Resultados Facebook para anunciantes. Esta página te indica cuántos nuevos clientes has conseguido a través de Facebook Ads.

---

[296] Fragkouli, N. y Levy, L. (19 de agosto de 2020). Por qué tu firma legal necesita una Campaña Google Ad para protección de marca. *Nanato Media.* https://nanatomedia.com/blog/why-your-law-firm-needs-a-brand-protection-google-ad-campaign/.

[297] Fragkouli, N. y Levy, L. (14 de julio de 2020). Una introducción para Facebook Ads para las firmas legales de lesiones personales. *Nanato Media.* https://nanatomedia.com/blog/an-introduction-to-facebook-ads-for-personal-injury-law-firms/.

[298] Diversidad digital: Una mirada más cercana a los latinos estadounidenses. *Facebook for Business.* (5 de diciembre de 2014). https://www.facebook.com/business/news/insights/digital-diversity-a-closer-look-at-us-hispanics.

Sin embargo, aunque generar nuevos clientes es tu prioridad, no tiene que ser necesariamente tu único objetivo. Por ello te sugerimos poner atención a estos cuatro objetivos alternativos.

2. Cuántas personas vieron tu anuncio

Aunque esta métrica puede sonar muy parecida a impresiones, las métricas únicas son en realidad diferentes. Las métricas únicas te indican cuántas personas vieron tu anuncio al menos una vez.[299] Por otro lado, las impresiones incluyen múltiples vistas de tus anuncios, aunque provengan de la misma persona.[300]

El alcance de tus anuncios es un KPI grandioso, en especial cuando ejecutas una nueva campaña y deseas ver rápidamente qué tan visible es para tu audiencia.

3. Cuánto cuesta que tu anuncio provoque conversiones

El costo por resultado te indicará básicamente cuánto te está costando generar cada nuevo cliente, algo similar al costo por conversión en Google Ads.[301]

Puedes usar el costo por resultado para comparar los rendimientos entre diferentes campañas e identificar las áreas de oportunidad. Esta métrica también te ayuda a determinar tus ofertas para futuros grupos de anuncios.

Un número de distintos factores puede afectar esta métrica, incluyendo los siguientes:

- Anuncios sobre ofertas

- Público objetivo

- Eventos de optimización

[299] Métricas únicas. *Facebook for Business.* https://www.facebook.com/help/283579896000936.

[300] Impresiones. *Facebook for Business.* https://www.facebook.com/help/675615482516035.

[301] Costo por resultado. *Facebook for Business.* https://www.facebook.com/business/help/762109693832964.

- Anuncio creativo y mensajes

- Programación de anuncios

Tu costo por resultado se calcula por el importe gastado total dividido entre el número de resultados.[302]

4. Dónde se muestran tus anuncios

Cuando te anuncias en Facebook, la ubicación de tu anuncio tiene un impacto enorme sobre los costos de publicidad.[303]

Así pues, después de que identifiques tus ofertas de anuncios de óptimo rendimiento, puedes avanzar y optimizar tus campañas al aumentar tus ofertas de anuncios de óptimo rendimiento o eliminando grupos de anuncios si sus resultados tienen un rendimiento inferior al esperado.

5. Con qué frecuencia los usuarios de Facebook ven tu anuncio

Revisa la frecuencia para ver cuántas veces cada usuario de Facebook ve tus anuncios.[304]

Obviamente, te quieres asegurar de que las personas que los vean sientan la suficiente atracción para hacer clics, pero esto es igual de importante que protegerte contra no fatigar a la gente con tus anuncios.[305] Después de todo, si las mismas personas ven el mismo anuncio muy seguido terminarán por aburrirse. Esto ya es bastante malo, pero también hará que aumente tu costo por resultado.

[302] Cantidad invertida. *Facebook for Business.* https://www.facebook.com/business/help/1406571646230212.

Resultados. *Facebook for Business.* https://www.facebook.com/business/help/611432918970668.

[303] Sobre las colocaciones en Ads Manager. *Facebook for Business.* https://www.facebook.com/business/help/407108559393196.

[304] Frecuencia. *Facebook for Business.* https://www.facebook.com/business/help/1546570362238584.

[305] Lawrance, C. (23 de julio de 2018). Cómo reconocer y superar la fatiga de Facebook Ad Fatigue. *Social Media Examiner.* https://www.socialmediaexaminer.com/recognize-overcome-facebook-ad-fatigue/.

Se trata de un problema frecuente que puedes corregir creando diferentes variaciones del anuncio con distintos diseños o configuras una campaña con múltiples grupos de anuncios que sean variados. Después los puedes programar para que se muestren días de la semana diferentes.

De esta forma, la gente verá distintos formatos de tu mismo anuncio cada día y tu publicidad no será tan repetitiva.

Capítulo 14
Sácale jugo a tu base de datos

Si aún no mides los resultados de tus campañas, debes empezar a hacerlo inmediatamente. Aunque no puedes conformarte simplemente con rastrear datos. Piensa que esos datos te darán información esencial para poder tomar las decisiones correctas sobre cómo potencializar los resultados de tus campañas de *marketing* y garantizar que tu negocio genere nuevos clientes de manera consistente y tus ganancias aumenten.

Recuerda que la clave para dirigir un negocio exitoso es crear exitosas campañas de *marketing*. A menos que la fama de tu negocio sea tanta que la simple mención del nombre de la marca te brinde ganancias, vas a tener que buscar activamente cómo atraer nuevos clientes, y el *marketing* digital es la herramienta más poderosa para hacerlo.

E incluso si tu negocio es muy conocido desde hace varias décadas, la fama ya no es suficiente para triunfar en la era digital, pues cualquier empresa recién formada puede competir contra una consolidada a través de una exitosa campaña de *marketing*.

Quizá ya lo sabes, la forma más eficaz de generar nuevos clientes sin gastar de más es el *marketing* digital. Y quizá las campañas digitales de tu negocio han obtenido buenos resultados. Pero debes saber algo más. Algo que nuestra experiencia nos indica que pocos dueños de negocios saben: tener buenos resultados no es suficiente para el éxito de una campaña exitosa. Los buenos resultados son solo el comienzo. La clave para tener un éxito extraordinario y tener ganancias sorprendentes es saber rastrear esos resultados e interpretar sus datos con eficacia para potencializar el poder del *marketing* digital.

Por qué las métricas correctas son esenciales para el *marketing* digital de tu negocio

Uno de los dichos más antiguos en el mundo de los negocios dice algo como «si no puedes medirlo, no puedes mejorarlo».

Como dueño de un negocio, es indispensable que entiendas lo importante que es para tus campañas de *marketing* saber rastrear sus resultados e interpretar los datos. De lo contrario, ¿de qué manera podrás medir si están siendo exitosas o no?

«Yo siempre mido los resultados de mis campañas. Y es un asunto de lógica elemental: Si descubro que entra más dinero que el que sale, para mí es obvio que están siendo exitosas. ¿No?».

No, ¡esta no es la forma de medir el éxito de una campaña de *marketing* digital!

Piensa que el objetivo de una campaña de *marketing* no es simplemente «ganar más de lo que inviertes», sino partir de cualquier buen resultado para potencializar al máximo esos aciertos. Es decir, se trata de cada vez ir perfeccionando su desempeño por medio de la interpretación de datos. Por lo tanto, si mides los resultados de tus campañas bajo la lógica de «entra más dinero que el que sale, entonces funciona», te podemos asegurar que estás perdiendo la oportunidad de ganar mucho dinero.

Entre mejor entiendas cómo trabajar para generar nuevos clientes, mayor cantidad de ellos vas a generar. Y para entender eso, necesitas monitorear los resultados de tus campañas y saber cómo interpretar sus datos. Piensa que si tú no lo haces, lo harán tus competidores, y cada cliente que tu negocio pierde por no monitorear los resultados de sus campañas, lo va a ganar un negocio que sí lo hace.

¿A qué nos referimos con «cliente calificado» para tu negocio?

Estos análisis acerca de la generación de nuevos clientes para tu negocio hacen que surja una pregunta muy importante:

¿Qué es exactamente un cliente calificado?[306]

Simplemente, un cliente calificado es una persona que coincide con una de tus personalidades de comprador y necesita tus servicios inmediatamente.[307] En el caso de muchas personas latinas estadounidenses, esto también se puede referir a un familiar que les ayuda a conseguir el tipo de servicios que tu negocio ofrece (una razón más para realizar anuncios escritos tanto en inglés como en español)

«¿Pero qué pasa si mis posibles clientes no necesitan mis servicios de inmediato?».

Sabemos que existen muchos negocios que ofrecen servicios que no necesariamente son urgentes (por ejemplo, la instalación de paneles solares, que suele requerir de un proceso más tardado para comparar distintas opciones). En estos casos, un cliente calificado es alguien que activamente esté buscando lo que tu negocio ofrece (instalar paneles solares en su casa). Aunque quizá no vaya a contratarte hoy, es muy posible que sí lo haga dentro de una o dos semanas.

---

[306] AJ Traver, A. J. (21 de marzo de 2020). Prospectos calificados versus no calificados. *SugarCRM*. https://www.sugarcrm.com/blog/qualified-versus-unqualified-leads/.

[307] Fragkouli, N. y Levy, L. (13 de septiembre de 2020). Cómo crear una personalidad de comprador para tu firma legal. *Nanato Media*. https://nanatomedia.com/blog/how-to-create-your-law-firms-buyer-persona/.

La tecnología resulta esencial para interpretar exitosamente los resultados de tus campaña

Para nosotros no es agradable darnos cuenta de que tu negocio está perdiendo la posibilidad de generar muchos nuevos clientes (y mucho dinero) por el simple hecho de que no has sabido cómo rastrear e interpretar los resultados de tus campañas de *marketing*. Y nos resulta aún menos agradable saber que quizá sí has querido rastrear e interpretar esos resultados, pero lo has hecho ¡sin la ayuda de la tecnología!

Intentar rastrear e interpretar los resultados de una campaña de *marketing* digital sin la ayuda de tecnología es como intentar calcular mentalmente cuánta gasolina le queda a tu coche.

¿Es posible hacerlo?

Sí, tal vez es posible.

¿Es necesario?

Absolutamente no.

¿Tiene sentido siquiera intentarlo cuando dispones de un método barato encargado de hacerlo con exactitud?

No, no tiene sentido.

Claro que no lo tiene.

Si eres nuevo en el tema de rastrear e interpretar los resultados de tus campañas, no te preocupes. Debes saber que tienes muchas tecnologías a tu disposición para hacerlo. Sin embargo, no todas son buenas.

«¿Pero cómo puedo saber qué tecnología es la ideal para rastrear los resultados de mis campañas?».

No te preocupes, ¡estamos aquí para ayudarte!

No solo contestes las llamadas, ¡también debes rastrearlas!

Aquí te presentamos una lista en la que enumeramos maneras en las que tu negocio puede potencializar el éxito de sus campañas mediante el uso de tecnología en el monitoreo de sus resultados. La primera manera es quizá la más simple, pero no por eso deja de ser una de las más importantes.

1. Rastrear la llamada

De acuerdo con un estudio realizado por Invoca,[308] ¡el 40 %! de los consumidores de servicios para el hogar que llaman desde la búsqueda terminan comprando (también terminan realizando acciones como concertar una cita, preguntar precios y consultar horarios). Según el mismo estudio, las personas que buscan servicios de plomería, reparación de electrodomésticos o instalación de vallas son las que más terminan llamando, pues suelen requerir este servicio con urgencia y por lo tanto prefieren hablar directamente al negocio (y no llenar formularios).

«¿Qué significa esto para mi negocio?».

Bueno, lo primero es que tu negocio cuente con un sitio web que sea compatible con teléfonos celulares.[309] No solo la gran mayoría de tus posibles clientes usará probablemente smartphones para buscar tu sitio, sino que también Google prefiere los sitios compatibles con celulares.[310] Así pues, si deseas aparecer en las búsquedas, es importante que aparezcas en los teléfonos.

---

[308] Owen, R. (25 de junio de 2021). 29 estadísticas que los servicios caseros necesitan saber para hacer marketing en 2021. *Invoca*. https://www.invoca.com/blog/home-services-marketing-stats

[309] McCormick, K. (9 de abril de 2018). 5 razones para tener un sitio web de negocios amigable con los teléfonos móviles. *Thrive Hive*. https://thrivehive.com/mobile-friendly-website-benefits/.

[310] Uzialko, A. (5 de enero de 2020). Por qué tu sitio web necesita ser compatible con los móviles y Google. *Business News Daily*. https://www.businessnewsdaily.com/7808-google-search-ranking-mobile.html.

Lo mismo aplica para tus páginas de destino específicas para tus campañas de paga. Según Google, si no son adaptables para dispositivos móviles, resulta 5 veces más probable que los visitantes la abandonen y no puedes permitir que eso te pase a ti. Imagínate invertir todo este esfuerzo y dinero para terminar dirigiendo a tus potenciales clientes a una página de destino que no pueden entender y perder su negocio.[311]

Para rastrear eficazmente las llamadas de teléfono que tu negocio recibe, necesitas usar la tecnología de rastreo de llamadas.[312] Esta solución facilita que tu negocio pueda medir qué tan exitosos están siendo sus esfuerzos de *marketing* digital. Como lo sugiere el término, el rastreo de llamadas realmente da seguimiento a las llamadas que entran a tu negocio, de tal manera que podrás identificar qué elemento específico de tus campañas de *marketing* atrajo esa llamada.

«¿Y de qué puede servirme conocer esa información?».

Considera que cada elemento de tus campañas de *marketing* ofrecerá resultados distintos. Esto significa que uno o dos elementos de tus campañas sobresaldrán de los demás por su eficacia para atraer nuevos clientes para tu negocio. Así que esta información te servirá para quitar los elementos que no funcionan, mantener los que sí funcionan y así hacer que tus campañas sean cada vez más y más poderosas.

Si estás rastreando las llamadas entrantes a tu negocio, es posible que no sepas de dónde proviene el 80 % de tus conversiones.

Piensa en eso por un momento.

Quizá simplemente supones que sabes cuáles son los elementos de *marketing* en tus campañas que te están atrayendo esas llamadas. Si simplemente lo supones, sin tener una confirmación

---

[311] Página oficial de Google, https://support.google.com/google-ads/answer/7323900?hl=es-419 .

[312] Andersen, D. (4 de junio de 2020). ¿Qué es el rastreo de llamadas y cómo funciona? *Dailog Tech.* https://www.dialogtech.com/blog/what-is-call-tracking.

tecnológica, es muy posible que tus asignaciones de presupuesto sean equivocadas y te hagan perder dinero.

Rastrear las llamadas que recibes te permite justamente tener datos precisos sobre qué elementos de tu campaña funcionan. Por lo tanto, podrás asignar tu presupuesto de manera ideal y conseguir más nuevos clientes sin aumentar tu presupuesto destinado a *marketing*.

De igual manera, rastrear las llamadas te permitirá identificar qué elementos de tu campaña no están funcionando. Esta información te permitirá dejar de asignar presupuesto a esos elementos y así ahorrarte dinero que de otra manera seguirás perdiendo.

Como podrás darte cuenta, con el simple ejercicio de rastrear las llamadas que recibes podrás perfeccionar tus campañas de *marketing* sobre bases reales y así garantizar el crecimiento de tu negocio.

2. Inserción de un número dinámico

¿Ya estás convencido de que debes rastrear las llamadas que recibes para perfeccionar tus campañas de *marketing*?

Muy bien, entonces ha llegado el momento de hablar sobre la mejor forma posible para hacerlo.

El método que siempre recomendamos a los negocios con los que nos asociamos se llama inserción de un número dinámico.[313], pues es un concepto sencillo que brinda grandes resultados a las campañas de *marketing* digital.

«¿Cómo funciona?».

Sigue una lógica simple: tus posibles nuevos clientes verán un número de teléfono distinto dependiendo de qué canal están utilizando para entrar en contacto contigo y desde dónde lo están haciendo.

---

[313] Inserción de un Número Dinámico (DNI). *Twilio Docs*. https://www.twilio.com/docs/glossary/what-is-dynamic-number-insertion.

Claro, todos los números se dirigen hacia el mismo lugar: tu negocio. No importa que te contacten a través del teléfono que encuentran en Facebook o en Google, o que te llamen de un estado lejano o desde una ciudad ubicada a kilómetros de distancia. Todas esas personas obtendrán exactamente lo mismo: contactarte para preguntar por tus servicios.

¿Comienzas a darte cuenta de lo útil que resulta esto para atraer nuevos clientes?

Los números dinámicos te permiten dividir eficazmente a tus posibles nuevos clientes en dos importantes divisiones:

- Su ubicación geográfica

- La forma en que encontraron tu número

«¿Y de qué manera esto podría ayudarme a usar mejor mi presupuesto?».

A continuación te lo explicamos.

Lograr una transición fácil

Si tu negocio es reciente, puedes adoptar el método de la inserción de números dinámicos sin el mayor problema. Sin embargo, si tu negocio lleva varios años funcionando con otro método, debes asegurarte de que la transición sea fácil.

«Sí, mi negocio lleva 30 años utilizando un solo número en todos sus canales de *marketing*. ¿Qué debo hacer para no perder clientes durante la transición hacia el método dinámico?».

Debes asegurarte de transitar hacia el método dinámico de la forma correcta. Y esta forma correcta de hacerlo consiste en mostrar el número personalizado de tu negocio (el que siempre has usado) en una imagen colocada en tu página de destino y tu sitio web. Cuando alguien haga clic en esa imagen, no se marcará el número personalizado, sino el número de rastreo correspondiente.

De esta manera, nada cambia en las experiencias de tus posibles nuevos clientes, pero tú sí obtienes las grandes ventajas de poder rastrear y agrupar sus llamadas.

Ahora, para ser justos, debemos decir que existen muchas cosas que puedes hacer usando tu número personalizado con rastreo de llamadas, desde extensiones de llamada hasta anuncios de solo llamada que siempre mostrarán tus números de rastreo.[314]

3. Rastreo de palabras clave

Como puedes darte cuenta, el rastreo es una herramienta de *marketing* que nos entusiasma.

Mediante el rastreo de palabras clave obtendrás todo tipo de datos útiles sobre las formas en las que tus posibles nuevos clientes han obtenido la información para contactar con tu negocio:[315]

- URL de referencia

- Términos que utilizaron en su búsqueda

- Página destino de origen

«¿Cómo funciona el rastreo de palabras claves?».

De nueva cuenta, se trata de un proceso muy sencillo (y la sencillez es otro elemento que nos entusiasma).

Cuando un visitante llega a tu página destino a través de una búsqueda que realizó en línea, se le asigna un número telefónico único durante la totalidad de su estancia. Este número específico se pega a él durante el tiempo que permanezca en tu página destino. Y ese visitante es el único que puede ver ese número específico mientras está en línea contigo.

---

[314] Crear anuncios solo de llamada en Google Ads. *Search Ads 360 Help*. https://support.google.com/searchads/answer/6306066.

[315] Capturar los datos de la sesión completa para los que llaman con el Rastreo de llamada en el nivel de los visitantes. *CallRail*. https://www.callrail.com/call-tracking/reporting/keyword-level-tracking/.

Por lo tanto, cuando te llama, tú sabrás dos cosas fundamentales sobre él:

- Qué palabras clave utilizó para entrar a tu página destino

- A cuál página de llegada ingresó

Con esta información tú puedes optimizar tus páginas de destino, priorizar las palabras claves ganadoras, ajustar tu estrategia de ofertas, y lo más importante, obtendrás una poderosa ventaja competitiva.

4. Grabación de llamadas

Este método se explica por sí mismo y es bastante evidente por qué resulta tan útil.

Al utilizar las grabaciones de llamadas tanto para tus llamadas entrantes como salientes, puedes regresar a ellas fácilmente y monitorear las llamadas con cada uno de tus posibles nuevos clientes.[316]

Te alegrará si invertiste en esta útil herramienta la próxima vez que no puedas recordar un detalle importante, o tu recepcionista se olvide de escribir algo.

Sin embargo, para propósitos de *marketing*, nada le gana a las grabaciones de llamadas para desmenuzar las razones por las cuales las personas llaman a tu negocio. Específicamente, puedes evaluar si estas razones coinciden con las campañas que los atrajeron hacia ti.

Y esto no es todo.

Las grabaciones de llamadas te permiten también evaluar la calidad de respuesta que tiene tu negocio, incluyendo cuán rápido tu equipo de recepción es capaz de contestar el teléfono. Esto podría sonar como un detalle pequeño, pero si tu equipo constantemen-

---

[316] Revisar las llamadas en cualquier momento con la grabación de llamadas. *CallRail*. https://www.callrail.com/call-tracking/manage/call-recording/.

te responde tarde, muchos de esos posibles nuevos clientes que te cuesta tanto trabajo generar podrían terminar colgando para ponerse en contacto con tus competidores.

Por supuesto, resulta igualmente importante asegurar que, cuando las personas llamen, tus recepcionistas sean amigables, respetuosos y útiles.

En resumen, no dejes nada al azar en lo que concierne a tus llamadas. Debes grabarlas y escucharlas para mejorar cada aspecto de ellas.

5. Atribución multicanal

No podemos dejar de acentuar la gran importancia que tiene invertir en el poder de la atribución multicanal.[317] Con este método podrás conocer cada punto de contacto único que condujo a tu posible nuevo cliente a realizar una llamada telefónica a tu negocio.

Piensa en cuántas cosas te podría enseñar esto para optimizar este camino.

Por ejemplo, digamos que un visitante entra a tu página destino a través de un Google Ad.

Pero es hasta dos días después que recuerda visitar tu sitio web y decide regresar para obtener más información.

Así pues, ¿qué hace él?

Bueno, ya no tiene a la mano tu anuncio, así que entra a tu sitio web mediante una búsqueda en Google. Una vez que tiene la información que necesita, sale de ahí.

Transcurren cinco días y uno de tus anuncios de redirección atrapa otra vez su atención.[318]

---

[317] Ver una historia completa de cada interacción que un hablante tiene con tu negocio, *CallRail*. https://www.callrail.com/call-tracking/reporting/multichannel-lead-attribution/.

[318] Muhammad, F. (1 de julio de 2020). Redirigir 101: Todo lo que necesitas para alcanzar un ROI mayor. *Instapage*. https://instapage.com/blog/what-is-retargeting.

Debido a que el código de rastreo de dicho anuncio recuerda el canal original para este visitante, él verá el mismo número telefónico cada vez que interactúe con tu presencia en línea.

Una vez que finalmente se convierte de posible cliente a un nuevo cliente real, obtendrás un desglose detallado de cada interacción que tuvo con tu sitio y qué canales de *marketing* fueron responsables de convertirlo, así que podrás tomar decisiones respaldadas por datos duros acerca de cómo debes proceder para seguir captando clientes de manera consistente.

La clave para aprovechar al máximo tus prospectos: ¡Califícalos!

Si todo lo que haces es tomar el consejo anterior y usar la tecnología para rastrear a tus posibles nuevos clientes, podrás generar y convertir a más de ellos en un lapso de tiempo mucho más corto.

Lamentablemente, hacer esto puede ocasionar un nuevo problema para tu negocio: tener demasiados posibles nuevos clientes.

Al respecto no puedes hacer mucho. Cuando utilizas el potencial de la tecnología para rastrear a posibles nuevos clientes, es inevitable que termines con más nuevos clientes reales que nunca antes.

Sin embargo, si esto te ocurre, te proponemos una solución: califica a tus posibles nuevos clientes.[319]

La forma de hacer esto es asegurar que tus recepcionistas siempre marquen las llamadas entrantes y los formatos con la distinción entre posibles nuevos clientes calificados y no calificados. También deben incluir cualquier otro dato importante que pueda ser útil.

Esto te dará información precisa adicional para que entiendas mejor la clase de nuevos clientes que están generando tus ele-

[319] Mitchell, D. (31 de enero de 2020). Cómo calificar a los líderes de la mercadotecnia. *CallRail.* https://www.callrail.com/blog/how-to-qualify-marketing-leads/.

mentos de *marketing* y el ROI que podrías esperar obtener de cada uno de ellos.

Las plataformas de rastreo de llamadas que mencionamos antes manejan automáticamente gran parte de los pasos que integran el proceso. Las plataformas utilizan modelos de inteligencia artificial (como funciones de conversación automática, transcripciones y localización de palabras claves) para darte datos valiosos de manera eficiente.

Aunque existe un gran número de plataformas para rastreo de llamadas, nosotros te recomendamos sin la menor duda que utilices CallRail.[320]

En Nanato Media hemos sido orgullosos socios de CallRail durante un tiempo y estamos muy satisfechos con las perspectivas que nos aporta para optimizar las campañas de PPC de los negocios con base en métricas de negocios reales.

Dicho esto, si decides explorar todas las opciones, tenemos otra recomendación: pregunta si hacen rastreo de formularios y mensajes de texto. Para optimizar tus campañas, querrás tener datos sobre todos los tipos de conversión, no solo de las llamadas telefónicas.

Agiliza tu proceso de generación de nuevos clientes con una solución de CRM

Las soluciones de Gestión de las Relaciones con Clientes (CRM, por sus siglas en inglés) son otro ejemplo de algo fundamental para generar nuevos clientes de manera consistente para los negocios modernos.[321] Este tipo de soluciones funcionan almacenando toda la información importante que registras acerca de un posible nuevo cliente en un solo lugar fácilmente accesible,

---

[320] *Software* de rastreo de llamadas y analítica de mercadotecnia. *CallRail.* https://www.callrail.com/.

[321] Recepción de clientes, CRM y *software* de automatización de mercadotecnia. *Lawyerist.* https://lawyerist.com/reviews/intake-crm/.

al tiempo que también reduce el número de procesos repetitivos que tu equipo tendría que realizar de otra manera.

Tu CRM comienza a registrar esta información desde la primera vez que interactúas con un posible nuevo cliente calificado y después continúa haciéndolo hasta tu última interacción con él.

En su nivel más básico, una CRM sencilla te permitirá configurar tus interacciones y gestionar la información de contactos para todos tus clientes potenciales.

Sin embargo, si la utilizas bien, una CRM te permitirá extraer con eficacia los datos para que puedas analizar tus flujos de trabajo, relaciones e índice de éxito con clientes tanto nuevos como ya existentes.

Recuerda, si puedes medir algo, puedes mejorarlo.

Después de años de trabajar estrechamente con diversos negocios, te podemos decir que los negocios más exitosos almacenan la información de contacto de sus clientes (incluyendo necesidades específicas), notas de interacciones previas e incluso los datos biográficos correspondientes. Y almacenar toda esta información no les sería posible si no utilizaran una CRM.

Al rastrear las interacciones anteriores que tuviste con tus clientes, te puedes involucrar en un nivel más personal en lugar de adivinar lo que debes decir durante los primeros minutos de cada llamada. Así crearás una experiencia personalizada de compra y esos detalles son clave para que tu negocio se distinga por encima de tus competidores.

Probablemente descubrirás que una CRM también te motivará a ser proactivo acerca de tu interacción con los clientes. Para poder seleccionar la plataforma correcta, pregúntate a ti mismo: «¿Qué quiero lograr con una CRM para mi negocio?». No debes tomar simplemente cualquier *software* y empezar a usarlo. Debes planear y documentar cada paso de tus procesos. Después debes determinar tus necesidades antes de invertir tiempo y dinero en una nueva solución de CRM.

Además, debes asegurarte de que tu CRM se integre con tu plataforma de rastreo de llamadas, lo cual nos conduce al siguiente punto.

¿Tu negocio necesita una CRM y una solución para rastreo de llamadas?

No hay duda, el rastreo de llamadas es esencial para cualquier negocio moderno.

Tu negocio simplemente no puede crecer sin tener un *software* de rastreo de llamadas.

Esta es la razón por la cual lo recomendamos.

Pero la situación ideal sería tener tanto un sistema de rastreo de llamadas como una CRM para rastrear las conductas de tus posibles nuevos clientes.

Por su parte, el rastreo de llamadas resuelve a la vez varias cuestiones esenciales para tu negocio:

- Monitorea las llamadas perdidas para que no pierdas a un cliente debido a que no se le respondió.

- Determina cuáles canales de *marketing* te generan con más frecuencia a posibles nuevos clientes calificados.

- Evalúa el trabajo de tu equipo de recepción y mejora la calidad del servicio que les brindas a los clientes.

- Monitorea y entiende todas las interacciones que tus posibles clientes siguieron antes de comunicarse contigo.

Obviamente, todas estas cosas son muy útiles y verdaderamente necesarias.

Ahora veamos las ventajas que una CRM le ofrece a tu negocio:[322]

- Muestra el estado de cada posible nuevo cliente y los monitorea para no perderlos.

- Permite que tu equipo clasifique y priorice rápidamente a tus posibles nuevos clientes obtenidos de las campañas que diseñaste para generar volumen a través del envío de formatos de tal manera que tu equipo de recepción pueda responderles de manera oportuna y eficiente.

- Puedes localizar fácilmente los datos de tus clientes, sin tener más hojas de cálculo, correos electrónicos o notas adhesivas.

- Las soluciones de CRM inteligentes te permiten ampliar el poder de las interacciones entre los agentes de servicio y los clientes, enrutar los casos especiales al agente apropiado, además de ayudar a los agentes para responder preguntas con conocimientos compartidos.

Ahora debes saber que el rastreo de llamadas y CRM no funcionan de manera separada. Es posible combinar sus posibilidades, de tal manera que su funcionamiento conjunto le ofrezca a tu negocio poderosos beneficios:

- Automatización de los procesos de trabajo.

- Informes sencillos sobre los posibles nuevos clientes calificados, las diferentes etapas por las que transitaron los posibles nuevos clientes y la base de clientes.

- Monitoreo de los KPI actuales.

- Rastreo de la efectividad de los canales de *marketing* en el contexto de las llamadas y su índice de conversión.

---

[322] 7 señales de que necesitas un Sistema de CRM (Administración de Relaciones con Clientes). *Salesforce*. https://www.salesforce.com/solutions/small-business-solutions/crm-basics/customer-relationship-management-system/.

Por último, pero no menos importante, necesitas una CRM para integrarla con tu sistema de administración de clientes y así poder realizar una transición transparente de los posibles nuevos clientes cuando se conviertan en clientes reales. Existen diversas plataformas de administración que poseen algunas capacidades de CRM. Quizá te interese explorarlas.

Entender la importancia del valor promedio de un cliente y el CPA

En esta sección, analizaremos una razón extremadamente importante que necesitas saber para rastrear minuciosamente a tus posibles nuevos clientes: el CPA (Costo Por Adquisición).[323]

Hemos mencionado anteriormente que debes rastrear el CPA ideal de tus Google Ads. Y quizá ya lo estás haciendo.[324] Quizá, incluso, ya has ejecutado Google Ads el suficiente tiempo para tener algunas métricas reales que puedes usar para mejorarlos. Y digamos que también implementaste tanto el rastreo de llamadas como una solución de CRM.

Ahora que ya sabes dónde encontrar a posibles nuevos clientes calificados y cómo generar un informe sobre ellos, es momento de calcular tu CPA real para que puedas determinar cuál es tu ROI.[325] Esta es la proporción entre cuánto invertiste para atraer a nuevos clientes y cuántos nuevos clientes realmente generaste durante el mismo periodo.

---

[323] ¿Qué es el Costo Por Adquisición (CPA)? (Actualizado para 2019). *Big Commerce.* https://www.bigcommerce.com/ecommerce-answers/what-is-cost-per-acquisition-cpa-what-is-benchmark-retailers/.

[324] Fragkouli, N. y Levy, L. (26 de junio de 2020). Lo que necesitan entender las firmas legales acerca de Google Ads. *Nanato Media.* https://nanatomedia.com/blog/what-law-firms-need-to-understand-about-google-ads/.

[325] Las métricas de mercadotecnia que deberías rastrear (pero probablemente no lo haces) [Plantilla gratuita]. *Postali.* (18 de junio de 2017). https://www.postali.com/tracking-cost-per-client-acquisition/.

En otras palabras:

> CPA de tu negocio = Inversión en anuncios/Número de nuevos clientes

Aquí hay un ejemplo que te ayudará a entender mejor el CPA real.

Digamos que invertiste 5000 dólares al mes en Google Ads para tu negocio. Por este presupuesto de 5000 dólares obtuviste cien clics. De esos cien clics, conseguiste diez posibles nuevos clientes (llamadas telefónicas y envío de formatos de posibles nuevos clientes).

Si tu índice de cierre es del 10 %, entonces diez nuevos prospectos cada mes van a derivar en un nuevo cliente cada mes.

Así pues, en este escenario, tendrías un costo de CPA de 5000 dólares. Por lo tanto, requerirás de 5000 dólares invertidos en Google Ads para conseguir un nuevo cliente. Por ejemplo, si tu negocio es de instalación de paneles solares, podrías pensar que este porcentaje resulta suficiente. Podrías pensar que ya tienes toda la información necesaria para optimizar tus estrategias de *marketing*.

Sin embargo, te falta algo extremadamente importante.

¡Perspectivas!

Si analizas esta ecuación, ¿cómo sabes si tus esfuerzos de *marketing* en línea son rentables? También debes calcular tu valor de cliente promedio.

¿Cuál es el valor de un cliente para ti? Si las ganancias promedio que obtienes de un cliente que instala paneles solares en su casa son 15 000 dólares, entonces el valor de tu cliente promedio es de esos 15 000 dólares.

Con estas cifras, estarías invirtiendo 5000 dólares en Google Ads para obtener un nuevo cliente que, en promedio, te aportará una ganancia de 15 000 dólares.

Esto significa que deberías ganar 10 000 dólares por cada cliente que consigues de Google Ads (15 000 por el valor del cliente promedio menos $5000 del costo por adquisición).

Esta es la forma en que debes pensar acerca de la rentabilidad con Google Ads. Determina el valor de tu cliente promedio y después asegúrate de que ese número es más alto que el de tu costo por adquisición.

No olvides pensar también a largo plazo. Además de tu ganancia promedio por cliente, el posible nuevo cliente correcto literalmente podría cambiar tu vida de pendiendo de los que ofreces. Un posible nuevo cliente que se convierte realmente en un nuevo cliente puede valer desde unos pocos cientos a miles de dólares.

Mejora las métricas de tu negocio para mejorar (rápidamente) los resultados de tu estrategia de marketing

Ya mencionamos esto antes, pero vale la pena repetirlo: si no estás rastreando a tus posibles nuevos clientes, ten por seguro que al menos algunos de ellos ya contrataron a tus competidores.

Esto podría significar que has dejado ir a un posible nuevo cliente que te hubiera aportado cientos. Incluso podrías haber perdido miles de dólares.

Parte 5

MIDIENDO EL ÉXITO

Capítulo 15
Empatía y amabilidad.
Tus llaves para tener éxito

Tus campañas pueden ser perfectas y generarte muchas personas dispuestas a contratar tus servicios. Pero si cuando esas personas dispuestas a contratarte llaman a tu negocio y nadie les responde (o la respuesta que reciben no es profesional), vas a perderlos (y perder dinero). A este tránsito de convertir potenciales clientes en clientes reales se le denomina Proceso de Compra y resulta un elemento clave para garantizar el éxito de tus campañas de *marketing* y, por lo tanto, el crecimiento de tu negocio.

Desde una mirada de *marketing* tradicional, el Proceso de Compra es algo que se da por sentado. Es decir, suele creerse que si realizas correctamente todos los pasos que integran una campaña de *marketing*, el Proceso de Compra se cumplirá automáticamente, por inercia.

Este tipo de enfoque parte de la siguiente lógica. Si tu campaña es exitosa, provocará que la gente se interese por tu negocio y por lo tanto contratará automáticamente tus servicios. Este enfoque resultó sensato para los mercados del pasado, ¡pero no es vigente en la era del *marketing* digital!

Simplemente no puedes conformarte con tener una campaña que llame la atención. Tienes que asegurarte que ese interés se traduzca en llamadas a tu negocio y, sobre todo, ¡que esas llamadas se traduzcan en nuevos clientes que contratan tus servicios!

Como ya te dijimos, esto se le conoce como Proceso de Compra y en este capítulo te explicaremos de qué manera realizarlo eficazmente y lograr materializar una buena campaña de *marketing* en nuevos clientes que hagan crecer a tu negocio de manera consistente.

Por qué necesitas tratar el Proceso de Compra de modo diferente

El Proceso de Compra inicia cuando un posible nuevo cliente habla por primera vez con tu negocio. Hasta antes de esta llamada, ese posible cliente únicamente había interactuado con materiales de *marketing* en línea diseñados para un público más grande. Es probable que esa persona solo haya interactuado con tu negocio a través de un video informativo en tu sitio web acerca de los servicios que ofreces.[326]

Pero no había hablado de verdad contigo.

El Proceso de Compra es la instancia final, en la que tú le demuestras a esa persona que tu negocio es profesional, experimentado y, principalmente, empático. Es cuando le demuestras que hizo bien en interesarse por tus servicios.

Como te puedes dar cuenta, el riesgo de un Proceso de Compra deficiente es lo contrario, arruinar las esperanzas que ese nuevo cliente había depositado en tu negocio y perderlo.

Muchos negocios fracasan en sus Procesos de Compra porque tratan a sus posibles nuevos clientes como números y no como personas. Otros fracasan porque no tienen un equipo eficiente para responder las llamadas que reciben o darle seguimiento a los formularios que se generan a través de sus campañas. En cualquier

---

[326] Fragkouli, N. y Levy, L. (20 de junio de 2020). Tu firma legal necesita una estrategia de mercadotecnia de video. *Nanato Media.* https://nanatomedia.com/blog/your-law-firm-needs-a-video-marketing-strategy/.

caso, estos negocios provocan que las personas que los contactan queden decepcionadas. A su vez, es probable que estas personas decepcionadas hablen con sus familiares y amigos sobre la falta de atención y profesionalidad que encontraron en esos negocios, y esa mala reputación es muy difícil de borrar.

A tu negocio no puede ocurrirle esto. Para evitarlo, debes saber cómo ejecutar un Proceso de Compra eficaz.

Toma en cuenta los sentimientos de tus posibles clientes y practica siempre la empatía

Para poder asegurarte de que el Proceso de Compra de tu negocio sea eficaz, debes entender cuáles son las dudas y preocupaciones que experimentan tus posibles clientes. Siempre debes tomar en cuenta que te está llamando un ser humano que requiere de tus servicios. Por lo tanto, debes ser empático con lo que siente y también profesional para brindarle la seguridad de que tu negocio es capaz de ofrecerle la solución que necesita.

Se trata de un asunto personalizado. Por lo tanto, la manera de atender las llamadas es distinta para cada tipo de negocio. Veamos un par de ejemplos.

Tu negocio es de reparaciones de aire acondicionado. Te llama un posible cliente desesperado porque se descompuso su sistema en pleno verano, cuando hace 100 grados Fahrenheit. En este caso, la persona de tu negocio encargada de hablar con este posible cliente debe ser empática con su desesperación. Estar capacitada para brindarle tranquilidad, despejar sus dudas con rapidez y ofrecerle opciones concretas y rápidas.

O, por ejemplo, tu negocio es de paneles solares. Recibes la llamada de un posible cliente que ha buscado durante varias semanas cuál es la mejor opción para invertir en un sistema de energía solar para su casa. La persona de tu negocio que hable con este posible cliente debe entender el largo proceso por el que ha atravesado y mostrarse paciente: responderle con claridad y detenimiento cada una de sus dudas para así brindarle comodidad en su decisión de invertir en paneles solares, y prestar mucha atención a sus dudad e inquietudes con respecto al sistema y la inversión que requiere dicho proyecto.

Como puedes darte cuenta, la fórmula para lograr un Proceso de Compra exitoso es sencilla:

Practica la empatía.

La empatía ha sido durante mucho tiempo el héroe ignorado del arte para ser un vendedor exitoso.[327] No se trata simplemente de lograr que la gente se sienta cómoda, sino de ponerse en los zapatos del otro para entender lo que está sintiendo.

Esta filosofía es profundamente humanista y, en el mundo del *marketing*, resulta vital para poder convertir posibles nuevos clientes en clientes reales.

Practicar la empatía es algo que seguramente tú y la gente que trabaja en tu negocio realizan en su vida personal. Sin embargo, para asuntos de *marketing*, vale la pena repasar algunos fundamentos sobre cómo tu Proceso de Compra puede ser más empático.

Estar presente

¿Qué significa estar presente?

Significa que las personas que respondan los teléfonos en tu negocio no deben estar viendo su *smartphone* al mismo tiempo. Tampoco deben estar navegando en la web o interactuando en sus redes sociales. Ni siquiera deben tratar de cumplir con varias tareas simultáneas.

En su lugar, deben prestar toda su atención a la persona que está al otro extremo del teléfono.

---

[327] Ventas. *Salesforce.* https://www.salesforce.com/quotable/articles/powerful-selling-skill/.

Es probable que tu personal te asegure que es capaz de poner su total atención a una llamada… mientras hace algo más. Quizá te afirme que es profesional y que sabe tratar a los clientes con los que habla… aunque al mismo tiempo esté checando su correo.

Sin embargo, todos sabemos lo que se siente hablar por teléfono con alguien distraído (ya sea a una línea de atención o a un amigo). Resulta obvio que no está presente, aunque esa persona sienta que están haciendo un gran trabajo.

Por ello, nuestra recomendación es que tu política sea de cero tolerancia hacia las personas que se encargan de ejecutar tu Proceso de Compra. Tiene que ser gente plenamente presente que brinde su total atención a ese posible cliente que está llamando a tu negocio y probablemente esté atravesando por una situación de urgencia.

Imagina cómo se sentiría (sé empático aquí) una persona que está sufriendo una grave fuga en su casa donde el agua está comenzando a filtrarse en sus cuartos, mojando sillones, muebles y camas. Esa persona llama a tu negocio en busca de ayuda.

Ahora imagina que mientras esa persona explica su urgencia, llena de miedo y angustia, lo único que obtiene por respuesta son monosílabos:

«Uh huh».

«Ajá».

«Bien».

¿Cómo se va a sentir esa persona?

Ignorada. Y, por lo tanto, no va a tener muchas ganas de contratar a tu negocio.

Piensa que el primer contacto humano real que un posible cliente tiene con tu negocio ocurre cuando llaman para solicitar tus servicios. Si el personal encargado de responder esa llamada no demuestra empatía, ese posible cliente tendrá la impresión de que tu negocio es frío e insensible. Y puedes estar seguro que una imagen así en la era digital te hará perder muchos clientes.

Trata a cada posible cliente como un individuo

Tu equipo encargado del Proceso de Compra debe ser atento con cada posible cliente que llama a tu negocio, pues la atención hará que ese posible nuevo cliente se sienta relajado. Sin embargo, ser atento no es suficiente. Tu personal encargado del Proceso de Compra debe tratar a cada uno de tus posibles nuevos clientes como individuos.

Siempre recomendamos a los negocios con los que nos asociamos que la persona encargada de responder las llamadas debe hacerlo como si hubieran esperado todo el día a responder esa llamada en específico. Esta clase de atención y entusiasmo es una manera grandiosa de practicar la empatía y demostrarle a un posible nuevo cliente que en tu negocio verdaderamente importa su llamada.

Aunque somos realistas: a veces es muy difícil hacer esto. Tu equipo encargado del Proceso de Compra quizá debe responder estas llamadas durante varias horas cada día. Por ejemplo, tienes una veterinaria. Alguien llama debido a que su gata tiene una herida urgente que atender y requiere asistencia médica de emergencia a domicilio. Ese posible nuevo cliente está atravesando un evento traumático. Pero quizá para la persona encargada de atender el teléfono de tu negocio es la tercera vez que recibe una llamada parecida y quizá la doceava en la semana que habla con posibles clientes que requieren atenciones urgentes para sus mascotas.

Aunque tu equipo esté conformado por profesionales amables y empáticos, debes acentuar constantemente la necesidad de tratar a cada nuevo cliente como un individuo. Debes hacerles ver que por más parecidas que puedan ser las llamadas, cada persona atraviesa una situación emocional única y así deben hacerlas sentir.

Cada posible cliente que llama a tu negocio debe sentirse entendido a nivel personal y experimentar la seguridad de que tu negocio va a reaccionar de manera eficiente y profesional a su necesidad, que muchas veces resulta urgente (ya sea resolver una fuga de agua, un aire acondicionado averiado o la operación de emergencia de su mascota).

Si ante estas necesidades, tu personal encargado del Proceso de Compra no se muestra empático, tu negocio estará perdiendo clientes. Y para demostrar esta empatía basta con interesarse auténticamente por los problemas del otro y realizar las preguntas pertinentes para que ese posible nuevo cliente pueda explicar cómo se siente y qué es lo que necesita.

Habla el mismo idioma que tu cliente (literal y figurativamente)

 Hacer *marketing* para tu negocio dirigido para las personas latinas estadounidenses es una estrategia ganadora, y si ya lo estás haciendo, es probable que algunos o varios miembros de tu personal hablen español.

Quizá muchos clientes que hablan español puedan conseguir a algún familiar o ser querido que les traduzca. Pero si tu negocio es capaz de hablar español, habrá ganado muchos puntos en su carrera por generar nuevos clientes del mercado latino. Por esta razón es que siempre fomentamos que ejecutes los anuncios de tu negocio en ambos idiomas.[328]

Tener personal bilingüe encargado del Proceso de Compra significa que tu negocio será capaz de transmitir la calidez de hablar el idioma en el que ese posible nuevo cliente se sienta más cómodo.[329] Mejor aún, puedes ejecutar tus anuncios de tal manera que

---

[328] Fragkouli, N. y Levy, L. Anuncios Google bilingüe. *Nanato Media*, https://nanato-media.com/bilingual-services/google-ads/.

[329] Fragkouli, N. y Levy, L. (20 de junio de 2020). Comenzar con la estrategia de mercadotecnia para latinos de tu firma legal. *Nanato Media*. https://nanatomedia.com/blog/getting-started-with-your-law-firms-hispanic-marketing-strategy/.

las llamadas lleguen a distintas extensiones segmentadas por el idioma (inglés o español).

Piensa en la enorme ventaja competitiva que esto te brindaría en comparación con negocios de la competencia cuyos equipos encargados de atender el Proceso de Compra solo hablan inglés. Cuando una persona que prefiera hablar en español llame a tu negocio, realmente se sorprenderá gratamente de encontrar a alguien que hable su idioma preferido. Y eso le hará sentir inmediatamente confianza y seguridad hacia tu negocio.

Recuerda que, de acuerdo con nuestra experiencia, el 60 % de los hispanohablantes que llaman a un negocio cuelgan inmediatamente si les responden en inglés. Por lo tanto, no dejes ir a esos nuevos clientes (y la inmensa ganancia para tu negocio que pueden significar) por el simple hecho de no tener personal bilingüe.

Usa lenguaje simple (no técnico)

Independientemente del idioma que hable un posible nuevo cliente, ninguno de ellos es tan conocedor como tu equipo de Proceso de Compra en los aspectos técnicos de tu negocio.

Así que debes garantizar que tu equipo no use estos conocimientos en el teléfono. Siempre debes suponer que la persona que llama no está familiarizada con los términos técnicos que se utilizan en tu negocio. Esto, por supuesto, no significa que debas hablarle al posible nuevo cliente como si fuera tonto. Significa que debes hablarle como lo harías con un extraño al que acabas de conocer en una fiesta y que sabes que no es un profesional técnico.

Si estuvieras en esta situación, ¿cómo describirías las cuestiones técnicas sobre los servicios que tu negocio ofrece para asegurar que una persona promedio las pueda entender?

Simplemente utilizando un lenguaje simple (no técnico).

Hacerlo resulta natural, y por ello resulta sencillo y no requiere práctica. Solo se necesita un poco de planeación para recordar que la persona en el teléfono probablemente nunca trabajó en un área técnica y que en ese momento únicamente quiere hablar con alguien que lo pueda asesorar sobre su necesidad y asegurarle que todo se resolverá bien.

Respeta el tiempo de tus posibles clientes

Tus posibles nuevos clientes muchas veces te llamarán guiados por una necesidad que necesitan resolver rápidamente, incluso de forma urgente. Por lo que necesitan que les respondas a la primera. Para ilustrar esto con una situación concreta, tomemos el ejemplo de los despachos legales. De acuerdo con el Informe de tendencias legales Clio 2019,[330] la mayoría de las personas que necesitan representación legal hablan con más de un abogado. Sin embargo, cuando necesitas la ayuda de un abogado urgentemente, no puedes darte el lujo de explorar demasiado. Por esta razón, Clio también informa que el 42 % de las personas contratan al primer abogado con el que hablan siempre y cuando les cause una buena impresión. Puedes imaginar que este porcentaje es probablemente más alto cuando esos posibles nuevos clientes son personas que prefieren hablar con alguien en español.

Y en relación con las personas latinas estadounidenses que se comunican principalmente en español, hemos descubierto que también prefieren hablar con sus abogados en persona (incluyendo la consulta inicial). Cuando las restricciones a causa de la COVID-19 prohibieron las reuniones presenciales, las personas hispanoparlantes se adapataron a las herramientas que ofrece el mundo virtual para sostener estas reuniones por teléfono o por Zoom.

____

[330] Informe de tendencias legales 2019. *Clio.* https://www.clio.com/resources/legal-trends/2019-report/read-online/?cta=masthead-secondary.

Este último es un reemplazo ideal para las reuniones en persona, pues dar la cara a un posible nuevo cliente ayuda a establecer una conexión personal.

De cualquier modo, te recomendamos que enfatices que tu oficina está cerca. Con los años, también hemos descubierto que a las personas latinas les gusta saber que la oficina de su abogado no está demasiado lejos.

¿Qué ocurre si tus posibles clientes no llaman a tu negocio?

Hasta ahora, hemos hablado mucho sobre cómo manejar a un posible cliente cuando llama a tu negocio para obtener ayuda.

Pero tu negocio también debe tener otras opciones para que un posible cliente se comunique con tu personal encargado del Proceso de Compra.

El formato web es una opción ideal,[331] pero también te recomendamos las siguientes:

- Chat en vivo

- Messenger

- WhatsApp

Siempre y cuando tengas gente de tu Proceso de Compra encargada de monitorearlos, todos estos canales pueden resultar sumamente útiles.

En lo relativo a los envíos de formatos web, te recomendamos que mejores su efectividad ofreciendo la opción para que los posibles nuevos clientes te indiquen cuándo sería el mejor momento para que los llames por teléfono, para así asegurarte de poder contactarlos a la hora adecuada.

---

[331] Baker, K. Formatos web: La guía óptima. *HubSpot*. https://blog.hubspot.com/marketing/web-forms.

Si tu negocio utiliza un sistema de marcado automático, simplemente puedes programar que inicien automáticamente estas llamadas en el horario que tus posibles nuevos clientes lo solicitaron.[332]

El *software* también puede jugar un enorme papel en tu Proceso de Compra. DocuSign es un ejemplo de una plataforma que hemos visto trabajar de manera maravillosa para diversos negocios durante años.[333] Lo que hace a esta plataforma tan importante es que permite de manera efectiva enviar contratos y otros documentos de una manera fácil e inmediata a través de correos electrónicos o mensajes de texto.

Aunque la lista de opciones es muy amplia. El *software* de CRM y de gestión de casos puede ser fantástico para permitir que tus posibles nuevos clientes se pongan en contacto con tus servicios a través del correo electrónico o incluso un SMS.

A partir de la COVID-19, hemos visto un enorme aumento en el número de negocios que han implementado esta clase de tecnología en sus Procesos de Compra. Sin embargo, no nos debe sorprender saber que la gran mayoría de estos negocios decidieron continuar utilizándolo y lo están haciendo incluso ahora que la COVID-19 ya no es una causa de restricción.

A la larga, el objetivo de tu Proceso de Compra es asegurar que las personas que te contacten se terminen convirtiendo en clientes reales que contraten tus servicios. Y este proceso suele requerir más que simplemente tener un equipo de personas para contestar tus teléfonos.

Etiqueta telefónica

En Nanato Media, nuestros dos fundadores tienen antecedentes en la industria hotelera de lujo, así que no debe sorprender que el

---

[332] McGreevy, L. (8 de agosto de 2019). 6 mejores *software* de marcación automática para pequeños negocios. *Fit Small Business.* https://fitsmallbusiness.com/auto-dialer-software-review/.

[333] DocuSign Developer. https://fitsmallbusiness.com/auto-dialer-software-review/.

Proceso de Compra que plantean sea semejante al servicio personalizado que encontrarías en un hotel de cinco estrellas.

Comencemos con algunos fundamentos.

Sistemas de respuesta de voz interactivos

Primero está la Respuesta de Voz Interactiva (IVR, por sus siglas en inglés), que tradicionalmente ha sido una solución común para gestionar las llamadas entrantes que reciben los negocios.[334]

Sin embargo, jamás las utilices para tu negocio.

«¿Por qué?».

Imagina que un posible nuevo cliente tiene una fuga de agua que le está inundando su casa y cuando llama a tu negocio en busca de tus servicios de urgencia se encuentra con un contestador automático.

Tu negocio inmediatamente perderá a ese cliente, quien se irá con alguno de tus competidores, donde sí le conteste un ser humano.

Por lo tanto, nuestra recomendación es:

Siempre ten a seres humanos atendiendo las llamadas entrantes.

Poner automáticamente en espera a las personas que llaman

Otro proceso común para gestionar llamadas entrantes que utilizan los negocios es transferir automáticamente las llamadas telefónicas de los posibles nuevos clientes y ponerlas en espera, donde reciben la serenata de una música repetitiva hasta que alguien puede hablar con ellos realmente.

---

[334] Rouse, M. Repuesta de Voz Interactiva (IVR). *Search Customer Experience*, https://searchcustomerexperience.techtarget.com/definition/Interactive-Voice-Response-IVR.

Ponerlos en espera con música en realidad puede ser peor que la alternativa de IVR: Cualquier persona en busca de tus servicios va a colgar en el momento en que escuchen música de espera. Al hacer esto, estás prácticamente tirando tu dinero.

Una regla de oro sobre las llamadas telefónicas

No podemos enfatizar esta regla lo suficiente. Puede sonar trivial, pero te aseguramos que hará una diferencia:

Debes responder las llamadas telefónicas antes del tercer tono.

Hacer esto garantiza que tus posibles nuevos clientes nunca esperen al otro lado de la línea más de quince segundos para poder hablar con alguien.

Recuerda, solo porque sepas que tu negocio es el mejor, no significa que tus posibles nuevos clientes también lo sepan. Cada tono de teléfono que deban esperar mientras te llaman les dará una razón para explorar otras opciones con tus competidores.

Implementar una política de etiqueta telefónica

Poner en práctica los pasos anteriores mejorará mucho el Proceso de Compra de tu negocio, pero hablemos ahora acerca de las normas de etiqueta que deben seguir tus empleados cuando atiendan por teléfono a posibles nuevos clientes.

Se trata de una guía sencilla, pero efectiva. Cuando alguien de tu negocio responda el teléfono, debe seguir este guion para hablar con un posible nuevo cliente:

> Saludar + Nombre de tu negocio + Su nombre + «¿Cómo puedo ayudarle?»

> «Buenos días, gracias por llamar a (nombre negocio), habla Juan, ¿cómo le puedo ayudar?»

Obviamente, una llamada de compra efectiva va más allá que el saludo, así que estos son otros consejos importantes:

- Habla de forma calmada y claramente. Confirma que no se escuche ruido de fondo.

- Pregunta el nombre de la persona que llama al principio y después úsalo al menos dos veces de manera natural para personalizar toda la llamada.

- Recopila los datos que recibas eficientemente.

- Usa el identificador de llamadas, pero incluso así confirma que el número que te reportan es su número principal de contacto. Debes asegurarte de no hacer al cliente repetir información que posiblemente ya tienes. Por ejemplo, no les pidas su número, simplemente repite el número que tienes en tu identificador y solo pide la confirmación de que es el correcto. Busca provocar una atmósfera de comodidad.

- Siempre pide permiso antes de poner en espera a una persona que llama, pero nunca los dejes en espera más de un minuto. Si es necesario, vuelve a hablar con esta persona y dile que necesitas más tiempo.

- Nunca contestes una llamada y solicites inmediatamente ponerlos en espera. Si debes hacerlo, responde la llamada, permite que la persona hable y después pregúntale si puedes ponerla en espera.

- Cuando transfieras una llamada, debes comunicar todos los datos pertinentes a tu colega, para que el posible cliente no deba repetirlos.

- Siempre agradece a la persona que llama por haberlos contactado.

Otro consejo si utilizas una CRM: si el posible cliente requiere de la dirección de tu negocio, ofrece enviársela a través de un mensaje de texto para facilitar las cosas. Incluso puedes ofrecerle enviarle recordatorios por mensajes de texto o correo electrónico.

Cierra siempre las ventas

El objetivo de tu Proceso de Compra es definir cuál será el siguiente paso para lograr que los posibles nuevos clientes que han llamado a tu negocio terminen contratando tus servicios.

Uno de los errores más comunes que comete el personal encargado de responder las llamadas entrantes es no tomar el control sobre la conversación para cerrar la venta. Una llamada entrante suele terminar cuando el posible nuevo cliente dice algo: «llamaré de nuevo si necesito ayuda». A veces dicen estas fatídicas palabras incluso antes de haber compartido su información básica, y en muchas ocasiones las pronuncian debido a una mala labor de la persona que los atendió. Para evitar que esto ocurra en tu negocio, debes evitar que las personas encargadas de atender las llamadas pronuncien las siguientes frases:

- «¿Cuándo le gustaría venir aquí o programar una cita?».

  o En lugar de eso utiliza: «Entiendo que necesita encontrar una solución para su situación y deseo tratar esto como prioridad. ¿Está disponible ahora o esta tarde para hablar con alguno de nuestros especialistas?».

- «Nos puede llamar otra vez en cualquier momento».

  o En vez de eso utiliza: «¿Prefiere que yo le dé seguimiento personal a su llamada más adelante durante el día o mañana temprano?».

Y, finalmente, uno de los enfoques más miopes que, lamentablemente, vemos todo el tiempo:

–Posible nuevo cliente: «¿Qué clase se servicio de limpieza de tapetes ofrecen?»

–Encargado de atender la llamada: «Únicamente tomamos…».

En vez de eso, debes decir: «Dígame qué necesita que se limpie y veremos cómo podemos ayudarle».

Recuerda, no importa si puedes limpiar el tapete específico de este nuevo cliente o no. Ya te llamó. Si inviertes unos minutos para darle cierta orientación, volverán a llamar cuando necesite de tu ayuda o te referirá con alguien que conozca y necesite ayuda.

Aunque no se trate de un nuevo cliente adecuado, no lo dejes colgar. Dale la referencia de algún negocio cercano o aliado al tuyo que sí pueda resolver su tipo de necesidad. Después, debes llamarlo cuando pasen un par de días y preguntarle si tu referencia los ha ayudado.

¿Tu Proceso de Compra ocupa la mayor parte de tu presupuesto de *marketing*?

No hay de otra:

Si tu Proceso de Compra no logra que las personas que llaman a tu negocio terminen contratando tus servicios, estás perdiendo dinero.

Por lo tanto, el Proceso de Compra es un elemento vital para garantizar que tus campañas se traduzcan en nuevos clientes reales que hagan crecer tu negocio.

Capítulo 16
Genera reseñas y convierte a tus clientes satisfechos en tus vendedores estrella

No importa lo grandioso que sea tu negocio, si tus posibles nuevos clientes no piensan lo mismo, jamás van a contratar tus servicios. Y la mejor manera de convencerlos es demostrarles que tus clientes anteriores han quedado satisfechos con tus servicios. Se trata de un asunto de acción y efecto. Logra que tus clientes hablen bien sobre tu negocio y comenzarás a recibir nuevos clientes de manera consistente.

El obispo, satírico y escritor inglés Joseph Hall dijo alguna vez: «Una reputación que se rompe posiblemente se pueda reparar, pero el mundo siempre mantendrá sus ojos sobre el lugar donde estaba la fisura».

Aunque lo dijo en el siglo XVII, sus palabras son completamente vigentes en el mundo del *marketing* contemporáneo. Y es que el internet tiene una larga memoria. Durante más de una década, los expertos no han dejado de recordarnos que: «El internet nunca olvida».[335]

Esto es algo que tú, como dueño de un negocio, debes recordar permanentemente. La construcción de tu reputación no se limi-

---

[335] El internet nunca olvida. *Scientific American*. (18 de agosto de 2008). https://www.scientificamerican.com/article/the-internet-never-forgets/.

ta a las recomendaciones de boca en boca. Hoy en día, cualquier cosa que se mencione sobre tu negocio en línea (buena o mala) permanecerá ahí para siempre. Por lo tanto, no puedes esperar que una mala mención se desvanezca. Una vez que está en línea, seguirá ahí para asesorar a cualquier posible nuevo cliente en su decisión sobre si debe llamar a tu negocio o no llamarlo.

Por este motivo, gestionar la reputación en línea de un negocio se ha convertido en un asunto vital. En una época donde Google exhibe tu reputación en cualquier momento en que se busque el nombre de tu negocio, no te puedes arriesgar a que tu reputación quede en manos del azar. Debes tomar todas las medidas a tu disposición para controlar la percepción pública que existe sobre tu negocio. De lo contrario, te arriesgas a perder clientes, incluso antes de que den un solo clic en alguno de tus anuncios.

¿Qué es la gestión de reputación?

La gestión de reputación se refiere a diversas estrategias y prácticas que puedes aplicar para gestionar la reputación de tu negocio.[336]

Aunque siempre ha sido sensato que los dueños de negocios gestionen la reputación de su compañía, este concepto realmente adquirió impulso durante la era digital a causa del internet. Por lo tanto, en ningún otro momento de la historia ha sido tan esencial que los dueños de negocios tengan una actitud proactiva sobre la gestión de su reputación. No puedes suponer que podrás manejar con facilidad los potenciales problemas que surjan si no estás gestionando tu reputación de manera activa.

La gestión de reputación para los negocios implica dos prácticas esenciales:

---

[336] Fragkouli, N. y Levy, L. (7 de mayo de 2020). Gestión de la reputación legal: Todo lo que debes saber acerca de las reseñas sobre firmas legales. *Nanato Media*. https://nanatomedia.com/blog/legal-reputation-management-all-you-need-to-know-about-your-law-firms-reviews/.

- Junta de manera proactiva críticas favorables de Google a tu favor. Deseas que toda clase de reseñas halagadoras y evaluaciones de cinco estrellas estén junto al nombre de tu negocio siempre que aparezca en Google (y lo mismo ocurre para Yelp y Facebook).

- Establece un plan sobre cómo resolverás las reseñas negativas. No debes quedarte pasivo y tampoco debes reaccionar visceralmente. Lo que debes hacer es reaccionar empáticamente e incluso, en ciertas situaciones, utilizar esa reseña negativa en tu favor. Para eso requieres de una estrategia.

La gestión de la reputación representa una estrategia de *marketing* similar a los PPC, SEO, redes sociales y cualquier cosa similar. De hecho, debido a la predilección de Google para exhibir reseñas de negocios, podríamos establecer que la gestión de la reputación es la estrategia de *marketing* más importante para tu negocio.

Después de todo, poner tu negocio frente a posibles clientes no servirá de mucho si, al mismo tiempo, estos posibles clientes observan que la reputación de tu negocio no es impecable (inferior a 4 estrellas).

Por qué la gestión de la reputación es importante para tu negocio

De acuerdo con la Encuesta Local de Reseñas de Consumidores 2020 de Bright Local:[337]

- 93 % de los consumidores usaron Internet para encontrar un negocio local el último año (34 % de ellos efectuaron búsquedas cada día).

- Únicamente un 48 % de las personas considerarían contratar a un negocio cuya reputación esté calificada con menos de cuatro estrellas.

---

[337] Encuesta Local de Reseñas de Consumidores 2020. *Bright Local.* https://www. brightlocal.com/research/local-consumer-review-survey/.

- 73 % de los consumidores solo ponen atención a reseñas escritas durante el último mes.

- Los factores de reseñas más importantes son: 1) Puntuación de las estrellas, 2) Legitimidad, 3) Frescura, 4) Sentimientos, 5) Cantidad.

Como puedes darte cuenta, los posibles nuevos clientes le dan la máxima importancia a lo que piensan otros clientes acerca de tu negocio. Esto se conoce como evidencia social, debido a su poder para lograr que los posibles nuevos clientes se conviertan en verdaderos clientes.[338]

En resumen, puedes usar toda clase de palabras distintas para anunciar los servicios de tu negocio, pero ninguna tendrá tanto peso como los comentarios de las personas que ya tuvieron una experiencia directa con los servicios que tu negocio ofrece.

Esto es aún más importante si planeas anunciarte ante personas pertenecientes al mercado latino.[339] Las personas latinas-estadounidenses son muy conocidas por su gusto por compartir sus opiniones acerca de los negocios locales con sus amigos y familiares. En muchos casos, su cultura estrechamente entrelazada significa que sus opiniones se van a difundir de manera extendida.

Así pues, ya sea que merezcas o no cualquier golpe contra tu reputación en línea, una vez que tus posibles nuevos clientes lean algo negativo, habrás perdido el control de tu imagen. Por este motivo, la gestión de la reputación es fundamental para realizar un *marketing* eficaz para tu negocio.

---

[338] Mullin, S. (25 de septiembre de 2020). Evidencia social: Qué es, por qué funciona y cómo usarlas. *CXL*. https://cxl.com/blog/is-social-proof-really-that-important/.

[339] Fragkouli, N. y Levy, L. (23 de marzo de 2020). Por qué los negocios deben ejecutar Google Ads en español. *Nanato Media*. https://nanatomedia.com/blog/why-law-firms-must-run-spanish-google-ads/.

Los tres tipos de reseñas que los clientes hacen sobre un negocio

Más adelante vamos a profundizar en estrategias prácticas que puedes utilizar para controlar tu reputación en línea y protegerla contra las reseñas negativas que quizá no reflejan con exactitud el verdadero nivel de tus servicios. Obviamente, esto resulta muy importante para impulsar a tu negocio, especialmente si quieres captar a personas latinas-estadounidenses. Como ya te hemos compartido, las personas latinas resultan *altamente* influidas por las reseñas de los clientes.[340]

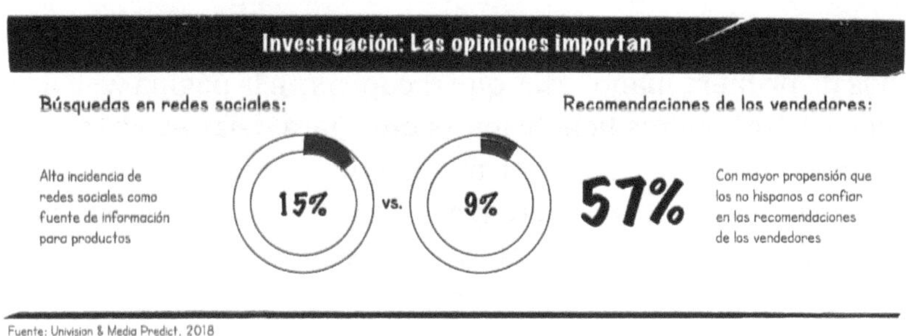

Primero, vamos a definir lo que implican las reseñas de los clientes en línea.

En su mayoría, existen tres tipos de reseñas de clientes en línea que necesitas conocer:

- **Reseñas de primera mano.** Son reseñas de clientes que se recopilan y exhiben en tu propio sitio web.

- **Reseñas de terceros.** Estas reseñas de clientes son recopiladas por sitios web de terceros, tales como Google, Facebook, Yelp y otros. Tu negocio no tiene intervención alguna en estas reseñas, pues estas reseñas se pueden dejar en plataformas que no controlas.

---

[340] Whitlock, K. Atraer la fuerza motriz de los latinos-estadounidenses como compradores en línea. *Univision.* https://corporate.univision.com/blog/2018/08/16/engaging-the-powerhouse-u-s-hispanic-online-shopper/.

- **Testimoniales.** Esta clase de retroalimentación de los clientes por lo general se obtiene mediante un correo electrónico personal o una reseña de un tercero, pero se exhibe en el sitio web de tu negocio para que tus posibles nuevos clientes las vean.

Cada uno de estos tres tipos de reseñas de clientes pueden desempeñar un papel importante en las estrategias de *marketing* para tu negocio.

Los beneficios de las reseñas de primera mano

Deseamos destacar brevemente la importancia que tienen las reseñas de primera mano (esas que recopilas en la página web de tu negocio). Uno de sus beneficios es que, para dejar estas reseñas, el usuario no tiene que tener una cuenta, como lo es el caso en Google cuando alguien quiere dejar una reseña. Esto permite que tus reseñas sean diversas y al exhibirlas en tu sitio web ofrezcan una imagen diversa de los oficios que ofrece tu negocio.

¿Tu negocio debe solicitar reseñas de los clientes?

Antes de profundizar sobre el uso de estrategias de gestión de la reputación para tu negocio, deseamos advertir que nada de lo que expresemos se debe interpretar como una invitación a pasar por alto las normas de las reglamentaciones estatales acerca de las reseñas y solicitud de reseñas (códigos de ética que regulan los comportamientos de negocios en ciertas industrias).

Aunque hemos visto cómo estas estrategias funcionan exitosamente en diversos negocios provenientes de casi cualquier industria en todo el país, te debes asegurar de las normas vigentes sobre el incentivo de reseñas a clientes en tu estado antes de proceder a elaborar tu propia estrategia.

Una vez aclarado esto, hablemos sobre un tema candente en lo relativo a la gestión de la reputación de un negocio: solicitar reseñas en línea.

La plataforma más importante
para reseñas de los clientes

No es sorprendente descubrir que el lugar más importante en el cual deseas exhibir las reseñas positivas de tus clientes es… ¡GOOGLE!

Obviamente, ahí es donde la gran mayoría de tus posibles nuevos clientes se dirigen cuando buscan los servicios que ofrece un negocio como el tuyo.

«¿Y cómo consigo esas reseñas positivas? Lo primero que se me ocurre es enviar correos para solicitarlas? ¿Es correcto?».

Esta suele ser la política de muchos negocios, pero te aseguramos que Google no aprecia este enfoque basado en enviar correos no deseados. Y si Google no lo aprecia, lo más sensato es que no lo hagas.

Una vez dicho esto, es necesario que sepas algo: Google *acepta* que solicites reseñas a clientes, siempre y cuando «no pidas estas reseñas de manera masiva».[341]

En otras palabras, puedes recordar a tus clientes que sus testimonios serían muy útiles, pero si Google percibe una gran cantidad de reseñas que salen de la nada, es muy probable que tengas problemas.

Puedes hacer cualquier cosa,
pero no solicites reseñas en Yelp

Por otro lado, a Yelp le desagradan los negocios que solicitan reseñas a sus clientes.[342]

---

[341] Política de Reseñas de Google: Lo que pueden y no pueden hacer los propietarios de negocios para obtener más reseñas Google. *Boast.* https://boast.io/google-review-policy-what-business-owners-can-and-cant-do-to-get-more-google-reviews/.

[342] ¿Qué es la penalización por solicitar reseñas de Yelp? *Centro de Soporte Yelp.* https://www.yelp-support.com/article/What-is-Yelp-s-review-solicitation-penalty.

«Si descubrimos indicadores de solicitud sistemática de reseñas, aplicaremos una penalización a la clasificación de búsqueda para las páginas de negocios de Yelp afectadas. Los negocios pueden evitar esta penalización por solicitar reseñas si cumplen las políticas de Yelp. Los intentos exagerados de manipular la reputación de un negocio e inflar la clasificación de búsqueda mediante la solicitud o la compra de reseñas en Yelp puede derivar en una Alerta a los Consumidores en la página Yelp de dicho negocio».[343]

En otras palabras, Yelp explicará claramente a tus posibles nuevos clientes que tu negocio ha intentado burlar sus reglas para presentarse de manera fraudulenta ante las personas que necesitan sus servicios.

Como puedes imaginarlo, esto no es bueno para un negocio.

Tampoco sería sorprendente que Yelp reduzca tus clasificaciones en su plataforma. Por ejemplo, cuando Yelp castigó a cierto negocio por solicitar reseñas, «... el negocio cayó de ocupar el sexto lugar en los resultados de búsqueda de Yelp hasta no aparecer en las primeras cinco páginas de resultados para su palabra clave principal».[344]

Esto podría ser muy perjudicial para tu negocio, especialmente si tu estrategia de *marketing* para atraer público depende sobre todo de las búsquedas orgánicas.

Y para empeorar las cosas, Yelp no va a perdonar a un negocio que infringió sus normas con una simple disculpa.

Una vez que es atrapado, lo primero que necesita hacer un negocio es, obviamente, dejar de solicitar reseñas. Después debe completar un formato de Verificación de Cumplimiento y esperar

---

[343] ¿Qué son las alertas para consumidores? *Centro de Soporte Yelp*. https://www.yelp-support.com/article/What-are-Consumer-Alerts.

[344] Hawkins, J. (14 de junio de 2018). ¿Cómo funciona la penalización por solicitar reseñas de Yelp? *Search Engine Land*. https://searchengineland.com/how-does-yelps-review-solicitation-penalty-work-299893.

entre 30 y 45 días para que Yelp termine su revisión y concluya que tu negocio ya no está solicitando reseñas.

Qué piensa Facebook acerca de las reseñas

Facebook ha adoptado un enfoque muy exclusivo para las reseñas de clientes.[345] Es algo que no encontrarás en otra plataforma, pero esto se explica debido a la importancia que Facebook ha adquirido en el *marketing* para negocios (en especial entre las personas latinas, quienes *aman* las redes sociales[346]).

En lugar de recopilar reseñas de clientes, Facebook solicita recomendaciones. A los usuarios se les pide que respondan con un «sí» o un «no» y después les permiten poner una reseñas para explicar su elección.

Facebook también permite que los usuarios aporten «elementos que enriquezcan la experiencia del posible nuevo cliente», lo cual significa que pueden cargar imágenes de su experiencia contratando tus servicios. De esta manera, las reseñas también aportan pruebas de que los usuarios que las realizan son 100 % reales. Por ello, aunque esto no significa que no puedas solicitar reseñas de tus usuarios para Facebook, sino que no deseas que pongan en entredicho la verdad en tu nombre.

¿Debes usar incentivos para obtener más reseñas de clientes para tu negocio?

Hemos hablado ligeramente sobre este tema antes, pero es una pregunta tan común (y que aplica para todas las plataformas) que verdaderamente queremos darte nuestra opinión al respecto.

---

[345] Pitman, J. (22 de agosto de 2018). Facebook está cambiando las clasificaciones de reseñas hacia recomendaciones. *Bright Local*. https://www.brightlocal.com/blog/facebook-switching-reviews-to-recommendations/.

[346] Lynch, A. (7 de noviembre de 2019). Lo que significa la evolución cultural de los latinos-estadounidenses para los mercadólogos. *Digital Commerce 360*. https://www.digitalcommerce360.com/2019/11/07/what-the-cultural-evolution-of-us-hispanics-means-for-marketers/.

A los negocios con los que nos asociamos les recomendamos esto: Incentiva a tu equipo para que proporcione el mejor servicio posible y las reseñas positivas llegarán por sí mismas. Esto no quiere decir que no debas pedirlas. Al contrario, sí debes pedir reseñas. Simplemente ten en cuenta que es importante respetar las reglas de cada plataforma.

Verifica las normas de las instituciones reguladoras de tu estado

Debido a su importancia, deseamos aclarar completamente este asunto una vez más. Sin importar lo que establezcan Google, Yelp, Facebook o cualquier otra plataforma, las instituciones reguladoras de tu estado definitivamente tienen una opinión sobre el tema de las reseñas y vale la pena que te apegues a eso, pues en estos casos no se tratan de opiniones, sino de un asunto legal. Y, al representar un negocio, tú debes apreciar la importancia que tienen estas normas.

«¿Y qué ocurre con los negocios que violan estas normas?».

Te damos un ejemplo:

En 2019, un despacho de abogados en Pennsylvania fue demandado cuando se descubrió que habían solicitado reseñas positivas en línea.[347] Bueno, en realidad fue un poco peor que eso. De hecho:

> «... orquestaron un esquema para solicitar reseñas positivas en línea de personas que nunca habían usado los servicios del negocio. A los empleados se les alentó para que solicitaran a sus amigos y familiares que escribieran las reseñas y a cambio les daban días libres por cada reseña positiva que aseguraran», se lee en la demanda en su contra.

---

[347] Cassens Weiss, D. (13 de agosto de 2019). Una firma liquida una demanda que la acusaba de solicitar reseñas fraudulentas en línea para engañar a una mujer para que se convirtiera en cliente. *ABA Journal.* https://www.abajournal.com/news/article/firm-settles-suit-alleging-it-solicited-fake-online-reviews-that-tricked-woman-into-becoming-client.

Nunca hagas eso. Además de la demanda que puedes enfrentar, verdaderamente necesitarás una milagrosa gestión de reputación para sanar la mala imagen que tendrá tu negocio después de eso.

Establece una Política de Reseñas transparente para tu negocio

Antes de continuar, te damos un último apunte acerca de obtener estas valiosas reseñas de tus clientes. Asegúrate de establecer una política que sea transparente. Crear dicha política no es favorable si resulta indefinida o difícil de interpretar. Mejor no esperes a que una institución reguladora comience a sospechar de tus prácticas para obtener reseñas.

¿Es buena idea desviar reseñas?

No.

No es una buena idea el «desviar reseñas» y la verdad es que nunca lo ha sido.[348]

Jamás.

No importa lo que cualquier experto te pueda decir, esta práctica nunca ha sido una buena idea de *marketing* y nunca ha demostrado brindar resultados positivos.[349]

Si no estás familiarizado con el término, el desvío de reseñas (*review gating*, en inglés) es una práctica que consiste en enviar a los clientes que tienen comentarios positivos directo a plataformas que puedan publicar estas reseñas halagadoras.

---

[348] Sterling, G. (31 de octubre de 2019). Estudio: Eliminar el 'desvío de reseñas' no afecta las puntuaciones y aumenta el volumen general. *Search Engine Land.* https://searchengineland.com/study-killing-review-gating-doesnt-hurt-scores-and-grows-overall-volume-324310.

[349] ¿El desvío de reseñas impacta las puntuaciones de estrella? *GatherUp.* (17 de octubre de 2019). https://gatherup.com/blog/does-review-gating-impact-star-ratings/.

«Y en esta práctica, ¿qué se hace con las reseñas negativas?».

En caso de las reseñas negativas, simplemente se desvían por un camino muy diferente. Por ejemplo, muchos negocios podrían solicitar reseñas directamente y después, al observar que un cliente no está contento, lo «encierran» dentro de cierto tipo de proceso de «reconciliación», un paso que por lo general representa algo más que un fraude a los consumidores.

Bajo ninguna circunstancia debes intentar nada similar a una desviación de reseñas y no escuches a una agencia de *marketing* que te sugiera esta idea. No tiene ninguna posibilidad real de funcionar de manera favorable y, por el contrario, podría resultar en arruinar la reputación en línea de tu negocio para siempre.

Cómo manejar las reseñas negativas sobre tu negocio

Escucha bien.

Por más profesional, eficiente y bien organizado que sea tu negocio, vas a tener clientes insatisfechos. Resulta inevitable. Algún cliente, en algún momento, por alguna razón, quedará insatisfecho con los servicios que tu negocio ofrece. Incluso si empleas un riguroso proceso de inspección, siempre tendrás algún cliente que nunca estará satisfecho, sin importar lo que hagas por él.

Así que debes aceptar que tendrás alguna reseña negativa ocasionalmente y es mejor que elabores una estrategia sobre lo que harás al respecto.

No importa si tienes 99 reseñas maravillosas, tus posibles nuevos clientes buscarán la única reseña negativa que tengas para así conocer el "peor escenario" que pueden esperar de tus servicios si te contratan.

El primer paso para tratar con esto es simplemente mantener una estrecha vigilancia sobre las reseñas negativas (no permitas que una reseña negativa te pase desapercibida). Y el segundo paso es responderla. Para ello, debes tener calma. Sabemos que quizá lo que quieras responderle no es algo agradable, pero debes tranquilizarte y considerar el asunto racionalmente.

La idea detrás de responder esa reseña negativa no es hacer que ese cliente cambie de opinión sobre los servicios que ofreces, sino darle una buena impresión a un posible nuevo cliente que lea tu respuesta. Por ello, el mejor camino es responder con empatía a ese cliente insatisfecho. Invítalo a comunicarse contigo si desea analizar el asunto con más profundidad.[350] Si consideras que puede ser útil para tus posibles nuevos clientes, añade contexto a esa reseña negativa (debes hacerlo con tacto) para aclarar que la crítica no es completamente precisa.

Google pone mucha atención a lo que responden los negocios a las reseñas y las favorece en las puntuaciones locales debido a que siente que es más confiable exhibir a un negocio que responde a los usuarios que interactúan con su listado de GMB.

Y, como puedes darte cuenta, esta es una muy buena razón adicional para responder a la retroalimentación de los clientes, incluso cuando se trata de reseñas negativas.

¿Qué puedes aprender de las reseñas de tus clientes?

Es importante que entiendas algo sobre las reseñas. Que una reseña diga que tu negocio es bueno, no es suficiente. Eso se da por descontado. Es decir, que tu negocio sea bueno es algo que el cliente ya espera. La clave es que tu negocio pueda aprovechar en cada cliente la oportunidad de exceder sus expectativas. La calidad de tus servicios debe sorprenderlo. De tal manera, ese cliente escribirá una reseña que vaya más allá. Por ejemplo, en vez de decir «hacen un buen trabajo», dirá «son profesionales, muy ama-

---

[350] Solis, N. (7 de septiembre de 2017). Cómo responder a las reseñas negativas en línea. *Broadly*. https://broadly.com/blog/how-to-respond-to-negative-reviews/.

bles y pudieron adaptarse a mi horario, lo cual hizo que trabajar con ellos fuera un verdadero placer». Y esta última es el tipo de reseña que tu negocio necesita para que la experiencia de un cliente satisfecho te atraiga nuevos clientes.

En la mayor parte de los negocios, aun los clientes satisfechos muy rara vez dicen cosas positivas sobre la experiencia en sí misma. Esto puede ser debido a que trabajar con una persona especialista en cualquier materia a menudo pone nerviosos a los clientes. O también puede ser debido a que tu negocio no proporcionó una experiencia de servicio al cliente ideal.

Cualquiera que sea el caso, si el proceso que sigues actualmente no te brinda una y otra vez clientes satisfechos, ahí tienes una verdadera oportunidad para mejorar tu negocio. Piensa que lo que más quieres es recibir reseñas que digan lo cómodo que un cliente se sintió con tu personal. Quieres que tus posibles nuevos clientes sepan que, al contratar tus servicios, están en buenas manos.

¿Cómo exhibir las puntuaciones de estrellas para tu sitio en los resultados de búsqueda de Google?

Como mencionamos, Google es uno de los mejores lugares para demostrar que tus clientes aman tus servicios.

La manera más fácil de comenzar con esto es utilizar un *plugin* que te permita generar reseñas en primera persona. Después puedes jalar estas reseñas desde distintos sitios y mostrarlas en tu sitio web. También puedes usar un *plugin* que las haga visibles a los usuarios e incluir el marcado de Schema que requiere.[351]

Es igual de importante que le indiques a Google que agregue tus puntuaciones de estrellas, así que no hay razón para que el motor de búsqueda sospeche que estás suprimiendo cualquier reseña

---

[351] Patel, N. Cómo impulsar tu SEO usando un esquema de marcación. *Neil Patel.* https://neilpatel.com/blog/get-started-using-schema/.

que no sea halagadora.

Al mismo tiempo, así evitas incluir las puntuaciones de tu negocio en cada página en tu sitio. En vez de eso, coloca las reseñas para las áreas pertinentes en el lugar correspondiente de tu sitio. Si intentas ponerlas en tu página principal o en otras páginas generales, puedes recibir una advertencia de la Consola de Búsqueda de Google, o incluso una penalización.

Cómo seleccionar un *software* para la gestión de tu reputación

Las plataformas de gestión de la reputación facilitarán que tu negocio llegue a los clientes y les solicite reseñas. Busca una que también pueda rastrear tus reseñas a través de múltiples sitios.

Estas dos funciones no son difíciles de encontrar en estos días. Pero la que verdaderamente sobresale como la mejor plataforma es una que explore automáticamente las reseñas de acuerdo a las palabras específicas que fueron utilizadas antes de ejecutar un análisis de los sentimientos manifestados en esa reseña. En Nanato Media, confiamos en Yext para ejecutar este monitoreo de la reputación.[352] Entre otras cosas, tiene una herramienta de análisis de sentimientos impulsada por inteligencia artificial y también te ayuda a elaborar una respuesta personalizada para las personas que realizaron esas reseñas, algo que ahora sabes que es extremadamente importante (aunque debes tomar en cuenta que este servicio actualmente solo aplica para reseñas en inglés).

¿Tu *software* de gestión de la reputación incluye las cuatro características más importantes?

En el mercado existe toda clase de plataformas de gestión de la reputación.[353] Como acabamos de mencionar, nos encanta Yext, pero podría haber una mejor opción para tus necesidades particulares.

---

[352] Reseñas Yext. *Yext.* https://www.yext.com/products/reviews/monitor-respond/.

[353] Software de gestión de la reputación. *Capterra.* https://www.capterra.com/reputation-management-software/.

Cualquiera que sea el caso, existen cuatro características que debes exigirle a cualquier *software* que utilices para monitorear la reputación de tu negocio.

Un tablero

El principal beneficio de contar con un tablero es que te permite ver una variedad de información en una pantalla única. Para un *software* de gestión de la reputación, esto significa que puedes ver todas tus reseñas desde múltiples sitios web, gestionarlas en línea y rastrear las métricas clave.

Sin un tablero, una gestión apropiada de tu reputación se convertirá rápidamente en algo más engorroso de lo necesario.

Generación de informes y establecimiento de objetivos

También deseas una plataforma que combine los datos desde múltiples sitios de reseñas y te los presente en una bandeja de entrada unificada para que no necesites rastrear las reseñas de un sitio a otro. Esto se podría convertir en una práctica demasiado agobiante para la mayoría de los negocios. El *software* de gestión de la reputación está hecho para facilitarte la vida con este tipo de labores.

Notificaciones automáticas

Quieres que tu *software* de gestión de la reputación te notifique inmediatamente los eventos importantes; por ejemplo, cada vez que se publique una nueva reseña. Estas notificaciones pueden ocurrir dentro del programa mismo, o mediante el envío de un texto o correo electrónico. Cualquiera que prefieras, lo importante es que puedas leer tus reseñas de inmediato para que las resuelvas según sea el caso.

Integraciones

Descubrirás que la generación de reseñas y la gestión de la reputación es mucho más sencilla si tu plataforma se puede integrar con tu sistema de administración de casos de tu negocio y con la CRM.[354] Al conjuntar todo esto en una plataforma que sea fácil de manejar, te resultará mucho más sencillo informar a los prospectos lo grandioso que es tu negocio.

Gestiona activamente las reseñas para impulsar tu negocio

Gestionar correctamente las reseñas que tus servicios reciben es una clave importante para garantizar el éxito de tu negocio y construir una buena reputación. Para ello debes tener un equipo bien entrenado, capaz de darle seguimiento eficaz a cada reseña, tanto las positivas como las negativas, que no deben ser ignoradas (por el contrario: se debe responder cada una con empatía).

---

[354] CRM 101: ¿Qué es un CRM? *Salesforce*. https://www.salesforce.com/crm/what-is-crm/.

Conclusión
Empieza a ver cómo crece tu negocio con una estrategia de *marketing* digital que ha probado su eficacia

Al comienzo del libro (¿recuerdas todo el camino que hemos recorrido desde entonces?), prometimos que te daríamos toda la información que necesitas para construir una exitosa estrategia de *marketing* digital basada en los conocimientos y estrategias cuya eficacia hemos probado durante años.

Desde que hicimos esa promesa, cubrimos un extenso territorio que, en el mundo de la publicidad, resulta extremadamente importante. De tal manera que ahora conoces y te sientes cómodo al hablar de estos tres fundamentos para elaborar estrategias de *marketing* digital:

- La diferencia entre SEO y PPC

- Las métricas esenciales para medir resultados

- Cómo utilizar Google Ads y Facebook Ads

También entiendes la manera en la que los métodos que te explicamos se ajustan unos con otros y cómo cada uno es capaz de fortalecer a los demás.

Y seguramente todos estos conocimientos te hacen sentir confiado en terrenos de *marketing* digital.

Por lo tanto, solo queda un último paso en este proceso:

Debes pasar a la acción.

Comienza a construir tu estrategia de *marketing* digital para tu negocio lo antes posible

Si hay una recomendación final que podemos hacer antes de terminar el libro es que debes comenzar tu estrategia de *marketing* digital para tu negocio de inmediato.

Ahora ya tienes un avanzado entendimiento sobre la forma de hacer crecer digitalmente tu negocio a través del *marketing*. Pero ¿cuál es el sentido de este conocimiento si no lo utilizas?

Como lo demuestran incontables estudios, entre más tiempo esperes, corres mayor riesgo de cometer dos graves errores:

- **Olvidar lo que aprendiste.** Mira, hicimos nuestro mejor esfuerzo para que toda esta información fuera lo más interesante, accesible y memorable posible. No obstante, a pesar de ello, sabemos que empezarás a olvidar muchas cosas de las que aprendiste si no empiezas a utilizarlas de inmediato.

- **Perder tu *momentum*.** Lo anterior no sería un gran problema si no fuera por la segunda consecuencia, donde tu entusiasmo se empieza a desvanecer cuanto más tardes en comenzar. Incluso la idea de consultar este libro como referencia será más difícil a medida que trascurran los días. Pronto volverás a depender de las mismas estrategias que no te funcionaron en el pasado (a pesar de que ahora conoces algo mejor).

Así que, por favor, hazte un favor y comienza justo ahora.

Incluso si es algo tan sencillo como iniciar tu primera cuenta de Google Ads o contratar un servicio local de Ads, ¡hazlo hoy!

O permite que personas especialistas elaboren y ejecuten una estrategia de *marketing* digital para ti

Probablemente, ya tienes millones de cosas que debes hacer.

Sabemos que dirigir un negocio implica tener un calendario completamente ocupado. A veces tan ocupado que ni siquiera sabes cuándo tu agenda te permitirá liberar un poco de tiempo dentro de un futuro cercano.

A pesar de que esta guía te indica paso a paso cómo hacer crecer tu negocio a través del *marketing* digital, también sabemos que de nada va a servirte si no tienes tiempo para ejecutarla y monitorear sus resultados.

Por esta razón, entendemos que quieras llamarnos para que nos encarguemos de tu *marketing*. Y es que, como mencionamos en varios puntos a lo largo del libro, hacer publicidad eficaz exige de tiempo para ir aprendiendo cómo sacar el máximo provecho de cada estrategia.

Por lo tanto, si no puedes esperar o no te sientes cómodo de comenzar de cero un aprendizaje en el que avanzarás a través de prueba y error, estamos aquí para ayudarte.

Ten la confianza de llamarnos.

Ya sea que necesites una aclaración de cierto punto del libro o te interese contratar nuestros servicios profesionales, ¡nos encantará escucharte!

Glosario

A

Alcance del anuncio. Esto se refiere a cuántas personas te vas a dirigir con un anuncio específico, lo cual es extremadamente importante debido a que, entre otras cosas, debes dar seguimiento a tu audiencia objetivo.

Ambicultural. Una persona ambicultural es capaz de transitar funcionalmente entre las culturas latina y estadounidense. Al sentirse cómodas con ambas culturas, las personas ambiculturales ocupan una posición única en el panorama de los consumidores.

Americanizado. El término se refiere a personas de origen latino que nacieron en Estados Unidos, igual que sus padres y abuelos (incluso algunas de estas personas tienen raíces estadounidenses que se remontan más atrás). El inglés es su idioma nativo. Hablan poco español (y a veces no lo hablan). Las personas americanizadas participan en muy pocas prácticas culturales latinas.

Anuncios de marca. Anuncios dirigidos a usuarios que buscan un nombre de marca específico. Este podría ser el nombre de la compañía que ejecuta el anuncio o el nombre de uno de sus competidores.

Anuncios de solo llamada. Anuncios que permiten a los usuarios móviles llamar al negocio simplemente tocando sus pantallas, sin salir de la página de búsqueda.

Anuncios en la red de búsqueda Google. Anuncios que aparecen en la SERP de Google (páginas de resultados mostradas por el buscador).

Anuncio para posibles nuevos clientes de Facebook. Cuando un posible nuevo cliente ve este tipo de anuncio, simplemente puede tocar sobre él y se abre inmediatamente un formulario. Mejor aún, este formulario llega prellenado con la información de contacto de ese posible nuevo cliente, misma que es tomada de manera automática directamente de su perfil de Facebook.

Anuncios receptivos. Con estos anuncios, debes ajustar automáticamente su tamaño, aspecto y formato para adaptarlos a los distintos espacios disponibles para el anuncio. De tal manera, un mismo anuncio receptivo puede aparecer como texto en un lugar y como imagen en otro. Para crear esta clase de anuncios, necesitas ingresar sus elementos (es decir, encabezados, descripciones, imágenes y logotipos).

Anuncios reorientados. Un tipo específico de tráfico pagado que se utiliza para volver a enfocarte en personas que ya visitaron tu sitio web.

Atribución multicanal. Esta única decisión demostrará cada punto de contacto único que deriva en que tu posible nuevo cliente realice una llamada telefónica o envíe un formato.

Audiencias duplicadas. Se trata de una audiencia que creaste basada en aquella con la que ya estableciste una campaña de *marketing* exitosa.

B

Bloqueo de reseñas. Es el proceso de solicitar retroalimentación a los clientes y enviar a los clientes satisfechos por una ruta, pero desviar a los clientes que han reseñado negativamente por distinto canal.

Campañas de *display* estándar. Puedes seleccionar manualmente el enfoque, las ofertas y los formatos del anuncio.

Campañas de *display* inteligente. Tú proporcionas un conjunto de activos para que Google los mezcle y ejecute concordancias a escala.

Clasificación del anuncio. Determina la posición de tu anuncio en la subasta: Oferta de CPC x Nivel de calidad.

Colocación del anuncio. El lugar donde tu anuncio será mostrado.

Concordancia amplia. Muestra el anuncio de tu negocio cuando se busca tanto una palabra clave específica, como las variaciones de esta y las palabras clave relacionadas.

Concordancia amplia modificada. Puedes «bloquear» ciertas palabras clave o incluso frases usando el parámetro «+». Al hacer esto, tus anuncios se mantienen enfocados en una audiencia relativamente alta al tiempo que aumentas tu control sobre quiénes son capaces de ver estos anuncios.

***Copy* del anuncio.** El texto que aparece en tu anuncio. Es una descripción escrita que busca provocar una acción en la persona que la lee.

Concordancia de frases. Este enfoque te asegura que los anuncios aparezcan solo cuando los posibles nuevos clientes busquen tu frase clave usando las palabras clave que deseas en el orden exacto que determines. Aun así, las consultas pueden incluir otras palabras antes o después de tus frases específicas.

Concordancia de palabra clave. Los tipos de concordancia de palabra clave te ayudan a controlar qué búsquedas en Google ocasionarán que tu anuncio se exhiba ante un usuario. Así pues, puedes usar una concordancia amplia para que tu anuncio se muestre ante una audiencia extensa, o puedes usar la concordancia exacta para enfocarte en grupos específicos de posibles nuevos clientes.

Consola de búsqueda Google. Esta herramienta permite a los *webmasters* verificar el estado de indexación y optimizar la visibilidad de sus sitios web.

Concordancia exacta. En el pasado, este enfoque significaba que Google únicamente mostraría tu anuncio a los usuarios que escribieran las palabras clave o frases exactas que especificaste. Esto cambió recientemente, de tal manera que Google también muestra tus anuncios si la persona que busca utiliza sinónimos, variaciones similares o la versión plural de tus palabras clave específicas.

Costo Por Resultado. Cuánto te cuesta cada nuevo cliente (similar al costo por conversión en Google Ads).

CPA. Costo Por Adquisición es una métrica de *marketing* que representa el costo total invertido para adquirir un cliente que paga en una campaña.

CPA de un negocio = Gasto en anuncios / Número de nuevos clientes

CPA ideal. Para llegar a esta cantidad, primero se calcula cuántos posibles nuevos clientes necesitas generar antes de obtener un cliente real. Esta cantidad se multiplica por tu CPA actual. Después se toma este número y se resta del valor promedio del tiempo de vida de un cliente. Esto resulta en tu margen de utilidad, lo cual te ayudará a determinar tu CPA ideal.

CPC. Costo Por Clic se refiere a cuánto gastas en promedio cuando un prospecto hace clic sobre tu anuncio de PPC.

CRM. Administración de Relaciones con Clientes (CRM por sus siglas en inglés). Es el proceso por el cual un negocio gestiona las interacciones que sostiene con colegas, posibles nuevos clientes, nuevos clientes y clientes antiguos.

CRO. Optimización del Índice de Conversión (CRO por sus siglas en inglés) es el proceso sistemático de aumentar el porcentaje de visitantes al sitio web que realizan una acción deseada, como llenar un formulario o convertirse en clientes.

CTA. Llamada a la acción (CTA por sus siglas en inglés). Se refiere a cualquier tipo de contenido (frase, párrafo o comentario) diseñado para obtener una respuesta especifica por parte de un posible nuevo cliente (por ejemplo, una llamada telefónica, el envío de un formato, una sesión de chat en vivo, etc.).

CTR. Índice por Clic (CTR por sus siglas en inglés). Es el número de clics que recibe tu anuncio dividido entre el número de veces que se muestra tu anuncio:

clics ÷ impresiones = CTR.

D

Dayparting. La práctica de programar anuncios durante ciertos momentos del día o ciertos días de la semana, dependiendo de dónde tengan más probabilidad de convertir a las audiencias objetivo.

E

Enfoque del contenido. Esto es cuando te enfocas en los usuarios por su conducta de búsqueda (palabras clave que utilizan en las consultas de búsqueda en Google), ubicaciones que visitan (desde dónde buscaron los usuarios en Google Maps), o sitios web específicos.

Estrategia omnicanal. Una estrategia directa a través de todos los canales disponibles (por ejemplo, en línea y fuera de línea).

Evidencia social. Un fenómeno psicológico y social que describe la forma en que las personas a menudo copian las acciones y conductas de aquellos que los rodean.

Extensión del anuncio. Función encargada de expandir tus anuncios. Muestra a los usuarios más razones por las cuales deben hacer clic. Las extensiones de anuncios te permiten añadir datos útiles sobre tu negocio, como ubicación, enlaces adicionales o las tarifas de tus servicios.

F

Fatiga de anuncios. Ocurre cuando la frecuencia de tu campaña es demasiado intensa y provoca que tu audiencia objetivo, al ver los mismos anuncios una y otra vez, interactúe cada vez menos.

Fraude de clics. Se trata de clics ilegítimos sobre los anuncios que pueden provenir de múltiples fuentes, tales como negocios competidores o sistemas de bots.

Frecuencia de los anuncios. Cuántas veces ve tus anuncios cada usuario.

G

Gestión de la reputación. Es una estrategia para apilar proactivamente la plataforma de Google a tu favor. Es una estrategia que te permite hacer que las reseñas positivas o reseñas de cinco estrellas aparezcan junto al nombre de tu negocio siempre que se muestre en Google. Lo mismo ocurre para Yelp y Facebook.

Este término también se puede referir a establecer una estrategia sobre cómo manejar las reseñas negativas. Nunca deberás simplemente aceptarlas o entrar en pánico cuando las recibas. Esto no significa que obtengas el resultado deseado, pero definitivamente debes tener un estrategia de respuesta para cuando ocurra.

GMB. Google My Business. Este es tu listado de negocios en Google, que puedes mostrar en SERP y Mapas.

Guion de ofertas. Estos tipos de guiones te permiten automatizar tu proceso de ofertas al tiempo que mantienes un buen control y flexibilidad sobre tu campaña. Al integrar automáticamente conjuntos de datos de tercero útiles, también pueden aumentar los datos disponibles. El resultado puede mejorar las ofertas y hacerlas más efectivas, junto con campañas de Google Ads que produzcan ROI superiores.

Guion de presupuesto. Estos guiones verifican automáticamente si un artículo (por ejemplo, palabra clave, anuncio, grupo de anuncios, campaña o cuenta) excede tu presupuesto.

H

Hispano. Término que se refiere a las personas latinas estadounidenses que emigraron a Estados Unidos hace más de diez años, pero prefieren hablar en español (por lo general, también hablan un poco de inglés). Participan en muchas prácticas culturales latinas.

I

Impresiones compartidas. El número de impresiones que recibe tu anuncio dividido entre el número estimado de impresiones que eres elegible para recibir.

Impulsar publicaciones de Facebook. Siempre y cuando tengas una página de negocios, puedes impulsar publicaciones desde tu Facebook Business para que aparezca frente a más personas.

Índice de conversión promedio. Puedes determinar tu Índice de conversión en Google Ads[1] dividiendo el número de conversiones que recibió tu anuncio entre el número total de clics que obtuvo.

Inserción dinámica de número. Con esta función, tus posibles nuevos clientes verán un número de teléfono diferente para llamar dependiendo del canal que utilicen para encontrarlo y de dónde estén ubicados cuando lo hacen.

Interacciones de audiencias personalizadas. Este tipo específico de audiencia personalizada se enfoca en los usuarios que han interactuado con el contenido de tu negocio a través de uno de los servicios de Facebook o de *apps*.

IVR. Respuesta Interactiva de Voz (IVR por sus siglas en inglés). Este es un sistema telefónico automatizado (que deben evitar los negocios).

L

Latinoamericana. Una persona latinoamericana que emigró a Estados Unidos dentro de los últimos diez años. Habla español , pero casi nada de inglés.

Latinx. Una persona que tiene origen o ascendencia latinoamericana. El término se usa como una alternativa de género neutral o no binario para los identificadores tradicionales, latino o latina. Sin embargo, no significa que se aplique a todos como una categoría de identidad, ni se refiere a una sexualidad particular.

Más bien aporta a las personas más opciones sobre cómo deciden expresarse ellas mismas. Los individuos que han sido marginados históricamente debido a que el idioma español tenía una dinámica de género, consideran esta palabra alternativa como una que fomenta la inclusión y la apertura.

M

Mapa de calor. Mapas térmicos del sitio web que muestran las regiones más populares, (calientes) y menos populares (frías) de las páginas mediante el uso de colores dentro de una escala que va del rojo al azul. Al agregar esta clase de conducta de los usuarios, los mapas térmicos del sitio web permiten entender con tan solo un vistazo la forma en que los usuarios interactúan con una página web individual. Esto incluye desde a qué elemento le dan clic hasta los desplazamiento de cursor que ejecutan sobre la página (e incluso lo que ignoran). Este tipo de agregado de datos ayuda a un dueño de negocio a identificar tendencias que le permitan optimizaciones que deriven en la construcción de una página destino más efectiva.

Mercado de Schema. Es un código que pones en el sitio web de tu negocio para ayudar a que los motores de búsqueda proporcionen más resultados informativos a sus usuarios.

N

Nivel de calidad. Google asigna una puntuación a los anuncios de PPC. Esta puntuación afecta tanto la clasificación como la CPC de estos anuncios.

Nueva Latina. Una persona Nueva Latina tiene arraigos equivalentes en las culturas estadounidense y latina tradicional. Son estadounidenses de segunda generación que prefieren hablar inglés, pero pueden hablar al menos un poco de español.

O

Oferta automática. Con este tipo de oferta, puedes seleccionar tus objetivos y Google automáticamente realiza la oferta con base en la estrategia que elijas: Maximizar clics, Enfoque sobre compartir impresión, CPA Objetivo, ROAS Objetivo, Maximizar las conversiones y Maximizar el valor de las conversiones.

Oferta inteligente. Esta estrategia de oferta avanzada utiliza inteligencia artificial para optimizar tus ofertas de tal manera que maximicen las conversiones para tu negocio, así como su valor de conversión a través de tu campaña o de tu cartera de ofertas completa.

Oferta manual. Con este método de oferta, tú estableces un máximo costo por cada clic (CPC) y estableces una oferta por cada palabra clave en la que te enfoques.

P

Página de destino. Una página destino puede ser cualquier página en tu sitio, desde publicaciones de blog hasta la página principal o cualquier otra cosa. Siempre y cuando alguien ingrese ahí, Google lo cuenta como una página destino para efectos de sus análisis.

Sin embargo, en PPC, el término tiene una definición mucho más específica: Se refiere a una página en tu sitio que se diseñó para convertir a los visitantes en posibles nuevos clientes. Usualmente es una página web independiente, creada por una compañía de *marketing* o publicidad. Es donde un visitante "aterriza" después de hacer clic en un vínculo en un correo electrónico o en anuncios de Google, Bing, YouTube, Facebook, Instagram, Twitter, o lugares similares en la web. Es la versión digital de una carta de ventas tradicional, aunque su objetivo podría consistir en un número de acciones diferentes (por ejemplo, que el posible nuevo cliente proporcione su dirección de correo electrónico).

Palabras clave altamente relevantes. Estas son palabras clave que son 100% relevantes para el mercado específico de tu negocio (por lo tanto, son las palabras que tienen más probabilidad de obtener clics en tu anuncio).

Personalidad del comprador. Tu cliente ideal, el más deseado.

Palabras clave negativas. Conjunto de palabras clave sobre las cuales indicas a Google (u otras redes) que no muestre tus anuncios cuando alguien utiliza esas palabras claves en sus búsquedas.

Píxel de Facebook. Esta pequeña pieza de código te permite rastrear a las personas que visitaron tu sitio web desde Facebook Ads. Como resultado, puedes ejecutar campañas de redirección, que te ayudan a que tus anuncios sigan siendo visibles para esas personas incluso después de que han salido de tu sitio.

Pixeles de rastreo. Es un código que sigue a los visitantes después de que salen de tu sitio o de tu cuenta de redes sociales de tal manera que, cuando ingresan a otros sitios, les muestran tus anuncios en la red que utilizas (por ejemplo, La Red de Búsqueda de Google , Facebook, etc.) que se abren emergentes.

Planeador de palabras clave Google. Esta herramienta muestra qué tan popular es una palabra clave, cuánta competencia hay para ella y te brinda la información para poder decidir la cantidad que debes invertir para que estas palabras claves reciban clicks.

Posible nuevo cliente calificado. Un posible nuevo cliente calificado es alguien que coincide con una de las personalidades de comprador que deseas y en la actualidad necesita los servicios que ofreces.

PPC. Pago Por Clic. Se refiere a cuando compras anuncios que se exhiben en sitios y motores de búsqueda. Una especie de carteleras digitales.

Previsualización de anuncios y herramienta de diagnóstico. Te permite una previsualización de un Google SERP para un término específico, de tal manera que puedes ver los anuncios y extensiones que aparecen para este. Una vez que ingreses una palabra clave de búsqueda y otros criterios (por ejemplo, ubicación, idioma, etc.), la herramienta te indica si tu anuncio será o no elegible de aparecer en determinada situación.

Pruebas A/B. Proceso que consiste en ejecutar simultáneamente un experimento entre dos o más variantes de una página destino con la intención de descubrir cuál funciona mejor.

Q

Q&A (Preguntas y respuestas). En *marketing*, QyAs se refiere a activos pregrabados o escritos que contienen respuestas de expertos a las preguntas que formulan los usuarios, comúnmente son preguntas generales que varios usuarios pueden tener. .

R

Rastreo de palabra clave. Cuando un visitante entra a la página destino de tu negocio siguiendo una búsqueda en línea, se les asignará un número telefónico único durante la totalidad de su permanencia. Este número específico se adhiere a ellos mientras navegan en tu sitio. Ellos son los únicos que pueden ver ese número específico mientras están en línea contigo.

Red de Búsqueda de Google. Esta es la red de sitios de Google que mostrará sus anuncios a los usuarios (por ejemplo, los de tu negocio). En la actualidad, hay más de dos millones de sitios en la GDN.

Remarketing. Se trata de anuncios que te permiten volver a anunciarte con los usuarios que interactuaron previamente con el sitio de tu negocio o una app móvil. Los anuncios de *remarketing* se pueden posicionar estratégicamente para que aparezcan frente a tus posibles nuevos clientes cuando exploren en Google o en cualquiera de sus muchos sitios web asociados.

Reseñas de terceros. Se trata de reseñas de clientes que se recopilan y exhiben en el sitio web de tu negocio *sin* ninguna intervención (ya sea tuya o de los miembros de tu personal).

ROAS. Retorno sobre la Inversión en el Anuncio (ROAS por sus siglas en inglés). Es una métrica de *marketing* que representa la eficacia total de tu campaña de publicidad digital.

ROI. Retorno sobre la Inversión (ROI por sus siglas en inglés) es la proporción de cuánto gastas y cuánto recuperas en tus campañas de *marketing*.

S

Sector demográfico. Son identificadores tales como género, ingreso familiar, etc... Se refiere a todos los rasgos a los que deseas dirigirte cuando ejecutas anuncios de PPC.

SEO. La Optimización del Motor de Búsqueda (SEO por sus siglas en inglés) engloba una amplia gama de prácticas que se utilizan para mejorar el posicionamiento de un sitio web en los motores de búsqueda para aumentar el tráfico.

SERP. Página de Resultados del Motor de Búsqueda (SERP por sus siglas en inglés).

Sistema de ofertas. Cuando seleccionadas cada palabra clave para tu campaña de anuncios puedes decidir cuánto estás dispuesto a pagar siempre que un cliente realice búsquedas para dicha palabra clave y haga clic sobre tu anuncio. Este es tu costo máximo por clic.. Algunos anunciantes prefieren ofertas manuales debido al control que esto les aporta, mientras otros están felices al permitir que el sistema de Google Ads realice las ofertas de manera automática.

T

Tendencias Google. Esta herramienta muestra la popularidad relativa de los términos de búsqueda. Incluso elimina las búsquedas repetidas de la misma persona durante un periodo corto, de tal manera que la popularidad reportada no se ve afectada por pequeños grupos de personas.

Tráfico orgánico. Es el tráfico que entra a tu sitio a través de medios gratuitos. Un ejemplo común es utilizar blogs que tienen buena clasificación en Google. Cuando las personas encuentran un vínculo a un sitio web y hacen clic, terminan en tu sitio aunque tú no pagues directamente por este tráfico.

V

Valor promedio del tiempo de vida del cliente. La cantidad de dinero que esperas obtener de un cliente.

Visualización de pantallas simultáneas. Cuando una persona tienen la televisión encendida mientras se involucra con contenido en su dispositivo móvil. Algunos ejemplos comunes son cuando las personas revisan sus teléfonos durante los comerciales de un partido o simplemente cuando disminuyen la acción en la pantalla.

[1] "Índice de conversión: Definición", *Google Ads Help*, n.d., https:// support.google.com/google-ads/answer/2684489?hl=en.

Agradecimientos

Crear este libro nos ha sido posible gracias al apoyo de muchas personas a quienes queremos agradecer en esta página:

A nuestros clientes de Nanato Media. Sin ellos, nada de esto sería posible. Es gracias a su confianza en nosotros que hemos podido crecer, aprender y compartir en este libro nuestros conocimientos y experiencia.

A nuestro fabuloso equipo de Nanato Media. Su dedicación y compromiso a nuestra misión de crear *marketing* de calidad en español son el motor que nos inspira a querer ser mejores cada día y nos impulsó la idea de escribir este libro.

Hugo, muchas gracias por ayudarnos a encontrar las palabras adecuadas para explicar cosas complejas de una manera simple.

A Juliana y Nathaniel por ser los mejores hijos que unos padres pueden desear. Ustedes nos llenan de orgullo todos los días y esperamos que algún día este libro les dé una razón más para también sentirse orgullosos de nosotros.

Finalmente, te queremos agradecer a ti, lector/a, por haber tomado la decisión de salir adelante y leer este libro para abrirte nuevas puertas y oportunidades. Es aquí donde nosotros terminamos de escribir para que tú puedas iniciar el próximo capítulo en la historia de tu éxito.

Acerca de los autores

Liel Levy

Liel adquirió experiencia en el *marketing* dirigido hacia el mercado latino de Estados Unidos a muy temprana edad a través de la agencia de publicidad de su familia en Los Angeles. Se graduó con honores en Administración Hotelera en la prestigiosa universidad suiza Les Roches. Su experiencia de más de una década administrando hoteles incluye cadenas tan prestigiosas como The Ritz Carlton, Four Seasons y Mandarin Oriental. Sus habilidades administrativas y de atención al clientes impulsaron su actual éxito como un referente para ayudar a los negocios a transformar sus enfoques empresariales hacia la multiculturalidad y la atención personalizada. Actualmente, Liel es productor y coanfitrión de In Camera Podcast, que se dedica a analizar *marketing* legal bueno, malo y controversial. También imparte con regularidad conferencias en el programa de Google Digital Coaches. Es cofundador de Nanato Media, agencia que ayuda a los negocios de Estados Unidos a captar nuevos clientes provenientes de los mercados latinos.

Natalie Fragkouli

Natalie cursó una maestría en Estrategia Corporativa y Marketing Empresarial en la University of West London en el Reino Unido. Su pasión por el *marketing* digital llevó su carrera hacia Estados Unidos, donde se especializó en *marketing* legal dirigido hacia el mercado latino estadounidense (área en la que lleva trabajando más de 10 años). Ha creado y administrado diversos equipos de *marketing* digital internos que generaron miles de nuevos clientes latinos para firmas legales de todo Estados Unidos. Natalie trabajó directamente con Google México y es pionera de estrategias PPC trazadas exclusivamente para abogados. De hecho, es la primera mercadóloga en recibir la presea Google Premier en el campo del *marketing* legal. Cofundó Nanato Media con el objeto de asesorar a los negocios estadounidenses en sus deseos de hacer crecer sus negocios mediante el *marketing* digital dirigido a personas latinas estadounidenses.

Acerca de Nanato Media

Nanato Media ha revolucionado la manera de hacer marketing digital dirigido hacia el mercado latino en Estados Unidos a través de innovadoras y exitosas campañas multiculturales en español que priorizan establecer una comunicación cálida, diversa, inclusiva y relevante con las personas desde un auténtico interés por conocer sus inquietudes ofrecerles soluciones útiles, imaginativas y responsables que les permitan satisfacer diversas necesidades. Nanato Media es una agencia cuya esencia consiste en hablar el idioma de los clientes y entender su cultura para ayudar a todo tipo de empresas a atraer oportunidades de negocios que están perdiendo.